Rüdiger Nehberg
Im Tretboot über den Atlantik

Rüdiger Nehberg

Im Tretboot
über den Atlantik

Ernst Kabel Verlag

© 1988, Ernst Kabel Verlag GmbH
Lithos: OKA-Repro GmbH, Osnabrück
Gesamtherstellung: Clausen & Bosse, Leck
ISBN 3-8225-0081-X

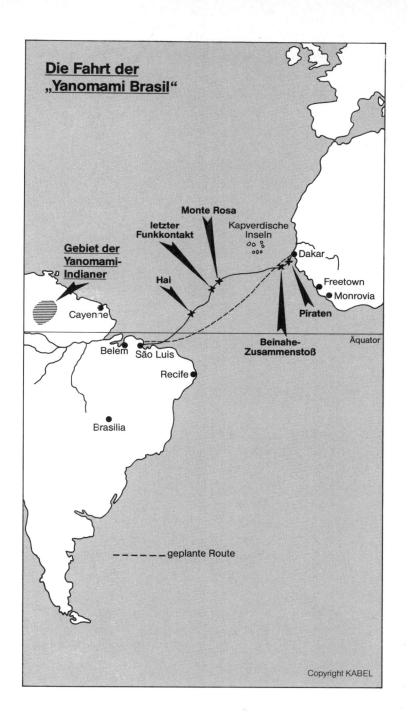

Hinweis:

Weil es sich bei Nehbergs Tretboot-Aktion um eine Bitt-
fahrt internationalen Ausmaßes handelte, haben wir diesmal auch die inzwischen international gebräuchlichere
Schreibweise für die

YANO<u>M</u>AMI

gewählt. Das ist also kein Versehen des Setzers. Der Junge
ist in Ordnung.

Der Verlag

Inhalt

Vorwort	9
Beim Stellvertreter	11
Ulli und Daniel	20
Zum zweiten Male bei den Yanomami	29
Beim Bischof	41
Die Überraschung	45
Als Gäste beim Totenfest	50
Gegenspieler	71
Manaus im Mai	80
15. Mai 1985	83
Ullis Film	89
Sea Survival-Training	100
Bootsplanung	112
Experimente Survival-Wasser-Seekankheit	118
Anti-Seekrankheitstraining	130
Verhalten bei Schiffsuntergang, im Wasser und im Rettungsboot	138
Bei den Kampfschwimmern	154
Der Bau des Bootes	164
Das Pressebüro	174
Der Stapellauf	178
Sicherheit an Bord	186
Überlebenskanister der PS »Yanomami Brasil«	199
Ab nach Dakar	202
In Dakar	210
Der erste Tag auf See	216
Gelegenheitspiraten	221
Der Entschluß	231

Die Gefahr, überfahren zu werden	236
Das Zusammenraufen	239
Positionsbestimmungen	252
Pannen und Probleme	257
Fische lehren mich das Fischen	268
Haie und andere gefährliche Tiere	282
Hölle und Idylle – Tagebuchnotizen querbeet	290
Die Ankunft	298
Derweil daheim	320
Im Präsidenten-Palast	324
Schlußwort	340
Ausrüstungsliste	341
Was ich nächstes Mal besser machen würde	345
So kann man helfen	347

Vorwort

Freunde, seit meinem ersten Buch zum Thema Yanomami ist viel Wasser den Rio Negro und den Orinoco hinuntergeflossen. Sechs Jahre sind seitdem vergangen. Sechs Jahre, die den Yanomami leider nichts Vorteilhaftes gebracht haben. Weder wurde das staatlich gegebene Versprechen auf ein Reservat erfüllt, noch besteht die konkrete Aussicht darauf.

Man könnte sagen »Lauf der Geschichte. Amen. Was gibt's überhaupt heute zum Abendbrot?« Aber aussichtslos ist ja bekanntlich erst, was man aufgibt. Und dazu besteht hier und heute noch kein Grund. Noch leben die Yanomami, und noch besteht Hoffnung. Immer mehr Stimmen erheben sich für dieses letzte freilebende Indianer-Volk der Welt, und vor allem gibt es einen Kompromißvorschlag, der allen Einsichtigen gerecht werden dürfte. Davon und warum wir alle in einer Mitverantwortung stehen und von vielem mehr handelt dieses Buch. Denn auch ich habe nicht resigniert. Ich habe die Zwischenzeit genutzt, mein bescheidenes Scherflein zur friedlichen Lösung dieses Problems beizutragen.

So bin ich beim Papst vorstellig geworden und war mit zwei Freunden erneut bei den Yanomami. Da diese zweite Expedition jedoch nahezu identisch mit der ersten verlaufen ist, rechtfertigte sie kein eigenständiges Buch. Und so wurde bisher lediglich bei der Sonderbuchausgabe »Überleben« in einem kurzen Anhang auf den Fortgang hingewiesen. Da jedoch die meisten Leserinnen und Leser meine Geschichte der Yanomami kennen, halte ich es für sinnvoll, die Erzählung dort aufzunehmen, wo sie damals endete. So wird sicherlich auch eher verständlich, warum ich jetzt mitten auf dem Atlantik auf einem Tretboot sitze mit der Illusion, damit etwas für die Yanomami erreichen zu können.

Verpackt in erzählerische Form möchte ich Euch aber nicht nur unterhalten, sondern Euch mit dem Thema vertraut machen und Euch zeigen, daß selbst scheinbar hoffnungslose Initiativen durchaus eine Chance auf Erfolg haben können. Vielleicht inspiriert Euch meine Vorlage zu eigenem Handeln und stärkt so die pro-indianische Lobby – Tropfen um Tropfen. Wie die vielen Wasser, die den gewaltigen Rio Negro und Orinoco ausmachen.

Auf dem Atlantik,   Rüdiger Nehberg
noch etwas seekrank.
Dezember 1987

Beim Stellvertreter

»Ich werde den Papst um Hilfe ersuchen! Wenn er das in den Nachrichten eben wirklich so gemeint wie er's gesagt hat, ist er vielleicht diejenige Persönlichkeit, über die man die Bedrohung der Yanomami bekanntmachen und abwenden könnte.«

Meine Frau Maggy und ich saßen gerade bei Joachim Jessen, meinem Verleger, zum schon so oft versprochenen Abendessen, und ich hatte mit einem Ohr – das andere gehörte höflicherweise dem Gastgeber und seiner Frau Karin – im Radio vernommen, daß Papst Johannes Paul II. anläßlich seiner Lateinamerika-Reise in Manaus sinngemäß verkündet hatte: IHM und SEINER katholischen Kirche lägen die indianischen Minderheiten sehr am Herzen. Und da ich wußte, daß gerade Brasilien zu 90 % katholisch und dazu auch noch sehr gläubig ist, hielt ich es immerhin für besser, diesen Versuch zu starten, als immer wieder zu warten. Etwa nach der Devise »Handle selbst, oder das Schicksal handelt für dich!« Taten statt Warten.

Joachim und Maggy hatten nur halb zugehört. Zu gut schmeckte ihnen Karins Steak Stroganoff. Dennoch machte Joachim mir die Freude und blickte einen müden Lidschlag hoch. »Schmeckt dir das Steak nicht, oder warum willst du zum Papst? Da gibt's nur Meßwein und Oblaten.« Achim, der Ironiker. Ich ließ mich nicht irritieren, obwohl er verblüffend intellektuell sein kann und ich mir in seiner Gegenwart oft wie jemand ohne Schulbildung vorkam. »Mitunter genügt nur ein Abgeordneter im richtigen Ausschuß, und eine Sache kippt zur einen oder

11

anderen Seite.« Ich kannte genügend Parlamente, wo genau dieser eine Repräsentant das Zünglein an der Waage darstellte, oft noch ein Kleckerparteiler, der in entscheidenden Situationen mächtiger war als das halbe Abgeordnetenhaus.»Warum sollte es dem Papst nicht gelingen, irgendwo einen – lieber noch mehrere – solcher gläubigen Menschen für diese Sache zu motivieren?«»Und ein Ehrenplatz im Himmel wäre eine adäquate Entschädigung dafür«, fügte Achim überflüssigerweise hinzu.

»So, und du meinst, der Papst wartet nur auf dich, obwohl er Tausende von Beratern hat?« Maggy äußerte sich nun ebenfalls. Ich hatte schon befürchtet, sie hätte ein Stück Sehne zu fassen gekriegt. So langsam und verbissen und den Blick tellerwärts kaute sie vor sich hin.»Oder weil er erpicht sein könnte auf deine schönen Torten*?«« ergänzte Karin.»Was meinst du, wie viele Menschen dieser Welt alle dem Papst die Hände schütteln möchten? Da soll es Wartelisten von einem Jahr geben!« Einen Schluck Wein lang dachte ich, die drei wollten mich davon abbringen wegen Aussichtslosigkeit oder null Böcke auf Brainstorming. Vor allem, als Karin dann noch einwarf:»Bist du überhaupt Katholik?«

»Prost! Laß uns darüber mal nachdenken!« entschied Achim jetzt. Und bei Karins berühmt unübertrefflichem Mokka ergänzte er:»Wenn du eine Chance auf eine Kurzaudienz haben willst, muß du dich von diesen soundsovielen Mitbewerbern unterscheiden.« Und nach einem Augenzwinkern:»Und dieser kleine Unterschied – das ist unser Thema jetzt.«

Und Maggy, mit ihrem zeitweisen Hang zur Realität, setzte noch einen obendrauf:»Grundsätzlich ist im Vatikan auf jeden Fall alles möglich. Das zeigt die Geschichte.

---

* Anmerkung des Verfassers: Ich betreibe üblichentags eine Konditorei in Hamburg.

Oder hätte es jemand von euch für möglich gehalten, daß
einer von Rüdigers Bäcker-Ahnen gesagt hätte, ich rede
mal mit dem Papst, damit er was für unseren Berufsstand
tut! Aber der Mann hat's getan und hat wirklich etwas Ein-
maliges erreicht.« Jetzt schaute auch ich irritiert hoch, und
Achim spielte den Durchblicker und blies Kringel in die
Luft. Maggy genoß die kleine Pause.»Er hat erreicht, daß
sich die Kirche auf eine einmalige Werbekampagne zugunsten der Bäcker eingelassen hat, indem sie offiziell ins Va-
terunser den Slogan aufgenommen hat ›unser täglich Brot
gib uns heute‹.«

»Das stimmt!« bekräftigte Joachim. »Nichts ist unmöglich. Dann laß uns mal anfangen!«

So entstand zwischen dem Duft und Dampf des Mokkas
und denen der Zigaretten meines Gastgebers im Hause
Heubergredder 10 zu Hamburg der Plan vom Papstbe-
such.

Eins war uns allen vieren von vornherein klar. Ein nor-
males Bittschreiben an den sogenannten Heiligen Vater
würde mit einem ebenso normalen und christlichen Pau-
schalantwortschreiben abgewimmelt werden. So kämen
wir nicht weiter. Zuviel gleichrangige Probleme werden an
ihn herangetragen, und da muß einfach aussortiert werden. Und um eine Linie vorzugeben, sagte ich:»Vorrangig
bei allen unseren Überlegungen muß bleiben: Er als Chef
einer Weltreligion, die auch bei den Yanomami durch Mis-
sionsarbeit Karten im Spiel hat, muß persönlich etwas zum
Problem sagen. Und nicht irgendeiner seiner Mitarbeiter.«

»Was du vor allem brauchst, ist eine gute Hintermann-
schaft. Beispielsweise könnte dir doch die Gesellschaft für
bedrohte Völker eine Bittschrift aufsetzen, die du ihm
überbringst.«

Die Idee fand ich spontan gut, und um gar nicht erst
lange mit einer großen Unbekannten zu operieren, rief ich
Tilman Zülch, den Vorsitzenden der Menschenrechtsorga-

nisation in Göttingen, an. Wenn schon, denn schon. Auch Tilman ist ein Mensch schneller Entschlüsse. Er hörte sich den Vorschlag an und gab sofort seine Zustimmung. Karin rückte derweil noch mit einem exzellenten Zitronen-Parfait heraus. Fünf Nehberg-Sterne.

Doch Tilman hatte erfahrungsgemäß auch seine Bedenken. »Die Bittschrift allein wird nicht reichen. Wir müssen ihr mehr Gewicht geben mit den Unterschriften prominenter Zeitgenossen, die in unserer Gesellschaft Meinungsführer sind.«

Das war eine weitere konstruktive Idee, und das Grübeln nahm Formen an. In den nächsten 14 Tagen hatten wir fünfundzwanzig wertvolle Unterschriften beisammen. Sie kamen aus allen Lagern. Da war Willy Brandt als Friedensnobelpreisträger, und da waren auf der anderen Seite die Mitglieder des Bundestages Stercken und Klein von der CDU. Da war ein Teil der organisierten Katholischen Jugend Deutschlands, und da war die Evangelische Kirche Deutschland. Und da waren Leute wie die Professoren Grzimek und Hoimar von Ditfurth. Es erschien mir vor allem wichtig, nicht parteiisch zu werden. Menschenrechtsarbeit muß neutral sein.

Mit diesem nun schon bedeutungsvolleren Appell wollte ich nach Rom fliegen. Die Gesellschaft für bedrohte Völker hatte inzwischen ermittelt: Der Papst war nicht auf Reisen. Er war zu Hause. Unter Globetrottern ist das oft solch eine Glückssache. Da informiert man sich vorher lieber.

Parallel hatte die Gesellschaft für bedrohte Völker den offiziellen Antrag auf eine Kurzaudienz gestellt und siehe da: Die Bürokratie verlangte ihr Recht. Antrag hier, Befürwortung da, Begleitschreiben jenseits.

»Weißt du was«, sagte ich zu Maggy, »das wird nie was. Ich laufe den Weg zu Fuß. Mit Hilfe wohlgesonnener Medien werden wir den Anträgen nachhelfen. So hat die

14

ganze Angelegenheit auch noch Zeit, in sich zu wachsen und an Bedeutung zu gewinnen.« Nach Absprache mit allen Freunden schien uns dies die sicherste Methode, den Stellvertreter Gottes persönlich zu erreichen. Und Tilman meinte: »Es wird auch den Yanomami mehr nutzen als ein kurzer Flug, eine Stippvisite mit Guten Tag, bitteschön, danke, Gott zum Gruße.«

Den Weg bis Oberstdorf kannte ich schon zur Genüge (siehe Yanomami, Band I). Ihn konnte ich mir getrost ersparen. Ich startete bei meiner Mutter in Garmisch-Partenkirchen. Drei Wochen hatte ich für den Weg von dort nach Rom veranschlagt. Denn diesmal wollte ich mich – im Gegensatz zum Deutschlandmarsch – normal ernähren, sogar regelmäßig waschen und in Herbergen nächtigen.

Dank der Connections der Gesellschaft für bedrohte Völker griffen die Medien die Aktion auf. Alle paar Tage suchte mich u. a. der italienische TV-Sender RAI auf und posaunte: Er kommt.

Mit einem gelben Kunststoffkanister als Markenzeichen – denselben, den ich zu den Indianern getragen hatte – trabte ich die österreichischen und italienischen Straßen ab. Kilometer um Kilometer und immer in der unbestimmten Hoffnung, es möge nicht umsonst sein. Denn zu Hause, das erfuhr ich abends am Telefon, gestaltete sich nun alles noch schwieriger als erwartet. Schwester Anna-Maria von der »Päpstlichen Nuntiatur« (Botschaft) in Bonn: »Wir fühlen uns erpreßt. Sie stellen den Antrag, und er läuft schon los!« Und als sei das nicht schon schlimm genug, drückte sie noch einen hinterdrein: »Und außerdem ist er ja nicht mal Katholik!« Genau wie Karin. Da war die ehrwürdige Schwester aber bei Joachim, meinem Manager, an den Richtigen geraten. »Erpreßt? Das Problem duldet lediglich keinen Aufschub. Es handelt sich um 12 000 Yanomami-Indianer, wo das Wort des Heiligen Vaters möglicherweise wirklich etwas bewirken könnte. Und zu Ihren verständlichen Bedenken, Nehberg sei ja ›nicht einmal Katholik‹, meine ich: Ist es nicht viel bewundernswerter, wenn gerade ein *Nicht*katholik dem Papst so viel Vertrauen entgegenbringt und ihn um Hilfe bittet? Für einen Katholiken wäre das eine Selbstverständlichkeit. Daß es ein anderer tut, würde ich persönlich höher bewerten.«

Eins kam zum anderen. Während ich noch verbissen vor mich hintrabte, wendete sich das Blatt allmählich. Und als ich nach drei Wochen Rom erreichte, hieß es: Audienz beim Papst, morgen um 13 Uhr. Das war am 4. Mai 1983, meinem Geburtstag. Ein denkwürdiges Geschenk.

Maggy war im Wagen nachgekommen. Denn hinterher wollten wir uns Rom und die Toscana privat reinziehen. Vorsichtshalber hatte sie mir ein Bergsteigerseil mitgebracht. Sollte mein Antrag abgelehnt werden, wollte ich mich in einer Hängematte über den Petersplatz spannen. Das hatte sich nun erledigt.

Den Sonderausweis hatte ich über die Deutsche Botschaft in Rom erhalten. Und ein Mitarbeiter des Vatikans instruierte mich: »Ihr Antrag ist berücksichtigt worden. Man hat gemeinsam die Antwort beraten, und der Heilige Vater wird sie Ihnen persönlich mitteilen.«

Bei soviel Entgegenkommen wollte ich meinerseits nicht kleinlich sein. Maggy spendierte mir ein weißes todschikkes Hemd, und ich kaufte 12 dunkelrote Baccara-Rosen. Symbolisch für die 12000 Yanomami-Indianer. Dann war es so weit. Die Rosen und die Bittschrift übergab ich ihm und bat ihn, in Deutsch, seinen Einfluß in Brasilien dringend in die Waagschale zu werfen. Per Handdruck und in sehr gutem Deutsch sagte der Papst: »Ach, Sie sind das? Warum sind Sie denn zu Fuß gekommen? Es gibt doch eine Eisenbahn!«

»Es ist schwer, zu Ihnen vorzudringen.« Und dann fuhr er fort: »Lassen Sie mir die Unterlagen zu treuen Händen hier. Ich finde Ihren Einsatz unterstützenswert. Was im Bereich des Möglichen liegt, werde ich gern tun.« Händedruck. Auf Wiedersehen. Der Papst. Väterlich, höflich, lächelnd, gütig. Wie in der Tagesschau.

Die Zeit verstrich. Ich hörte nichts mehr aus dem Vatikan. Wohl aber aus Brasilien. Tönte die Zeitung ›Estado do Brasil‹: »… mischte sich ein Ausländer in interne brasilianische Angelegenheiten.«

Doch da kam gute Nachricht von der Gesellschaft für bedrohte Völker. Johanna Gerdts, Yanomami-Spezialistin, berichtete von der Neuwahl des Präsidenten der FUNAI (offizielle brasilianische Indianer-Schutzbehörde mit stark begrenzter Einsatzmöglichkeit). Ein gewisser Jurandy Marcos da Fonseca. »Unsere Schwesterorganisation CCPY (Comissão pela Criação do Parque Yanomami) schätzt ihn ein als jemanden, der sich tatsächlich für die Indianer einsetzt.« Sie schien recht zu haben, denn als er sich weigerte, ein Gesetz zur Legalisierung des Bergbaus in indianischen Gebieten zu unterzeichnen, wurde er kurzerhand vom damaligen Staatschef General João Figueiredo wieder abgesetzt. »Ich will nicht für einen Völkermord verantwortlich sein«, hatte Fonseca die Weigerung begründet.

Doch ehe er abgesetzt war, hatte ich in einem Schreiben an den Vatikan angeregt, solchem Mann per Glückwunschtelegramm den Rücken zu stärken. Resultat: Keine Antwort. Auch bei einem zweiten Versuch: Keine Antwort. Logischerweise sah ich das päpstliche Versprechen nun in neuer, geringerer Dimension. Und das brachte ich in einem Schreiben an den »Osservatore Romano« zum Ausdruck. Der »Osservatore Romano« ist das offizielle Sprachrohr des Heiligen Stuhls, und ihn hatte ich bisher mehrfach als besonders zuverlässig kennengelernt.

Wollte man ein Zitat aus irgendeiner Predigt in irgendeiner Sprache – der »Osservatore Romano« erledigte das postwendend. Auch jetzt reagierte er schnell: Man habe Verständnis für meine Zeilen und sie sofort dem zuständigen Sachbearbeiter weitergeleitet.

So war es ganz offensichtlich geschehen. Denn nun reagierte auch der Sachbearbeiter. Nur wenige Tage später schwebte ein eleganter langer schwarzer Mercedes auf dem Parkplatz hinter meiner Backstube ein. Lautlos und ohne Rucken kam er zum Stehen. Ein unauffällig schwarzgekleideter Chauffeur öffnete die Tür zum Fond, und diesem entstieg ein wiederum dunkelgehaltener und somit als Religionsmann ausgewiesener Herr. Er studierte das Schild »Konditorei Nehberg« und kam auf die Backstube zu. »Finde ich hier Herrn Nehberg?« Ja, den hatte er gefunden. Der Gast begehrte weder Kaffee noch Kuchen, sondern ein kleines Plätzchen auf einem Tisch ohne Mehlstaub. Das konnte ich ihm anbieten, und dort plazierte er seinen ebenfalls farbangepaßten flachen Aktenkoffer.

Die Messingverschlüsse klickten und der tolle Koffer öffnete sich. Nun, aufgeklappt, enthüllte er mir diverse bunte Kugelschreiber und ein ebenfalls stilvolles Couvert. In weiß und in Bütten. »Über die katholische Kirche in Wandsbek eine Note vom Heiligen Stuhl«, sprach's, verneigte sich andeutungsweise und verschwand. Ich kam kaum zum Danken.

Zwar ohne hübsche Briefmarke – aber immerhin Post aus Rom! Am liebsten hätte ich den Brief gleich aufgerissen. Aber dann besann ich mich eines anderen. Ich servierte mir einen frischen Kaffee, gönnte mir ein Stück Erdbeertorte und – riß ihn nicht rohlings auf, sondern »erbrach« ihn feierlich, wie das unter solchen Umständen wohl heißt.

Ein weißer Bogen flatterte mir munter entgegen, wie eine weiße Taube. Mir fiel sofort auf: Viel stand nicht drauf. Und dafür nun die Mühe mit dem Kaffee. »Wenn man schon Porto sparen wollte, hätte man das auch auf eine Postkarte gekriegt«, ging es mir noch so durchs Hirn.

Und dann las ich, daß die Angelegenheit längst »sachkundig« von der Brasilianischen Bischofskonferenz wahrgenommen würde, und »mit den besten Segenswünschen« verblieb ein gewisser »Mons. G. B. Re, Assessor«.

So gelangte ich bei Kaffee und ›Erdbeertorte natur‹ zu der persönlichen Erkenntnis, daß es nicht Sprichwort, sondern Tatsache ist, wenn man sagt: Gottes Mühlen mahlen langsam.

Da die Yanomami so viel Zeit aber nicht mehr zur Verfügung haben, überlegte ich, wie ich Gott unterstützen und selbst zupacken könnte.

Das zeithistorische Dokument aus dem Vatikan – leicht ist es zu erraten – hängt nun in meiner Wohnung. Fein gerahmt, in Eiche, auf Teak getrimmt.

Ulli und Daniel

Warum nicht als nächstes einen TV-Film versuchen? Im Film läge eine gewisse Steigerung, was den Öffentlichkeitseffekt beträfe, und mit einem Film würde ich Menschen erreichen, die ich über Bücher nicht ansprechen könnte.

Doch was nutzt die schönste Idee, wenn man weder einen Sender als Auftraggeber hat noch einen Kameramann? Meine beiden alten Kumpels Wolfgang Brög und Klaus Denart waren unabkömmlich. Also hieß es suchen.

Da lernte ich Ulli Krafzik kennen. Er war mir als Kameramann geschickt worden für einen Film-Magazinbeitrag über Survivaltraining mit Jugendlichen. Es war eine Zeit, wo ich mehrere solcher Wochenendlehrgänge laufen hatte, weil ich realistische Grundlagen suchte für mein Jugend-Survivalbuch »Let's fetz!« Ulli fiel mir auf, weil er sich nicht gleich in alles hineindrängte und nach seinen Bedürfnissen umarrangierte, sondern weil er vor allem beobachtete. Er dachte sich nicht nur in alle Übungen hinein, sondern war ihnen in Gedanken immer schon um vieles voraus und entsprechend früh mit der Kamera zur Stelle. »Sicher mal Pfadfinder gewesen«, ging es mir durch den Kopf.

Ulli störte nicht, wir mußten für ihn nichts nachstellen, nichts zweimal machen, er war nie im Wege. Er begriff, worauf es bei den Übungen ankam. Er suchte sich Perspektiven, für die andere Kameraleute erst mal Gefahrenzulage beantragt hätten. Er hangelte am Seil über den See. Er kletterte ohne Hilfsmittel, aber mit Kamera, vor uns in die höchsten Bäume, seilte sich neben uns am Kletterschornstein ab, und rutschte bis zum Hals in den Schlamm, wenn er die Perspektive für den Film als belebend empfand. »Der Typ hat ›was drauf‹«, meinten sogar die jugendlichen Teilnehmer, und alle waren auf den Film gespannt.

Wir konnten ihn uns schon am selben Abend am Lagerfeuer anschauen. Denn Ulli hatte Video gedreht, und da ließ sich das gut einrichten.

Kurz und gut: Ich war vollends begeistert. Vom Film und von Ulli! Ein Dokumentarfilmer, wie er im Drehbuch stand! »Das liegt nicht immer nur am Drehen oder der Ausrüstung. Auch das Thema muß einem liegen«, wimmelte Ulli das Lob ab. »Und das ist hier bei mir der Fall. Bevor ich zum Film ging, war ich bei einer Sondereinheit des Bundesgrenzschutzes und weiß von daher auch sehr gut, worauf es bei den einzelnen Übungen ankommt.«

Ich witterte meinen neuen Kameramann. »Hättest du nicht Lust und Zeit, drei Monate mit nach Brasilien zu kommen? Eine interessante Indianer-Geschichte. Aber Geld kann ich nur in Aussicht stellen, wenn wir den Film heil durchbringen und loswerden.«

Meine Survival-Schüler waren längst nach Hause gegangen, als ich Ulli noch immer im Schein des verglimmenden Feuers und bei schwarzem Tee mit frischem Pfefferminz von den Yanomami erzählte. Zuletzt sagte er: »Gib mir bis morgen abend Bedenkzeit. Die Aufgabe reizt mich. Aber ich muß noch meine Frau fragen.« Ich spürte, daß er innerlich bereits zugesagt hatte und hatte mich nicht getäuscht, denn nicht erst am Abend, sondern schon am frühen Morgen rief er an: »Marion ist voll einverstanden. Sie meinte, das könnte nicht nur mein erster Film schlechthin werden, sondern mein Einstieg in die Branche. Und gleichzeitig sei es etwas Sinnvolles.«

So fand ich Ulli. 28 Jahre, dunkles volles Haar, gutaussehend. Und wie die Gleise manchmal gestellt sind, sollte ich auch bald unseren Ton-Mann finden. Doch das kam völlig anders.

Meine Konditorei war mal wieder am dransten mit einer Auszeichnung. Wir hatten hintereinander ein paar Landessieger unter unseren Auszubildenden gehabt, und dafür sollten mir in der Handwerkskammer zu Hamburg – mit Ausbildern anderer Gewerke – ein paar Lorbeeren und belegte Brote serviert werden. Von Hamburgs Bürgermeister Dr. Klaus von Dohnanyi. Und das, obwohl mir die Auszeichnung gar nicht zustand. Denn erstens waren sie Verdienst der Lehrlinge selbst und zweitens, wenn schon »Konditorei Nehberg«, dann ging das auf das Konto meines Freundes und Backstubenleiters Rudi Gutzki. Denn er war es, der jeden Mittwoch mit den jungen Leuten Sonder-Übungsstunden abhielt und sie mit viel Geduld auf diese Leistungen trimmte. Aber ungerecht wie das Leben so ist, kriegte ich als Boss die Urkunde. Immerhin hatte ich Rudi gebeten, mitzukommen. Ehrungen dieser Art liegen uns nicht, und zu zweit ertragen sie sich leichter. »Ich glaube, wir müssen allmählich mal einen Lehrling schlechter als mit einer Eins auslernen lassen. Sonst denken die Kollegen, es handelt sich um Schiebung.« So flachste Rudi gerade, als ich aufgerufen wurde, das »bedeutende« Stück Papier aus der Hand des Bürgermeisters entgegenzunehmen.

Gerade wollte er es mir routinemäßig aushändigen, als er innehielt und das ganze Zeremoniell aus dem Konzept brachte. »Das ist ja unser Überlebenskonditor! Wissen Sie, daß ich schon zweimal in Ihrer Konditorei war, weil ich Sie gern gesprochen hätte? Darf ich Sie gleich nach der Verleihung an meinen Tisch bitten?« Er durfte. Ich wechselte den Tisch. Und der arme Rudi hockte nun doch allein herum.

Ich kam gerade noch rechtzeitig, um ein paar von den so groß angekündigten, aber auffallend kleingeratenen und dennoch leckeren Schnittchen abzubekommen, denn damit ist die Handwerkskammer immer geizig. Oder sie will dokumentieren, wie verantwortungsvoll sie mit ihren Mitgliederbeiträgen umgeht.

Neben dem Bürgermeister: Hamburgs Schulsenator Joist Grolle. Ich solle, so meinten beide, von meinem nächsten Vorhaben plaudern. Fünfzehn Minuten haben wir noch! Klar, ich erzählte vom Filmprojekt und dem noch zu suchenden Tonmann. Dohnanyi: »Vielleicht könnte ich Ihnen da über meine alten Kontakte zum Auswärtigen Amt helfen, eine Filmerlaubnis für Brasilien zu erhalten.«

Das tat er auch. Aber Brasilien hat das Schreiben nie beantwortet.

Während dieser Unterhaltung war Senator Grolle immer näher gerückt. Sicher war auch er froh, mal was anderes zu hören, als immer nur Politik. »Das ist ja interessant«, mischte er sich schließlich auch aktiv ein, »vielleicht wüßte ich jemanden für Sie. Fassen Sie es aber bitte nicht als Aufdringlichkeit auf! Ich habe einen Sohn. Für den wäre das die Erfüllung all seiner Träume. Darf ich Sie mal mit ihm in Kontakt bringen?«

So geschah es dann. Schon am nächsten Morgen ließ Vater Grolle einen kompletten Satz meiner Bücher kaufen. »Die schicke ich unserem Daniel nach Berlin. Damit er sich ein besseres Bild machen kann.«

Tja. Und dann kam Daniel. In nur 3 Tagen hatte er die Bücher durchgelesen, was ich im stillen eigentlich als Beleidigung abhaken müßte, weil das gar nicht geht. Sofern man ernsthaft liest. Nun stand er auf der Matte. Schmächtig, mager, zerzaust, blond, 21 Jahre jung, barfuß. Irgendwie schutzbedürftig.

Das zweite, das auffiel, war seine Garderobe. Hemd, Hose, Zampelsack – alles aus blau-weiß gestreiftem Stoff. Er bemerkte meinen Blick und erklärte gleich: »Das war 'ne Gelegenheit. Markisenstoff. Irre stabil. Die ganze Rolle für DM 25,–. Und davon nähe ich mir nun alles, was ich brauche. Falls Du was abhaben willst, ich habe noch reichlich.« Viel besser aber sah ich auch nicht aus. Nicht gestreift, sondern uniblau: Nämlich Blue-Jeans.

Während das alles ablief, hatte er sich wohl schon vorgestellt.»Tag. Ich bin der Daniel. Kann ich mein Fahrrad da vorne stehen lassen?« Auch das Fahrrad war gestreift. Allerdings schwarz-gelb, der Abwechslung wegen.

Im Gegensatz zu Ulli war Daniel Kriegsdienstverweigerer. Er hatte soeben seinen Ersatzdienst beendet. Altenbetreuung. Und damit fing er auch gleich an.»Ich habe in deinen Büchern gelesen, daß du meist 'ne Waffe mitnimmst. Ist das eine Bedingung, denn das könnte ich nicht, wenn ich glaubwürdig bleiben will.«»Das mußt du selbst abwägen. Jedenfalls ist es keine Bedingung, und notfalls hättest du ja Ulli und mich. Aber erzähl mal lieber, was du von Film und Ton verstehst.«

Nun – auch Daniel war Anfänger in diesem Metier. Aber Idealist. Bezahlung war ihm Nebensache. Er lebte sehr anspruchslos. Seine Filmerfahrung hatte er bei Radio Bremen und mit Experimentalfilmen gesammelt. Darüber hinaus schrieb er äußerst sensible Kurzgeschichten. »Zufällig«, wie bei Autoren so üblich, hatte er einige Manuskripte bei sich. Im Austausch zu meinen Büchern. Beim späteren Lesen merkte ich gleich: Daniel ist ein Poet. Gegen ihn bin ich ein bedeutungsloser Kleckser. Er hat eine ausgeprägte Beobachtungsgabe und versteht es, sich zu artikulieren. Obwohl er hoffnungsloser Legastheniker war. Inzwischen ist sein erstes Buch bei Luchterhand erschienen, und die Kritiker gaben mir recht: Daniel staubte gleich zwei Literaturpreise ab.

»Hast du denn auch schon Ahnung vom Reisen?« interessierte es mich weiter. Das Tigerrad da draußen schien mir nicht unbedingt ein Beweis für Reisefreude zu sein. Aber auch damit konnte Daniel aufwarten. »So richtig allein habe ich mal was in den USA gemacht. Und zwar wollte ich da auf vier Autoschläuchen und einer Tür den Colorado runter.«

»Und – hast du's geschafft?«

»Nein. Nicht ganz. Die Schläuche wurden von irgendwelchen Klippen aufgerissen, und ich konnte mich gerade noch an einem dieser Felszacken festhalten. Mitten im tosenden Sturm. Hätte ich losgelassen, wäre es aus gewesen.«

Und plötzlich taute er auf. Er erzählte begeistert und voller Humor, und ich merkte, welche Talente und Träume in ihm schlummerten. Vor allem wurde mir klar, wie sehr er von seinem humanitären Engagement her in unser Team paßte. Zwischendurch hatte Ulli angerufen und neugierig gefragt: »Na, wie ist der Typ?« Und ich hatte gesagt: »Am besten, du kommst mal gleich selbst vorbei.« Und so lernten sich die beiden persönlich kennen. Zuletzt fiel mir noch ein: »Wie bist du denn von dem Felsen weggekommen?« »Ach ja«, meinte er, »das war noch 'ne heiße Story. Pralle Sonne, kein Hemd, nichts zu essen. Ihr könnt euch also denken: Sonnenbrand, Hunger und Angst. Ich hoffte ständig auf irgendwelche Touristen, die da manchmal mit Spezial-Gummibooten runternageln. Am vierten Tag war es dann soweit. Zwei Ehepaare entdeckten mich und holten mich zu sich ins Boot. Ich muß schlimm ausgesehen haben. Sie fuhren ans nächste Stückchen Ufer und meinten immer wieder: ›Du mußt sofort ins Hospital.‹ Und die Frauen fragten ständig: ›Was können wir für dich tun?‹ Ich lallte etwas von Hunger, und sofort hatten die guten Leute eine große Aluminiumkiste an Land gehievt und geöffnet. Aber meine Enttäuschung war groß. Zwei Pakete Toastbrot und sonst nur Sprühdosen. Während ich noch darüber nachdachte, ob ich an einen Sprühdosenvertreter geraten war, lüftete sich das Geheimnis. Rod hatte das Pa-

25

ket Toast geknackt und wie ein Kartenspiel auf seinem bulligen Unterarm aufgefächert. Dann kam das Kommando ›Mary, the butter!‹ Mary reichte ihm eine der Dosen und – fffft – waren alle Schnitten sprühgebuttert. Und so ging es weiter. Marmelade! Käse! Schinken! Petersilie! – alles aus der Dose.«

Als endlich das Kommando kam: »Laß es dir schmekken, Junge«, biß Daniel so vehement zu, daß Rod vor Schmerz aufschrie. Und voll den Überblick wahrend, stellte Mary fest: »Nun müßt ihr wohl beide ins Hospital!«

Als wir uns endlich nach einigen weiteren solcher Histörchen verabschiedeten, stand das Team fest. Was jetzt folgte, war das »Überlebenstraining Regenwald«. Beide hatten diesbezüglich noch keinerlei Erfahrungen. Jeder sollte jedoch in der Lage sein, völlig allein und mittellos 1000 km durch den Dschungel nach Hause zu finden. Mit einer kleinen Gänsehaut meinte Ulli: »Nur diese Schlangen! Es sind bestimmt ästhetische Tiere, aber mir jagen sie immer einen Schauer über den Rücken.« »Das können wir jederzeit ändern«, meldete ich mich zu Wort. »Was haltet ihr davon, wenn wir mit dem Schlangengewöhnungstraining anfangen?« Statt Begeisterung erntete ich maßloses Entsetzen und ratlose Stille. Diese Distanz vieler Menschen zu Schlangen war mir nicht neu. Nur hier, in unserem Falle, war sie nicht angebracht. Jeder sollte sich im Wald wohl und nicht ständig verfolgt fühlen. Deshalb fuhr ich fort: »Das heißt konkret: jeder von euch übernachtet einmal in einer Hängematte in meinem Schlangenraum. Ich werde euch vorher mit dem Wesen der Tiere bekanntmachen und zu eurer Sicherheit unter der Hängematte eine Glocke anbringen. Außerdem schlafe ich selbst unmittelbar vor der Tür, um euch notfalls sofort helfen zu können.«

Mehr aus Zwang als aus Freude willigten sie ein, und in den folgenden beiden Nächten tauschte ich mein kuscheliges Bett mit der spartanischen Iso-Matte und einem Schlafsack vor der Troparium-Tür.

Die Anwärter brauchten dergleichen Tramperkomfort nicht. Die Hängematte war weich und der Tropenraum auf 26 °C erwärmt. Ein Teich sorgte für entsprechende Luftfeuchtigkeit. Kein Grund also, sich zuzudecken und unter einer Bettdecke zu verstecken.

Das Etablissement ist 9 qm groß und mein Asyl für 8 Riesenschlangen. Ich habe sie vom Tierschutzverein, von Bananendampfern und Nachzuchten von Hagenbecks Tierpark. Es sind alles Regenwaldtiere, nicht giftig, aber stark. Denn die größte – von Freunden zärtlich Quetschi genannt – bringt stolze 7 ½ Meter an den Zollstock und ist oberschenkeldick.

Da ich nicht ständig mit ihnen hantiere, sind sie nicht unbedingt an Menschen gewöhnt und somit im Wesen sehr unterschiedlich. Einige sind ausgesprochen gutmütig, andere bissig. Wenn man sich ihnen jedoch ruhig nähert, verhalten sie sich ebenfalls vorsichtig. Einige schnellen zwar zunächst hervor, um den Eindringling zu beriechen und nach Futter abzusuchen, aber sie ziehen sich wieder zurück, wenn sie merken, daß es sich bei dem Besucher nicht um ihren Futtertyp handelt. Erschreckt und in ihrer Angst können sie aber gehörig zupacken.

So weit und schön die Theorie. Die Praxis sah dann so aus, daß irgendwann automatisch das Licht abgeschaltet wurde. Und dann kam Bewegung in die 30 Meter lebender Muskeln. Diese Schlangen sind nämlich leidenschaftliche Dämmerungs- und Nachtjäger. Sobald es dunkel wird, verlassen sie ihre Höhlen und untersuchen den Raum auf Neuigkeiten. Und da diese Neuigkeiten in Form der Testpersonen so unerwartete und mollige 37 °C abstrahlten, kringelte sich bald mindestens eine auf dem Bauch und machte es sich dort gemütlich für den Rest der Nacht.

Es würde zu weit führen, hier auch noch auf das Schicksal all der Bewerber einzugehen, die diese Prüfungen nicht lebend überstanden haben. Sie waren morgens einfach nicht mehr da. Und ich kann nicht immer sagen, ob sie durch die Tür oder durch die Schlangen (hindurch) verschwunden sind. Jedenfalls Daniel und Ulli haben's irgendwie überlebt, und Ulli sogar, obwohl er striktes Rauchverbot hatte.

Zum zweiten Male
bei den Yanomami

Endlich war es soweit! Klopfenden Herzens stand ich mit meinen Freunden vor der Paßkontrolle des internationalen Flughafens von Manaus. Es war der 5. Januar 1985. Klopfenden Herzens vor freudiger Erwartung in Anbetracht all des Neuen und Unkalkulierbaren. Würde die Reise erfolgreich verlaufen? Würden wir alle drei gesund zurückkommen? Würden wir uns vertragen, wenn es hart auf hart ging?

Und da sah ich zu meinem Schrecken die EDV-Anlage, und mein Herzklopfen hatte ganz andere Gründe.

Ich galt im Bundesstaat Amazonas als »unerwünschte Person«. Was nun, wenn sie mich entdeckten? Würden sie mich zurückweisen? Das wäre noch das geringste. Oder würden sie meine Ausrüstung beschlagnahmen? Oder würden sie mir gar mehr Ärger verursachen? Und die beiden Freunde – was würden die ohne mich machen? Es hing an einem seidenen Faden, am kleinen Knopfdruck.

Daß ich inzwischen als unerwünscht galt, wußte ich aus zwei voneinander unabhängigen Quellen. Beide hatten Einblick in eine Kartei der FUNAI nehmen können und das entdeckt. Zum einen wird die Indianer-Schutzbehörde durch meine Publikationen vom illegalen Besuch im Sperrgebiet erfahren und es routine- und pflichtgemäß registriert haben.

Zum anderen hatte mich noch jemand angeschwärzt. Ausgerechnet jemand, von dem ich es am allerwenigsten erwartet hätte. Jemand, der es mit kriminellen Handlungen nicht sehr genau nimmt, jemand, der mir mal angeboten hatte, mit ihm zusammen ein heimliches Mohnfeld anzulegen! »Wenn wir das Geschäft nicht machen, tun es andere.« (Und das mir, der ich meinen Mohn seit eh und je bei der BÄKO kaufe!) Dieser Jemand ist Tatunca Nara, der selbsternannte »Häuptling«. Seit meinem Buch über die Yanomami war er total wütend auf mich. Ich hatte ihn da als brillanten Märchenerzähler dargestellt und die Häuptlingsgeschichten seiner Phantasie zugeordnet. Das hat ihn gekränkt, obwohl er weiß, daß die Berichte der Wahrheit entsprechen. Aber sie könnten ihm das Geschäft verderben, das da heißt, gutgläubige Touristen für viel Geld in die Wälder zu führen. Zu angeblich noch unentdeckten Indianern oder zu »seinem eigenen Stamm«, der in Höhlen lebt. Den Weg dorthin kennt natürlich nur Tatunca Nara. Doch noch nie hat einer seiner Touristen diese geheimen Plätze gesehen. Jedesmal kam etwas dazwischen. Meist sind es gekreuzte Pfeile, die plötzlich den Weg versperren und die da drohen sollen: »Bis hierher und nicht weiter!« Oder es sind kleine Totenschädel.

Daß er sie selbst heimlich und geschickt dort plaziert, während seine Schutzbefohlenen in der Hängematte dem neuen Tag entgegenträumen, ahnen nur wenige, oder sie mögen es sich nicht eingestehen.

Dieser Tatunca hatte mich nicht nur angezeigt, sondern auch stromauf, stromab verkündet: »Wenn dieser Deutsche wieder auftaucht, laßt es mich wissen. Ich belohne euch mit einem Gewehr.« Und ein Schießeisen am Rio Negro – das ist eine Größe, die man nicht unterschätzen darf.

Die Reihe am Paß-Schalter rückte weiter. Auf ein bestimmtes Klingelzeichen hin, von irgendwo ausgelöst, mußte jeder Soundsovielte sich einer genaueren Kontrolle unterziehen lassen. Ich gehörte nicht dazu. Ich durfte passieren. Es war geschafft! So viele Vorbereitungen, soviel Aufwand, und dann dieser Moment, wo jemand mit einem Knopfdruck alles zunichte machen konnte!

Vorsichtshalber waren wir schon über Bogotá angereist und nicht direkt aus Europa. Für alle Fälle hatten wir auch vereinbart, wie wir uns wiederfinden könnten, wenn ich ausgewiesen worden wäre. Da wollte ich zurück nach Bogotá und via Rio Negro von oben her den Ort São Gabriel da Cachoeira erreichen. Denn er war unser diesjähriges Ausgangsziel. In São Gabriel gibt es die katholische Mission der Salesianer. Von dort erhofften wir uns Informationen und einen Einstieg.

Aber nun, so komplikationslos durch die Sperren hindurch, bedeutete das für uns: Wir mußten durch Barcelos, den Wohnort von Tatunca Nara.

Seine Drohung nahm ich sehr ernst. Nicht nur, weil ein Gewehr eine hohe und verlockende Prämie darstellt, sondern weil ein Teil der einfachen Bevölkerung ihm hörig ist. Denn Tatunca übt sich auch im Wahrsagen und hat dabei mitunter Trefferquoten zu verzeichnen.

Ich war froh, den Tip überhaupt erhalten zu haben und hatte für den nun zu erwartenden Fall ein paar spezielle Utensilien in meinem Reisegepäck. Nämlich eine Brille aus Fensterglas und eine Perücke. Dazu wollte ich mir den Bart abnehmen lassen.

Der Gang zum Friseur in den winzigen Laden drunten am Hafen war auch so ziemlich das erste, das ich in Manaus erledigte. Denn trotz ihrer Größe hat diese Stadt etwas Provinzielles, Tourismus fällt kaum ins Gewicht, und jeder kennt jeden. Da beugt man also lieber vor und hat seine Ruhe, ist incognito.

Und prompt hatte auch eine der ersten Figuren, die uns ansprach, mit Tatunca Nara zu tun. Es war ein gewisser Charly, der sich im Verlaufe des Gesprächs als dessen ehemaliger Partner in Sachen Touristennepp zu erkennen gab. Inzwischen waren die beiden zerstritten. Charly rechnete uns wohl nicht zu seinen potentiellen Kunden, sondern mehr zu den Insidern, denn irgendwann ließ er die Katze aus dem Sack. »Ihr glaubt gar nicht, wie viele Deutsche wegen Tatuncas geheimnisvoller Indianer kommen! Und damals war es mein Job, immer an bestimmten Stellen im Wald rechtzeitig kleine Affenschädel aufzuhängen. Sie bewirkten ohne Ausnahme, daß alle Touristen sofort umkehren wollten, weil Tatunca von dort an natürlich die Verantwortung ablehnte. ›Ich führe Sie gern weiter, aber Sie müssen mich von der Verantwortung entbinden‹, sagte er dann seinen Kunden. Auf diese Weise verweigerte ihm auch niemand sein Honorar.«

Ein solches Paradebeispiel lieferte mir eines Tages das Deutsche Fernsehen. Es lief eine für mein Empfinden absolut niveaulose Serie über den Amazonas von Jacques Cousteau. Er hatte den Rio Negro bereist und wollte nun ebenfalls zu den unentdeckten Indianern. Maggy hatte den Film zufällig eingeschaltet. Plötzlich rief sie ganz aufgeregt durchs Haus: »Rüdiger, wo bist du? Komm mal schnell, da ist ›dein‹ Tatunca Nara!« Ich kam gerade noch rechtzeitig. Denn soeben tauchte der »große Häuptling« – die Kreuzung aus Indianer und Nonne – aufgeregt in Cousteaus Camp auf, gestikulierte aufgeregt umher und berichtete von den Warnzeichen der Indianer. Nun müsse der Franzose die Entscheidung fällen, ob man noch weiter vorzustoßen gedenke. Und Cousteau, etwa wörtlich: »Aus Verantwortung gegenüber meiner Mannschaft gab ich Order umzukehren.«

Doch zunächst sogen wir Manaus in uns auf. Das pralle Leben auf den Straßen, der hektische Hafenbetrieb mit den urtümlichem mehretagigen Schiffen und den Winzlingsbooten voller Obst und Gemüse, die Saftbuden mit den 20 Sorten von frischgepreßten Fruchtsäften, die Geschäfte in der Freihandelszone, das cremige Softeis vor der Drogerie um die Ecke… »Welch eine Stadt!« schrieb Daniel nach Hause, »ich bräuchte hier 1000 Augen: hinten, vorne, oben und unten, an jedem Finger, Zeh und Haar, wie Sommersprossen – um die Fülle der Eindrücke nur halbwegs wahrnehmen zu können...«

Komisch, dachte ich. Da laufe ich ständig neben Daniel durch die heiße, dampfende Stadt, wir erleben das gleiche und doch sind seine Briefe viel eindrucksvoller, plastischer.

Manaus war für uns das letzte, tiefe, genußvolle, ganz bewußte Durchatmen, bevor es in den Wald ging. Kaum vorstellbar, daß 5 km den Rio Negro aufwärts diese Überfülle einer großen Bescheidenheit weichen würde. Manaus war für uns noch mehr. Nicht nur der Abschied von der Zivilisation, es war auch die Anpassung ans Klima und die letzte Chance, die Ausrüstung zu vervollständigen. Eine kleine Netz-Hängematte, faustgroß, 1000 Angelhaken, 3000 m Sehne, Tabak, Parfum, Perlen, Blei und Zündhütchen. Also auch Geschenke für die Gastgeber.

Nachmittags fuhren wir auf die Inseln gegenüber der Stadt, und Ulli und Daniel konnten ihren ersten Urwald auf sich wirken lassen. Die Fülle der Pflanzen, die dampfende Luft, den weichen Boden, den Humusgeruch und – die Mücken. Oder aber wir machten Langstreckenläufe auf einem Sportplatz mit Trimmpfad durch Waldgelände. Welch ein Unterschied zum Training im heimatlichen Klima!

Als letztes schließlich besorgte sich Ulli mit Hilfe eines Brasilianers, völlig legal, einen 32er Revolver der brasilianischen Marke Taurus in VA-Stahl.

Ich holte meinen alten, eingefetteten, abgewetzten Stahl-Revolver gleicher Marke aus seinem Versteck. Er hatte die lange Wartezeit gut überstanden. Daniel beschränkte sich auf Messer und Mundharmonika. Kriegsdienstverweigerer.

Daß wir beiden anderen uns für eine Waffe entschieden, hatte zwei Gründe. Der wichtigste sind die vielen illegalen Goldsucher, die alle bewaffnet sind und denen man grundsätzlich nicht trauen soll. Immer wieder verschwinden Leute auf Nimmerwiedersehen, und kein Hahn kräht danach. Im Wald herrschen andere Gesetze als in Manaus oder Hamburg. Der andere Grund liegt bei den Indianern. In ihren Augen ist ein Mann ohne Waffe kein Mann. Er ist jemand, der sich gegenüber seiner Dorfgemeinschaft etwas hat zuschulden kommen lassen, den man entehrt, entwaffnet und vertrieben hat. Und als solche wollten wir nicht gelten. Ob die beiden Gründe nun stichhaltig sind oder nicht: Sich monatelang im Urwald ohne Waffe aufzuhalten, ist schlicht und einfach dumm.

»Saida cada terça às 18.00 horas«, stand da auf einem abgeblätterten Schild unten am Ufer, wo der Hafen São Raimundo in den Rio Negro mündet. Es ist der Anlegeplatz der Rio Negro-Flotte. Sie ist kleiner, als man glauben möchte. Wenn drei Personen-Frachter pro Woche hinauffahren, ist das schon viel. Verglichen mit dem Bootsgewimmel auf dem Amazonas, der sich bei Manaus mit dem Rio Negro vermischt – wirkt der Rio Negro wie eine Sackgasse gegenüber der Hauptstraße zur Rush Hour.

Jeden Dienstag also, so verriet das Schild, legte hier die »Rio Ganges« ab. Ziel: São Gabriel. Wir stellten uns dem Kapitän vor und vereinbarten den Fahrpreis, der von Passagier zu Passagier verschieden sein kann. Es ist auch durchaus nicht so, daß grundsätzlich jeder mitgenommen wird. Das wird von Fall zu Fall neu entschieden. »Kommen Sie rechtzeitig«, warnte er zum Abschied, »es wird sehr voll, seit die Luftgesellschaft ihre Streckenflüge eingestellt hat.«

Aber noch aus anderem Grunde muß man früh kommen. Damit man steuerbord seinen Platz ergattert. Denn backbord dröhnt der Auspuff des Diesels. Doch als wir nachmittags mit Sack und Pack – wie wir glaubten, rechtzeitig – an Bord gingen, wurden wir gleich zwangseingewiesen: »Dorthin, steuerbord ist nur für Frauen und Kinder!«

»Dann wenigstens hier nach vorn!« schlug Ulli vor. Aber dort war längst alles ›reserviert‹. Es herrschte ein Höllenandrang. Wie auf dem letzten Flüchtlingstransporter in die Freiheit. Matte an Matte, Kiste an Kasten, Leib an Leib – so drängten sich Mensch und Gepäck ineinander. Trotzdem allerseits eine lockere Bombenstimmung. Auch beim Kapitän. Denn er machte einen guten Schnitt. Wer jetzt Ruhe suchte, für den gab es nur einen Ausweg: Er mußte sich aufs Dach verziehen.

Wir mußten das auch sehr bald schon, aber aus einem ganz anderen Grunde. Unseres neuen Partners wegen. Ja, das habe ich noch nicht erzählt. Wir waren nicht mehr zu dritt, sondern jetzt ein Vierer-Team. Das hatte sich ganz zufällig ergeben. Bei einem Marktbummel hatten wir ihn kennengelernt – und es war Liebe auf den ersten Blick. Sein Name: Paulo. Für umgerechnet fünf Mark gehörte er uns: Paulo, ein Nasenbär. Seine possierliche, anhängliche Art hatte den Ausschlag gegeben. »Durch ein Tier kommt man viel besser mit den Leuten ins Gespräch«, wußte ich aus Erfahrung. »Vor allem, wenn es mit der Sprache hapert. Und wer mit einem Nasenbären durch den Wald gestapft kommt, wird viel eher als Freund denn als Feind eingestuft. Und später, am Ende unserer Reise können wir ihm seine Freiheit wiedergeben.«

Doch bei all seiner Niedlichkeit hatte Paulo zwei gravierende Nachteile: Er war rund um die Uhr voller Aktivität und – nichts Süßes war vor ihm sicher. Mit seiner ausgeprägten Nase entdeckte er jeden Zuckerkrümel, jeden Honigtropfen.

Wir hatten kaum abgelegt, da kam der Kapitän. »Ist das Ihr Nasenbär, der hier überall herumläuft?« »Ja.« (Er lief zwar mit Leine, aber frei.) »Dann kommen Sie bitte mal mit, Senhor!«

Mühsam folgte ich ihm durch das Gewühl und zwängte mich hinter ihm durch eine Ladeluke zwischen Säcken und Stapeln von stinkendem Trockenfisch hindurch. Ich brauchte eine ganze Weile, ehe ich mich an das Dämmerlicht gewöhnt hatte. »Da vorn, können Sie ihn sehen?« Sehen konnte ich ihn eigentlich nicht. Aber da turbulierte etwas an einem Sack herum, das zwar von der Form her unserem Bären ähnelte, aber niemals von der Farbe. Denn Paulo war braun, und das tosende Knäuel da war weiß. Doch bei näherem Hinschauen ließ sich's nicht leugnen. Das weiße, vor Glückseligkeit piepende, 4 Pfund schwere Stück geballten Lebens war unser Paulo. Er hatte einen Zuckersack geöffnet und suhlte sich förmlich in dieser für sein Leben wohl einmaligen Schlarafferie. Er sprang mich an vor Glück, leckte mich, wo er mich zu fassen kriegte, so als wolle er sagen: »Ist das nicht toll? Komm, iß mit!« Und ehe Paulo einem etwas abgab, mußte er wirklich überreichlich haben. Denn unser neuer Partner aß mehr als wir drei zusammen. »Nehmen Sie ihn bitte mit und leinen Sie ihn an. Den Sack lasse ich flicken, aber die Kilogramm Zucker, die herausgerieselt sind, muß ich Ihnen berechnen.« So krochen wir drei wieder ans Tageslicht. Paulo zwangsweise unterm Arm.

Das war das erste Lehrgeld, das wir für Paulo zahlen mußten. Es folgte die ärztliche Versalbung zweier Mädchen, die er im Spiel mit seinen Krallen etwas geritzt hatte, ein Korb Bananen, den er beim Naschen außenbords gerollt hatte, und ein Hemd, über das er Rotwein entleert hatte.

»Wenn wir nur erst mit ihm im Wald sind. Da ist er viel vernünftiger«, nahm ich ihn in Schutz. »Da ist er nur noch auf uns fixiert und kann sogar ohne Leine laufen.« Aber Ulli blieb skeptisch: »Da wird ihm bestimmt was Neues einfallen.« Ulli lernte sein Wesen nämlich täglich besser kennen, wenn er stundenlang mit ihm herumalberte. Dabei ahnte Ulli nicht, wie recht er haben sollte. Bei den Indianern hatten wir noch bösen Ärger mit dem Bären.

Aber zur Zeit ging es uns gut. Das Schiff tuckerte so vor sich hin. In 14 Tagen würden wir in São Gabriel sein. Preis: umgerechnet 100 Mark inclusive der drei Mahlzeiten pro Tag. Nach 2 Tagen waren wir bereits in Barcelos.

Schon das Wort Barcelos erregte bei mir erhöhte Alarmbereitschaft: Tatunca Nara. Als wir es erreichten, blieb ich in der Hängematte. »Wollen Sie nicht an Land?« fragte der Kapitän. »Nein, danke! Ich fühle mich nicht gut. Ich will lieber schlafen.« Bloß nicht hier blicken lassen! Die Ankunft eines Schiffes wurde immer mit viel Hallo gefeiert, und das halbe Dorf war auf den Beinen.

Ich ließ die Brille auf, zog einen Schal über den Kopf und rollte mich zusammen. Vorsichtshalber hatten wir unsere nehbergtypischen Weithalskanister so kaschiert, daß sie auch per Zufall niemand entdecken konnte. Aber Daniel und Ulli meinten: »Wir gehen mal schnuppern im Hotel seiner Schwiegereltern. Wir möchten ihn wenigstens mal sehen.« So zogen sie ab in der Vorfreude auf ein solides Essen. Denn die deutschstämmigen Schwiegereltern des Tatunca Nara hatten hier ein kleines Hotel aufgezogen. Das einzige am Ort.

»Lassen Sie sich Zeit«, rief der allgegenwärtige Kapitän ihnen noch nach. »Wir bleiben über Nacht!« »Auch das noch!« dachte ich. Denn ich kannte das. Zu viele Neugierige stromerten ständig übers Schiff, und konnte man mich auch nicht dank meiner Maskerade am Gesicht erkennen, so doch vielleicht an meiner Stimme, meinem Gang oder meinem Habitus.

Aus diesen Gründen hatte ich mich auch von Anfang an als Finne ausgegeben und Daniel und Ulli als Schweizer. Ich sprach nur englisch – denn wer an Bord konnte schon Finnisch?

Nur eine halbe Stunde später waren meine beiden

Freunde schon zurück. »Gute Nachricht, Rüdiger! Seine Schwiegermutter sagt, er sei zur Zeit nicht hier. Willst du nicht mitkommen zum Essen?« »Nein, danke. Das ist zwar eine gute Idee, aber ich bleibe hier bei Bananen und Keksen. Laßt uns nichts riskieren. Wo ist er denn?« »›Bei seinem Volk in den Bergen‹, hat sie gesagt.« »O Gott, nun spinnt die Alte auch schon.«

Dennoch war ich sehr beruhigt: Ich wagte es, mich an die Reling zu stellen und die Erinnerungen an diesen hübschen Ort wieder aufleben zu lassen. Die Palmen sahen traumhaft schön im Mondlicht aus, Fische sprangen im Fluß, Hunde stritten sich, und Paulo spitzte die Ohren. Nachdem er das Kläffen als harmlos erkannt hatte, packte er seine lebenswichtige Nase wieder zwischen die schützenden Pfoten und schlief weiter. Gegen 22 Uhr kamen Ulli und Daniel zurück. »Schläfst du schon?« Natürlich nicht. »Stell dir vor: Wir haben Rouladen mit Rotkohl und Eistorte gegessen!« Sie schwelgten förmlich. Aber nach der kargen Schiffskost kein Wunder.

»Wir konnten dir ja schlecht etwas mitbringen. Aber immerhin haben wir hier einen Marmor-Napfkuchen und einen Schokoladenpudding mitgebracht.« So feierten wir an Bord still weiter.

Sobald Barcelos hinter uns lag, atmete ich auf. Jetzt konnten endlich konkrete Pläne gemacht werden. »Wieso dauert der Trip bis São Gabriel eigentlich noch 11 Tage?« wollte ich vom Bootsführer wissen. »Ich denke, die Strecke Manaus–São Gabriel ist in 5 Tagen zu machen.« »Das stimmt, Senhor. Das ist bei Hochwasser. Aber wir haben jetzt Niedrigwasser. Extrem sogar. Sobald wir in den Bereich der Felsen kommen, unterhalb von Tapuruquara, müssen wir besonders langsam fahren und nachts sogar immer ankern.«

Deutsche Ungeduld. Ulli und Daniel war es egal, ob es noch drei oder zehn Tage dauern würde. Für sie war alles neu, alles interessant. Außerdem hatten sie mit den Dreharbeiten begonnen. Wegen des – aus Gewichtsgründen – begrenzten Filmkontigents hatte sich Ulli eine Art Drehbuch angelegt. Soweit man Unkalkulierbares überhaupt vorher in eine Buchform zwingen konnte. Aber immerhin wurde ein roter Faden gewoben, gewisse Pflichtszenen und Zwischenschnitte aufgelistet. Und es wurde mit dem Drehen begonnen.

Ihr Optimismus entsprang nicht nur der Fülle der Impressionen rundum und der Romantik einer Schiffsreise auf dem Rio Negro. Er hatte einen viel konkreteren Grund: Im buchstäblich allerletzten Moment vorm Start hatten wir einen festen Filmauftrag erhalten.

Es war die Firma GEO-Film, namentlich Volker Arzt, der es anders hielt als alle Sender, bei denen wir vorstellig geworden waren. Er hatte nicht – wie diese – gesagt: »Ja, toll. Gutes Thema. Bringt man was mit, und dann werden wir uns entscheiden.« Er sagte: »Der ethische Wert eures Vorhabens ist auch für uns ein Risiko wert.« Und er war bereit, die Kosten des Films bis hin zur Entwicklung zu garantieren. War das eine Aufmunterung gewesen. Nicht nur ideell, sondern auch konkret materiell, denn sowohl Ulli als auch Daniel waren noch keine Vollverdiener. Sie hatten bei ihren Eltern Geld leihen müssen. Nun konnten sie ihre Schulden schon zurückzahlen, noch ehe die Reise begonnen hatte. Und außerdem hatten wir mit Volker Arzt ein grobes Drehbuch skizziert, eben jenes, an dem die beiden nun ständig herumfeilten. Fast jeden Morgen, wenn die Sonne noch erträglich war und das Zinkblech des Schiffsdaches noch nicht glühte, lagen sie bäuchlings da oben und ließen ihr Hirn klickern. Solange es ging, nutzten sie den spärlichen Schatten, den die vier Kisten mit Humus und Küchenpflanzen auf sie warfen. Und während einer schrieb, hielt der andere den wilden Bären, unseren Kobold, in Schach. »Ein Drittel des Films sollte euren Weg zeigen, damit die Zuschauer sich später besser mit der ganzen Aktion identifizieren können», hatte Volker Arzt geraten. »Ins zweite Drittel würde ich die Indianer stellen. Aber deutlich, ihrem Entwicklungsstand entsprechend. Nicht also bei täglichem Einerlei, sondern bei einprägsamen Szenen, die ganz klar den Unterschied zu unserer Kultur verdeutlichen. Szenen also, anhand derer sich jeder Zuschauer selbst darüber klarwerden muß, welch tödliche Folgen der Zusammenprall von Atomzivilisten und Steinzeitkultur für die Yanomami haben muß. Und das letzte Drittel soll auf die Bedroher eingehen. Also die Goldsucher, Siedler, Politiker. Und es soll Lösungen ansprechen.« Das war, grob gerastert, unsere Vorgabe.

»Laß uns aber bloß nicht so viel Anreise vernudeln«, warnte Ulli immer wieder. »Denn das haben die Leute alle schon irgendwie gesehen. Unser Schwerpunkt müssen die Indianer bleiben. Um die geht es schließlich!« So geizten die beiden hin und her, um jede Szene und Rolle, und das positive Echo, das dem Film später zuteil wurde, ging auf das Konto ihrer gewissenhaften Planung.

Und irgendwann waren wir dann in São Gabriel.

Beim Bischof

Dieser Besuch beim Bischof war sehr wichtig für uns. Seinetwegen hatten wir diesmal São Gabriel als Ausgangsort erkoren. Die Vorarbeit war geleistet. Das Großfoto von der Papstaudienz hatte im Dorf die Runde gemacht. Ich war kein Unbekannter mehr. Ich war »der, der schon mit dem Papst gesprochen hat«. So bat auch der Bischof zum Tee.

Wider seinen Willen hatten wir Daniel in ein weißes Hemd gezwängt. Aber erst nach dem Seufzer ›für eine gute Sache‹ ließ er sich dazu hinreißen. Doch das mußte sein. Garderobe ist in Lateinamerika ein Statussymbol.

Und ich hatte mir ein Kreuz um den Hals gehängt. Aus Messingdraht, aber hübsch geformt, an einem runden, feinen Lederriemen. Kleines Accessoire, aber mit hoffentlich großer Wirkung, abrundend und entscheidend. Ulli brauchte nichts Besonderes. Er leuchtete aus sich heraus. Er war unser Dressman.

»Herr Bischof, wir möchten für ein paar Tage die Gastfreundschaft dieses Ortes in Anspruch nehmen und freuen uns über die Gelegenheit, uns auch Ihnen bekanntmachen zu dürfen«, fing ich das Gespräch an. Ich stellte uns als deutsche TV-Journalisten vor, die hier eigentlich nur auf Urlaub wären. »Wir kannten São Gabriel noch nicht und sind überrascht von der Schönheit des Ortes. Deshalb wollen wir ruhig ein paar Tage anhängen und entspannen.«

Übersetzt wurde alles von Padre Norberto Hohenscherer, einem österreichischen Missionar. Der Bischof Dom Miguel war schon älter und brauchte die Unterstützung.

Dem Padre hatte ich auch »nebenbei« den Presseausweis und das Papstbild als Legitimation hingeschoben. Kein Sterbenswörtchen durften wir über den wahren Grund unseres Hierseins sagen. Denn wir wußten, daß die Missionare jeden verdächtigen Fremden der Polizei oder der FU-NAI melden müssen. Ziel dieser Teestunde war, durch eine angesehene Persönlichkeit des Ortes Zugang zu brasilianischen Offiziellen zu erlangen und gesprächsweise viel Aktuelles über die Indianer-Situation zu erfahren.

»Mich wundert«, mischte sich Daniel ein, »daß es hier gar keinen Tourismus gibt. Der Ort bietet sich doch geradezu dafür an!« »Das mag sein«, antwortete der Bischof, »aber er liegt den Leuten zu weit vom Schuß. Und außerdem klappt hier nicht mal die Lebensmittelversorgung.« Und Padre Norberto: »Gerade jetzt, wo der Fluß extrem trocken ist, kommt kaum noch ein Schiff durch, und wir haben eine regelrechte Krise. Keine Hühner, kein Gemüse, kein Obst, und vieles andere fehlt auch.«

»Kann der Ort sich denn nicht selbst ernähren? Gibt es hier keine Farmen? Die Natur wirkt so prall, da müßten einem die Hühner doch geradezu in den Mund fliegen.«

»Sie werden lachen. Das alles wäre möglich. Es gibt hier ein paar magere Rinder, aber das andere reicht nicht mal für den Eigenbedarf der Hersteller. Es fehlt hier an der Initiative. Wir hängen voll von Manaus ab.«

»Wissen Sie, wer hier zur Zeit der Hauptlieferant für Obst und Gemüse ist?« Natürlich hatten wir keine Ahnung. »Die Yanomami unserer Mission Maturacá.« Die beiden Geistlichen schauten sich gegenseitig an und genossen diese Offenbarung sichtlich. Jetzt waren wir tatsächlich baff. Wenn das kein Spruch war, konnten die Indianer von Maturacá unser erstes Ziel sein. Nur vorsichtig weiterfragen und keinen Verdacht aufkommen lassen!

»Gerade dann könnte doch Tourismus diese Situation verbessern«, kam Ulli wieder auf den Punkt. »Ich habe schon überlegt, ob man nicht mal einen kleinen Film dreht über São Gabriel. Seine Lage, seine Schönheit und vor allem die Möglichkeiten der Unterhaltung, die ein Tourist hier hätte.«

»Und was wäre das?« zweifelte der Bischof. Er lebte hier schon lange und war längst »betriebsblind« geworden.

»Na, das ist doch allerhand: die einmaligen Strände zur Sommerzeit (November–Februar), Angeln, Wandern, Wildwasserfahren, Baden, Ausflüge mit dem Dampfer und sogar Goldsuchen! Wenn das nicht Gründe sind!« Dabei deutete er von der schneeweißen Kirche auf der Höhe über die Katarakte hinweg zu den Sandbänken, wo etwa zwanzig Goldsucher mit Schaufeln, Sieben, Waschanlagen und Pfannen dabei waren, den gelben Staub vom Sand zu sondern.

Jedes Jahr schwemmte der Fluß in der Regenzeit neben viel Gebäum auch Gold den Berg hinab. Die Wasser drehten sich in den Strudeln hinter den Felsen und ließen das Metall dort liegen. Sobald der Strom wieder fiel, wurden Parzellen abgesteckt, verpachtet und dann wurde gegraben. Es waren meist die armen Familien, die mit den Fundorten vor der Haustür vorliebnehmen mußten. Es waren die kinderreichen, die sich Boot, Motor und Benzin für die Fahrten in die (eigentlich) verbotenen Wälder bei den Yanomami gar nicht erlauben konnten. Es sei denn, sie hatten unerwartet Glück und fanden nicht nur Staub, der allenfalls ihre Kosten deckte, sondern ein dickes Nugget, eine Pepita, ein großes Stück Gold. Denn auch das kam vor, und es war der Traum eines jeden Suchers. Aber normalerweise waren es die Garimpeiros aus den Wäldern, die solch schöne Stücke am Hals oder gut verborgen in ihrer spärlichen Garderobe vorweisen konnten. »Nur dies ist ja Grenzgebiet. Sicher muß man da eine extra Drehgenehmigung haben«, hakte Ulli nach. »Ja, also, wenn es nur daran läge! Das könnte man sicher arrangieren.« Und so machten wir nach diesem noch sehr informativen Gespräch die Bekanntschaft des Polizeichefs, hoher Militärs und des FUNAI-Obersten Ribamar. Am nächsten Tag hatten wir die Drehgenehmigung für São Gabriel und »Umgebung«. Wo die Umgebung endete, war offengelassen in dem Dokument des Bürgermeisters. Und eine weitere Woche später hatte auch Ribamar gestattet, in Begleitung eines seiner FUNAI-Bediensteten die Mission Maturacá zu besuchen.

Da hatte zu guter Letzt, als ich schon nicht mehr daran glaubte, der Papst mir doch noch geholfen. Wenn auch indirekt.

Die Überraschung

Wir hatten es endlich geschafft, unser Boot festzumachen. Es war ein Kampf für Akrobaten gewesen. Der schmale Fluß war rasend schnell und stark. Er wollte partout etwas anderes als wir.

In diesem Moment traf es unser Trommelfell wie ein Schlagbohrer! Und es hielt an. Entweder war der Schlagbohrer noch drin oder jemand hatte gleich einen Dübel im Gehörgang verankert. »Herzlich willkommen auf Maturacá!!!« dröhnte es. Und in andere Richtungen, von Händeklatschen begleitet und nicht minder laut: »Na los, helft den Gästen, das Gepäck hochtragen!« Und dann zu uns: »Warten Sie doch, ich komm' ja schon anfassen!«

Zu sehen war nichts. Eine schmale, in den Boden gehackte Treppe, die steil hinaufführte auf einen flachen Bergbuckel. Alles gesäumt von üppigem Pflanzenwuchs.

Oben, am Ende der langen Himmelsleiter, links und rechts eine Lehmhütte. Und irgendwo dazwischen, nun erkennbar, ein gestikulierendes Etwas, das nasenbärenflink den Steilhang heruntergestolpert kam. Im Gefolge einige junge Leute. Alle schick in Hemd und Schale. Indianerjungen. »Guten Abend! Herzlich willkommen auf Maturacá!« wiederholte er noch einmal. Padre Carlos Galli, der Chef der Salesianer-Mission am Fuße der Sierra Neblinha, stand vor uns. Deswegen aber verminderte er nicht etwa seine Lautstärke. »Das Abendessen ist schon fertig. Es gibt Hühnchen, gemischten Salat und selbstgebackenes Brot. Wir haben extra noch gewartet.«

Im Handumdrehen hatten er und seine hilfsbereiten

Geister unser sämtliches Gepäck unter die Arme geklemmt. Und so schnell wie sie runtergehoppelt waren, kraxelten sie schon wieder hoch. Derweil dröhnte der Padre weiter: »Hier sehen Sie unser Salatfeld, dahinter stehen die Paprika, hier sind die Tomaten!« Es folgten Orangen, Bananen, Kaffee, ein Fußballfeld, der Geräteschuppen, das Gästehaus, der Backofen. »Hier sind die Hühner und die Schweine, und hier habe ich etwas völlig Neues: mein erster Wein!« Stolz und Glück ließen seine Stimme vibrieren. »Es ist das erste Jahr, wo die Pflanzen tragen. Und dann gleich so üppig. Die Setzlinge haben mir Freunde aus meiner Heimat Italien mitgebracht.« Und während wir gleich zum Essenstisch durchhasteten – »Um das Gepäck kümmern sich die Jungs. Keine Sorge!« –, rodete er mit großzügiger Armbewegung einen ganzen Berghang mit Südblick und meinte: »Das wird nächstes Jahr alles Wein sein!« Es war die schnellste Führung meines Lebens gewesen. Nur seine Kirche hatte er vergessen. Aber zumindest hörte man sie. Denn von dort wurde gerade geläutet. Das war dann auch so ziemlich der einzige Moment in dem dreitägigen Beisammensein mit Padre Galli, wo er sich eine Verschnaufpause gönnte. »Ich muß mich auch mit allem beeilen. Ich habe noch soviel vor und bin schon 84 Jahre alt.« Gewiß, er wirkte alt. Seine weiteren Erkennungszeichen: tiefliegende, listige Augen, abstehende lauschende Ohren. Alles ungeheuer wach und vital. Mit seinem Temperament steckte er uns alle in die Tasche.

Am nächsten Morgen, noch herrlich im Schlaf, weckte uns das aufgeregte Bimmeln einer Glocke. »Es brennt«, vermutete Ulli, und ruckizucki waren wir auf den Beinen. Aber draußen im Sonnenlicht sah alles schon viel harmloser aus. Kein Qualm, kein Chaos. Galli zog an einem dikken Tampen und läutete zur Messe. Nichts wie hin!

Und wir wollten unseren Augen nicht trauen: Da

strömten sie von allen Seiten in sauberen Röcken und frischgewaschenen Hosen. Männlein und Weiblein, jung und alt, kamen zusammen und stellten sich vor dem Kirchenraum auf. Fein säuberlich getrennt nach Geschlechtern. In Reih und Glied. Einige Männer kamen mit Pfeil und Bogen. Die durften nur von der Tür her zuschauen.

Dann war Einlaß. Man drängte um gute Plätze, und bis es richtig losging, hatte Padre Galli schon wieder zwei Beichten abgenommen.

»Mensch, Danny, steh da nicht rum! Mach den Ton!« Ulli mahnte, denn dieses Schauspiel war eine starke Szene für seinen Film.

»Entschuldigung! Aber das halt' ich im Kopp nicht aus.» Daniel war fassungslos.

»Da erzählt Rüdiger mir etwas von Steinzeit, und dabei machen die Leute ganz São Gabriel etwas vor! Sie haben eine Landwirtschaft aufgebaut, die man dort nicht zustandebringt, und nun gehen sie beichten und beten und singen sicher gleich das Ave Maria.«

Er hatte recht. Sie sangen aus voller Kehle. Padre Galli, wie ein Halbgott, hier segnend, da Weihrauch schwenkend mitten dazwischen und voll in seinem Element.

Als Ulli hinterher seine Filmrollen beschriftete, meinte er nachdenklich: »Eigentlich eine tolle Sache. Sie zeigt doch, daß die Indianer durchaus autark weiterleben könnten, wenn man sie Ackerbau und Viehzucht lehrt. Sie müssen nicht zu Bettlern, Prostituierten oder Säufern verkommen.«

»Ja, aber dafür brauchen sie Zeit. Das geht nicht von heute auf morgen«, warf ich ein. Und Daniel ergänzte: »Eigentlich wäre dies ein Paradebeispiel von Koexistenz. Die Yanomami vervollkommnen ihre Landwirtschaft und können auch dann noch im Wald leben, wenn die Tiere längst ausgerottet sein werden. Der Wermutstropfen an der ganzen Sache ist doch nur, daß man das hier nicht selbstlos macht. Dann fände ich es spitze! Aber man tut es doch, um den Yanomami dafür gleichzeitig den Glauben zu nehmen. Und das könnte ich für mich nicht verantworten. Denn religiös sind die Yanomami. Das siehst du ja in den beiden angrenzenden Dörfern, wo viele Leute auch jetzt noch ihrem eigenen Glauben nachgehen und nicht in die Kirche kommen.«

»Das ist das Problem. Die Yanomami haben gar keinen anderen Glauben nötig. Die sind gläubiger als die meisten Katholiken oder Protestanten. Solchen Leuten eine andere Religion zu oktroyieren, ist für mein Empfinden seelische Vergewaltigung.«

Ich kannte dieses Problem schon von meiner ersten Reise her. Damals landete ich bei der New Tribes Mission, dort arbeiteten protestantische Missionare. Ihr Ziel, wie hier in Maturacá: Seelenfang.

Daniel kam richtig in Form. »Das Hintertückische ist ja, daß die Yanomami unseren Missionaren gar nicht gewachsen sind. Mit Liebe, List, Geschenken, Drohungen und unserer geistigen Überlegenheit ist das ein unfaires Spiel. Ich hätte nichts gegen Glaubensbekehrungen unter Gleichrangigen. Damit meine ich, wenn ich dich zum Zeugen Jehovas machen würde. Wir kommen aus einer Kulturgruppe. Du bist mir gewachsen und kannst dich mit gleichen Mitteln wehren. Du kannst mir nachgeben oder bleiben, was du bist. So, als wenn ich dich zur SPD oder CDU rüberschnacke. Aber so 'n Indianer hat keine Chance. Der wird, bei seiner Auffassung von Welt und Gott, damit gar nicht fertig. Wie glaubwürdig ihr Idealismus ist, kannst du noch aus einer anderen Tatsache ersehen. Schwer genug für die Yanomami, einen neuen Glauben überhaupt zu begreifen – da werden sie zusätzlich noch dadurch irritiert, daß bis zu drei verschiedene Glaubensvertreter sich allein bei den Yanomami niedergelassen haben. Hauptsache, beim jeweiligen Chef daheim in Rom oder in den USA werden Punkte gesammelt. Ob die Yanomami das verkraften, ist für sie völlig nebensächlich.«

Natürlich waren wir Kirchenskeptiker da einer Meinung. Aber uns wollte ja auch niemand bekehren. Dennoch – und darüber waren wir uns ebenfalls einig – hatten die Missionare auch etwas Gutes. Sie waren die festen Verbündeten der Indianer gegen die Goldsucher und andere Invasoren.

»Auch wenn du es nicht mehr glaubst«, sagte ich zu Daniel, »in wenigen Wochen zeige ich dir die anderen, die weitaus weniger entwickelten Yanomami.«

Als Gäste beim Totenfest

»Nur noch neun Tage!« jubelten wir. »Dann ist es endlich soweit!« Marco, wie christliche Missionare ihn »umgetauft« hatten, hatte uns neun Holzsplitter auf den Boden gelegt und bedeutet: An diesem neunten Splitter ist das Totenfest!

Wir schauten uns ungläubig an. Ob er recht hatte? Oder hatten wir Marco wieder einmal falsch verstanden? Zu oft schon hatte es wegen der Sprachschwierigkeiten Mißverständnisse gegeben. Wie froh waren wir, überhaupt jemanden wie Marco gefunden zu haben, der an die 100 Wörter Portugiesisch beherrschte. Hier im letzten Dorf vor der venezolanischen Grenze.

Unsere Unruhe war verständlich. Nach Maturacá hatte es wieder eine Weile gedauert, ehe wir »unauffällig« aus São Gabriel verschwinden konnten. Warten und nochmals warten hieß unsere Parole. Das schäbige Hotel am Strand hatten wir verlassen können und bei dem deutschen Landarzt Alfonso Niess wohnen dürfen. Durch seine Gastfreundschaft wurde der Aufenthalt in dem sonst unbestreitbar idyllischen Ort um vieles angenehmer. Tagsüber schuftete Niess wie ein Tier auf seiner neuen Plantage, und abends zogen wir los, ein Boot zu organisieren. Das war gar nicht so leicht, wie man annehmen könnte. Auch nicht mit Geld in der Tasche. Jeder noch so kleine Kahn war längst zu Wucherpreisen an Goldsucher verkauft. Es gab höchstens einige Winzlingseinbäume. Solide und schnittig. Sie sind die idealen Fahrzeuge, um mit Muskelkraft sogar gegen den

Strom zu fahren. Aber man muß sich damit auskennen. Sie sind enorm kippelig und vor allem: Es fehlte an Platz fürs Gepäck. Ein Boot also für jemanden, der nur seine Hängematte und ein Haumesser nebst Angel besitzt.

So ging Woche um Woche ins Land und unsere Ungeduld wuchs. Würde der Film überhaupt zustande kommen? Doch schließlich hatten wir Glück. Ein Vierer-Boot mit Motor. Genau das Richtige! Benzin hatten wir uns bereits rechtzeitig besorgt, denn auch mit diesem Artikel war es so, daß er oft wochenlang vergriffen war. Und wenn er frisch hereinkam, standen die Leute Schlange wie beim Krämer im Krieg, und das kostbare Explosiv wurde sorgfältig mit dem Litermaß abgemessen und in die mitgebrachten Behälter gefüllt. Würden wir es nicht gebrauchen, so ließ sich Benzin immer wieder gut verkaufen. Das Geld war nicht verloren.

Leider durften wir auch Alfonso und seiner liebenswerten Familie nicht sagen, was wir wirklich vorhatten. Wir fürchteten Schwierigkeiten für sie, wenn bekannt wurde, wohin uns das Boot tatsächlich bringen sollte.

»Wir werden jetzt peu à peu den Rio Negro runterschippern und das Boot in Manaus wieder verkaufen«, ließen wir überall verlauten, und eines frühen Morgens waren wir fort.

Wer uns beobachtet hätte, dem wäre kaum ein Verdacht gekommen, daß wir etwas anderes im Sinn haben könnten. Denn nun ging es wirklich erst einmal stromab. Vorbei an den herrlichsten Sandstränden, scheinbar paradiesischen Inseln und einsamen Siedleranwesen, aber immer in Sichtweite des linken Ufers. Der Fluß ist oft sehr breit und infolge der Inseln nicht zu überblicken. Wir zählten sehr aufmerksam Nebenfluß um Nebenfluß. Bis wir ›unsere‹ Abzweigung gefunden hatten. Es war der Rio Cauaburi, etwa 200 km unterhalb von São Gabriel. Ihn ging es hinauf bis zum Rio Maiá. Bis zu seiner Einmündung benötigten wir fünf Tage. Auf herrlich glatte Passagen folgten Stromschnellen und Wasserfälle, die wir in Stundenarbeit am Ufer umgehen mußten. Verlassene Siedlerplätze, Papageien, Stille. Fast völlig unbewohnt. Eigentlich wunderschön, wären da nicht die Myriaden auf Blut erpichter Piumfliegen gewesen. Sie sind nur klein. So winzig wie unsere Gärfliegen etwa. Aber überall, wo es schön hell ist – auf Flüssen also –, da sind sie treu zur Stelle. In großen Wolken ›bestens‹ organisiert. Man merkt ihren Biß nicht, aber er verursacht kleine rote und vor allem juckende Stellen. Sie halten ihrem Opfer 14 Tage lang die Treue und können es zum Wahnsinn bringen. Unsere – oder der Pium – Höchstform bescherte uns pro Person fünftausend Stiche gleichzeitig! Darunter litt besonders Ulli. Er hatte sich blutiggekratzt und wohl dadurch schwere Infektionen an den Beinen zugezogen, die wir mit unseren Antibiotika nicht in den Griff bekamen.

An der Einmündung des Rio Maiá lag die erste indianische Ansiedlung. Sie ist quasi das Tor ins Yanomami-Land. Häuptling André sortiert hier sehr sorgfältig vor, wem er Einlaß gewährt und wem nicht. Natürlich erhielt er Geschenke, aber um Mißverständnissen vorzubeugen, sagte er gleich: »Wäret ihr Goldsucher, würden euch auch die Geschenke nichts nutzen.« Und zu unserer Überraschung fragte er: »Wart ihr nicht kürzlich in Maturacá?« Der Nachrichtendienst klappte also gut.

Ebenso entscheidend wie Häuptling Andrés Willkommen war für uns ein anderer Umstand. Und davon hing nun alles ab. Diesem Problem hatte in den letzten Tagen unser Denken gehört. Und das war der FUNAI-Posten. Er ist nämlich hier in eben diesem Dorf in einer kleinen Hütte untergebracht. Für ihn hatten wir ein gefälschtes Empfehlungsschreiben mit, die Drehgenehmigung des Polizeichefs, aber auch Geld und Geschenke. Wußten wir doch, daß solche Männer oft nicht mehr als fünfzig Mark (!) im Monat verdienten. Wenn sie's überhaupt bekamen.

Genau das war nämlich hier der Fall: Der arme Mann war gerade nach São Gabriel unterwegs, um endlich sein seit fünf Monaten ausstehendes Geld zu fordern!

Des einen Leid, des anderen Glück. Wir gelangten dadurch unbehelligt weiter. Doch gleich beim Start zur Weiterfahrt gab unser Motor seinen Geist auf. Die Indianer waren damit wie die Weltmeister auf dem Fluß herumgegurkt, und jetzt standen wir da! Für Häuptling André keine Hürde. Laßt den Motor hier und nehmt ihn auf dem Rückweg mit. Ich gebe euch vier Männer mit, und die helfen euch paddeln. Das nächste Dort liegt 5 Tage entfernt.«

Uns blieb nichts anderes übrig, und in mühsamer Knochenarbeit krochen wir förmlich den Maiá hinauf. Immer schön dicht am Ufer entlang. Dort ist die Strömung am schwächsten. Manchmal entstand sogar ein Gegenstrom, der einen regelrecht hinaufschwemmte.

Wir waren zufrieden. Wir waren »drin«. Es ging weiter. Das nun hinter uns liegende erste Dorf hatte auf uns enttäuschend gewirkt. Zerlumpte, ärmliche Bettelgestalten ohne Identität, weder Indianer noch Brasilianer. Ein deprimierender Mischmasch. Neben dem Beispiel Maturacá die andere Möglichkeit der Kulturveränderung.

Das zweite Dorf, hier oben am Maiá, unter »Capitão Afonso do Brasil«, wie sich einer der zwei Chefs nannte, war da schon viel besser. Es war noch relativ intakt. Bei dem ausgedehnten unbewohnten Umwald konnten die Menschen hier ihrer ursprünglichen Lebensform nachgehen: Rodungsackerbau, Jagd, Fischfang, Sammeln. Dennoch war es nicht das Dorf unserer Vorstellungen. Wir wollten tiefer in den Wald.

Und das gestaltete sich schwierig. Der zweite Häuptling, Luciano, legte sich quer. Wir packten ein weiteres Messer zu den vielen anderen Geschenken. Aber Lucianos Forderung war konkreter. Längst hatte er mit Argusaugen und Fingerspitzengefühl gesehen und abgetastet, daß wir noch viel mehr an Ware mithatten. Er hatte sogar nachts eine Naht geöffnet, vieles entnommen und sie dann wieder ›holprig‹ zugenäht. Wir waren machtlos. Und nun forderte er: »Viele meiner Leute haben kein Messer. Und ihr habt zu viele.« Nach langem Feilschen mußten wir 15 rausrücken. Nur drei ließ er uns fürs nächste Dorf. Wir hatten ehrliche Bedenken, ob das reichen würde. Ich wußte aber auch, daß die weit entfernt Wohnenden es nicht anders kannten und somit nichts erwarteten. Für sie war auch das wenige schon viel. Und wenn solche Gastgeber an der Peripherie der Welt sehen, daß der Gast selbst nichts mehr besitzt, sind sie zufrieden und gewähren einem sogar dann unumstößliche Gastfreundschaft, wenn man eben ein solcher Habenichts ist. Wir könnten viel von ihnen lernen. Eine sehr wichtige Geste in diesem Zusammenhang ist es, seine gesamte Habe einfach auszupacken und zu zeigen. Dann herrschen klare Verhältnisse. Solange man aber bei den Yanomami irgend etwas doppelt hat, das der andere nicht sein eigen nennen kann, wird man es herausrücken müssen. Das ist ein Urwaldgesetz, wie bei uns Zoll und Steuer verpflichtend sind.

Schließlich hatten wir im wahrsten Sinne des Wortes »grünes Licht«. Wir durften aufbrechen. Auf schmalem Pfad, ständig bergauf, bergab, flußrein, flußraus dauerte es diesmal zwei Wochen, ehe wir aus dem Grün des Waldes in der Nähe des Rio Marauiá auf das Totenfest-Dorf stießen.

»Das geht ein Indianer in fünf Tagen«, hatte Marco, der Dolmetscher gesagt, »selbst Kinder und Frauen.« Und alle Umstehenden hatten gelacht, während wir völlig groggy in unseren Matten lagen!

Marco hatte recht. Immer schon war mir die Behendigkeit aufgefallen, mit der Indianer ihre Tagesstrecken zurücklegen. Aber in diesem Falle lag es auch daran, daß wir ständig am »Weg-Suchen« waren, daß Ullis Probleme mit den Beinen zunahmen und wir infolge der unzureichenden Ernährung konstitutionell rapide nachließen.

Das alles hatte hier ein Ende. Es gab Bananensuppe und Maniokbrot in Hülle und Fülle. Der liebenswerte Chef Eduardo mühte sich wie ein Vater. Einen ähnlich rührenden Menschen habe ich unter den Yanomami kaum getroffen.

Nur ein einziges Mal machte er Ärger. Als die Sache mit Paulo, dem Bären, passierte. Das Tier kam mit den Indianern nicht klar. Sie hänselten es, und Paulo reagierte aggressiv. Er hatte zwar keine nennenswerten Zähne oder Krallen, aber er hatte grundsätzlich vor nichts und niemandem Angst. Wer ihn reizte, den sprang er an. Und zeigte der so Angesprungene erst einmal Angst, dann hatte Paulchen, der Bärenstarke, das totale Oberwasser, und die Indianer flohen auf die Bäume. Paulos Rekord: Häuptling und fünf Krieger so hoch auf einen Baum zu scheuchen, bis der die sechs Leute nicht mehr hielt und sich zu Boden neigte. Als alle Indianer panikartig am Ende des Biegebaumes wieder zur Erde sprangen, war auch Paulo schon längst heruntergehüpft und der Reigen »Auf den Baum!« begann ein zweites Mal. Bis Daniel eingriff.

Nach anfänglich sehr gemischten Gefühlen, hatten hierüber noch alle lachen können, vor allem, als Ulli seine »nun wirklich allerletzte« Zigarette spendierte – die Friedenspfeife quasi – und jeder gierig daran gesogen hatte.

Längst hatten wir beschlossen, den Bären weit entfernt wieder in die Freiheit auszusetzen. Hier im Dorf mußte er an die kurze Leine, und das tat uns leid. Er hatte uns so treu begleitet, hatte ungewollt die erhofften Kontakte geknüpft, hatte uns unterwegs immer wieder auf eßbare Früchte aufmerksam gemacht und am Termitenschmaus teilhaben lassen. Jetzt war der Zeitpunkt der Trennung gekommen. Aber so wie es nun schien, zu spät. Zornbebend erschien Häuptling Eduardo. In vollem Federschmuck, die Pfeile in der einen, das Messer in der anderen Hand und war außer sich vor Zorn.

Völlig fassungslos saßen wir da. »Wir müssen gegen irgendein Tabu verstoßen haben«, fürchtete ich zunächst. Und Daniel rätselte: »Aber welches?« Denn seit zwei Stunden dösten wir in der Hängematte.

Bis das Stichwort fiel. Der Häuptling sprach absolut kein Portugiesisch und so war es zwecklos, seinem Wortschwall einen Sinn zu entnehmen. Bis das Wort »Paulo« fiel. Ulli hatte es deutlich gehört.

»Ich fürchte, der Bär hat Scheiße gebaut!« Wir waren sofort auf den Beinen, um mögliche Aggressionen besser abwiegeln zu können, um einzulenken, zu besänftigen. »Was ist bloß los? Will er eine Zigarette?« Aber das schien es nicht zu sein. Dafür war Eduardo viel zu aufgebracht. Er schimpfte lauter, als wir ihn je vernommen hatten. Eine Zigarette hätte er sich einfach erbitten können. Es mußte schon mehr passiert sein. Und dann kam's raus.

Der Häuptling öffnete die linke Hand und mitten zwischen den umklammerten Pfeilen kamen ein paar blaugelbe Federn zum Vorschein. Sie gehörten keinesfalls zu den Pfeilen, denn dort befinden sich nur am Ende welche. Außerdem sehen die anders aus. Nicht blau-gelb. Daniel schien es zu dämmern. »Ob Paulo seinen Lieblings-Ara gerupft hat?« Der Häuptling besaß nämlich ein solches Prachtexemplar, und obwohl bei Indianern gar nicht üblich, mochte er seinen Vogel auffallend gern. Wo immer der Häuptling ging, kam der Ara hinterhergeflogen und hockte sich auf seine Schulter. Und wenn der Häuptling in der Matte entspannte, dann schlief auch der Ara auf der darüber verlaufenden Stange.

Doch dann öffnete der Häuptling auch die andere Hand. Und da war allen klar: Der Papagei war tot. Denn was wir da sahen, war ein Schnabel. Und welcher Papagei hat noch Freude am Leben, wenn er nicht mehr schnäbeln kann?

»Oh, Gott! Der Papagei ist alle!« Aus Anteilnahme, Angst und Notwehr, automatisch machte wohl jeder sein betroffenstes Gesicht. Ich legte meine Hand besänftigend auf Eduardos Schulter und bat ihn, uns zum »Tatort« zu führen.

Der Papagei war wohl offensichtlich zu nahe an den angeleinten Paulo geraten. Vielleicht hatte er gekrächzt, und Paulo hatte sich bedroht gefühlt. Denn nie habe ich gehört, daß Nasenbären Papageien essen. Wohl wußten wir, daß unser Begleiter vor nichts Angst hatte. Ob er kürzlich seinen Mut am Häuptling und seinen fünf Mannen auf dem Baum bewiesen hatte oder sich in São Gabriel Duelle mit Hunden und Katzen lieferte, ärgern durfte man Paulo nicht und schon gar nicht bedrohen. Ich habe selten ein tapfereres kleines Kerlchen gesehen.

Der Papagei war tot. Federn lagen umher. Frauen zeterten und forderten Paulos Tod. Und der schien plötzlich unausweichlich. Der Häuptling legte einen Pfeil auf den Bogen und zielte schon, als wir alle drei – wie eine Person – begütigend die Hand auf Eduardos Schulter legten und in deutsch, um keine Zeit zu verlieren, um Paulos Leben baten. Ulli hatte, weiß der Teufel, schon wieder eine letzte Zigarette in der Hand, Daniel erfaßte behutsam den Pfeil und drückte ihn runter, und ich reichte ihm, was ich als erstes zu fassen kriegte: meine Mundharmonika. Ich wußte, wie sehr er die mochte. Und das alles zusammen half. Er merkte, daß wir den Bären genauso mochten wie er seinen Vogel – und nahm das Blutgeld an.

Mein Gott, waren wir erleichtert! Wir drückten dem Häuptling die Hand, küßten und umarmten ihn und versprachen: »Gib mir einen deiner Jungen mit. Dann bringen wir Paulo weit entfernt in den Wald zurück.«

Und so geschah es. Aber der erste Versuch schlug fehl. Der Ort war nicht weit genug. Paulos Supernase wies ihm mühelos den Weg zurück ins Dorf. So brachten wir ihn am zweiten Tag einen ganzen Tagesmarsch entfernt über einen besonders breiten Fluß, nahmen eine seiner heißbegehrten Bananen und verschmierten sie mit der Handfläche in die rauhe Rinde eines Baumes. »Daran hat er erst einmal eine Weile zu lutschen«, frohlockte Daniel. Und während unser Tier, besessen und gierig wie immer zu lecken begann, schwammen wir zurück ans andere Ufer. Denn das einzige, wovor Paulo Angst hatte, war Wasser.

So und ähnlich war unsere Zeit im Dorf des bevorstehenden Totenfestes vergangen. Immer mehr Gäste trafen ein, und alle wurden mit großem Hallo und viel Spektakel begrüßt. Aber die Zeit verrann und nichts Konkretes tat sich. Aber immer wieder fiel das Wort Reaho, Fest.

»Die meisten Männer sind schon auf der Jagd. In vielen Tagen werden sie zurück sein. Und dann findet das Reaho statt.«

Daniel dachte immer noch an die eingangs erwähnten neun Holzsplitter. »Ich würd's ja gern glauben. Aber ich denke, die Yanomami können nur bis drei zählen. Und was darüber hinausgeht, heißt viel oder viel-viel.«

»Ja, das ist auch so. Aber vielleicht haben sie eine optische Erfassungsgabe. Ich habe das schon mal erlebt, als ich einen von etwa 20 Pfeilen irgendwo zum Fotografieren weggenommen hatte. Sofort bemerkte der Besitzer den Verlust. Und das war auch ein Yanomami, der angeblich nur bis drei zählen konnte.«

Da hatte Ulli eine Idee. »Bei den neuangereisten Gästen sind doch einige, die Portugiesisch sprechen. Stell ihnen doch dieselbe Frage!«

Na klar! Bei den missionierten Neuankömmlingen, zu erkennen an Rock und Turnhose, waren einige, die Portugiesisch sprachen. Gesagt, getan. Und das Ergebnis: neun Ästchen.

Daniel war immer noch skeptisch. »Vielleicht hat Marco ihnen ungewollt einen Hinweis gegeben! Ich habe 'ne bessere Idee: Wir schnappen uns die Jungs morgen noch mal. Wir geben ihnen gut 20 Ästchen und wenn sie dann acht hinlegen, stimmt es.«

Am anderen Tag breiteten sie acht vor uns aus. Und zusätzlich kam Daniel noch eine weitere Erleuchtung. »Guckt mal, was hier in meinem Kalender steht« »Da steht bestimmt, am 7. März feiern die Yanomami ihr Totenfest«, ulkte Ulli. »Ja, genau! Sieh her!« Und Daniels Zeigefinger wies auf ein Symbol: Vollmond. Das war ein weiteres Indiz dafür, daß sich das lange Warten lohnen würde. Denn, daß die Yanomami ihre Totenfeste nur einmal jährlich und bei Vollmond begehen, wußten wir aus Völkerkundebüchern.

Warum warteten wir denn überhaupt noch? War das Fest denn so wichtig? Schließlich hatten wir in den letzten Wochen eine Fülle von eindrucksvollen Szenen erlebt, die dem Film längst genügend Substanz gaben. Da waren zwei Geburten gewesen, Krankheit und Tod. Wir hatten die Leichenverbrennung eines Mädchens erlebt, was sollte da noch an Steigerung kommen?

»Wenn es wirklich das Totenfest ist, von dem sie reden, wird es der Höhepunkt des Films werden! Es ist genau das, was Volker Arzt als Kontrast zu unserer Kultur bezeichnete, das, was beim Zuschauer hängenbleibt, das, was den Unterschied verdeutlicht und klarmacht, was es für Folgen für die Yanomami haben muß, wenn man sie umkrempeln will auf unsere Art von Zivilisation«, waren wir uns einig.

Ich kannte die Totenfeste zwar auch nur aus Büchern, aber das reichte, um eine bestimmte Vorstellung davon zu haben, und Daniel und Ulli noch um diese eine Woche Geduld zu bitten. So wußte ich auch, daß die Männer tagelang vorm Fest ausziehen, um zu jagen. Und in der Tat, wenn man aufmerksam herumschaute im großen Rund des stadionartigen Dorfes, dann fehlten sehr viele. Nur – so etwas war alltäglich und meist waren sie abends zurück. Aber jetzt mischten sich die vielen Fremden unter die Dorfbewohner und füllten die Lücken der Jäger auf. Ein Zählen war unmöglich.

Aber endlich war der Tag gekommen. Am Abend vorher war ein letzter Trupp Besucher eingetroffen, so daß kaum mehr Platz für neue Hängematten vorhanden war. Die Leute schliefen jetzt schon an manchen Stellen zu dritt übereinander. Ich glaube, die einzigen, die einigermaßen bequem lagen, waren wir.

Da waren Besucher, die völlig nackt waren und aus Richtung Venezuela auftauchten, und da tummelten sich die missionierten, ›Wohlhabenden‹, die Bekleideten. Sie besaßen fast ausnahmslos eine Flinte, ein Haumesser und Äxte. Uns fielen sie noch durch etwas anderes auf: durch penetrante Aufdringlichkeit und ständiges Betteln bis hin zum Stehlen. Oft waren wir heilfroh, unter Häuptling Eduardos Schutz zu stehen. Mehr als einmal mußten wir ihn um sein Eingreifen ersuchen. Das tat er dann auch immer ganz souverän, und wenn die Angelegenheit erledigt war, tat jeder so, als wäre es doch nur ein toller Spaß gewesen.

Jetzt schleppten Frauen, Männer und Kinder Pupunha ins Dorf. Manche Körbe reichten vom Stirnband bis fast zur Erde und enthielten über einen Zentner der roten oder gelben Palmfrüchte. Aber die Leute zeigten keine Ermüdung. Kaum hatten sie sie vor dem Trakt des Häuptlings abgestellt, als sie bereits erneut losstampften. Die Gäste sollten satt werden.

Die Bananenvorräte hatte man schon vor kurzem aufgefüllt. Das nächste Feld lag einen Tag weit entfernt. Von dort hatte man die dicken Stauden hergetragen. Sie waren inzwischen so weit nachgereift, daß sich ihre Schale schwarz gefärbt hatte. Dem Geschmack tat das keinen Abbruch. Sie schmeckten sowohl roh, als auch mit Wasser zur leckeren süß-sauren Suppe gekocht. Fleisch, Pupunha und Bananen – das sind denn auch die Voraussetzungen für das Totenfest. Und der Vollmond natürlich.

Aber erst am späten Nachmittag kam Spannung auf. »Die Jäger kommen«, raunte uns Marco zu und aller Augen richteten sich auf einen der fünf Eingänge.

Als der erste Mann das Dorf betrat, begann ein großes Willkommengeschrei. Während im Gänsemarsch die anderen folgten, wurden sie mit Klatschen und Tänzen angefeuert. Die Jäger gingen mindestens einmal um den ganzen Dorfplatz, ehe sie ihr Fleisch vor ihren Familien abwarfen.

Und was das für Fleisch war! Zunächst mal 50 bis 100 Kilo pro Träger und dann kohlpechrabenschwarz durchgebraten. Neben Räuchern die einzige Methode der Konservierung im Urwald. Dennoch kann das Braten das Fleisch bei der hohen Luftfeuchtigkeit, dem täglichen Regen und der Wärme nur sehr begrenzt haltbar gemacht werden. Allabendlich wurden die Fleischstücke deshalb erneut in die Glut gelegt und nachgetrocknet. Dennoch ließ sich bei einigem Wildbret ein leichter Verwesungsgeruch nicht überriechen. Aber die indianischen Mägen reagieren da weniger sensibel als unsere.

Sobald das Fleisch abgelegt war, breiteten die Frauen es sorgfältig aus, so, als wollten sie erst einmal Bestandsaufnahme machen. Für uns eine Gelegenheit, die Fauna des Waldes kennenzulernen. Und es war alles vertreten, was man sonst nur aus Zoologiebüchern kennt: vom Tapir, über Affen, Schweine, Alligatoren, Ameisenbären, Fische, Pakas, Capivaris bis hin zum Papagei.

Sofort waren vor jedem »Haus«, wie man die einzelnen Abschnitte der Familien im großen Runddorf nennen kann, mehrere Feuer entfacht worden. Und schon brodelten die Töpfe mit den Pupunha-Früchten. Gekocht kann man sie am ehesten mit unseren Kartoffeln vergleichen.

Das Fleisch wurde schließlich unter allen Gästen und Einheimischen gleichmäßig aufgeteilt. Jeder legte oder hängte es sich sorgfältig weg. Zum einen wegen der Hunde, zum anderen, um es ständig im Rauch der Feuer zu haben und den Verderb zu vermeiden. So wurden denn auch als erstes die angegammelten Teile verzehrt. Man verscheuchte die Fliegen, hielt sein Stück nochmals in die Glut oder steckte es in den großen Suppentopf – aber dann wurde es guten Mutes verschlungen.

Wir entdeckten, daß es beim Essen streng hierarchisch zuging. Das Familienoberhaupt und die Gäste pickten sich ihren Teil als erste heraus. Es folgten die älteren Söhne. Das sind die, die schon mit auf der Jagd waren. Dann wanderte der Topf zu den Frauen und ganz zuletzt erst erhielten die kleinen Kinder etwas.

Fleisch, das merkten wir auch bei diesem Überangebot, ist für die Indianer ein echter Leckerbissen. War es heute auch reichlich – im allgemeinen ist es knapp. Mucksmäuschenstill und mit großen Kulleraugen saßen die Kinder hinter uns und das wiederum besonders bei Daniel. Wenn es niemand sah, spürte man in der Dunkelheit, die nur vom aufgehenden Mond und der Glut erhellt wurde, den äußerst sanften Druck ihrer Finger im Rücken. Schaute man sich um, verharrten sie wieder reglos, so, als sei nichts gewesen. Aber ihre Augen flüsterten »Kannst du mir ein Stück abgeben?« Klar, daß wir das taten!

Irgendwie hatten wir Eduardo klarmachen können, daß wir angefaultes Fleisch nicht essen könnten. Ob er für uns vielleicht frischeres hätte. Und mit großzügiger Geste griff er in seinen Vorrat und gab uns das Beste vom Feinsten: Wildschweinfilet, Paca oder Mutum, einen huhnartigen Vogel.

Anläßlich des Festes hatten wir unser letztes Salz spendiert. Etwa zwei Kilo. Es ging reihum. Jeder gab etwas in seine Suppe und erhöhte so deren Köstlichkeit. Salz ist hier unglaublich knapp und entsprechend kostbar.

Schließlich muffelte man noch ein paar Pupunhas hinterher, Ulli warf zum xten Male die letzte Zigarette auf den Markt, und mit vollen Bäuchen verkrochen wir uns in die Hängematten.

Ich spielte leise Melodien auf der Reserve-Mundharmonika, und etwa 100 Menschen saßen drum herum und hörten zu. Die Yanomami kennen zwar viele Gesänge, aber an Instrumenten habe ich nur einmal eine Baumtrommel gesehen und kleine Flöten mit drei Tönen, die sie aus Nüssen machen.

Nach zwei Stunden unternahm ich den zehnten Versuch, aufzuhören. Mein Repertoire war längst erschöpft, obwohl ›Der Mond ist aufgegangen‹ längst von mir zu einem 20-Strophen-Opus aufgemotzt worden war. Das Publikum wollte mehr, und ich spielte ›Stille Nacht, heilige Nacht‹ und ›Weiße Rosen aus Athen‹. Was mir eben so in den Kopf kam. Während alledem saß Häuptling Eduardo neben mir, lehnte seinen Kopf wie ein Kind an meinen Oberarm und war rundherum glücklich. Immer, wenn ich aufhören wollte, rieb er seinen Kopf auf meiner Haut, die Augen geschlossen, als wolle er sagen ›Noch eins, bitte!‹ Und so spielte ich ›Das Lied vom Tod‹, ›Guten Abend, gute Nacht‹, bis mir wirklich nichts mehr einfiel. Ich bedankte mich bei den geduldigen Zuschauern und versprach: »Morgen wieder!« Da passierte etwas, das ich sicher mein Leben lang nie vergessen werde. Eduardo holte die geschenkte Mundharmonika hervor und spielte seinerseits. Er tat das mit so viel Einfühlungsvermögen, durch ganz behutsames Hineinatmen und Abtasten der Töne, daß tatsächlich auf Anhieb eine melodische Folge von Tönen zustandekam. Unser aller Erstaunen und Applaus ermutigten ihn, weiterzuspielen – und es wurde spät diese Nacht.

Inzwischen war der Mond über der violett-schwarzen Silhouette der Bäume erschienen. Er erleuchtete den großen Platz und ließ auch deutlich das gesamte gewaltige

Rundhaus, das Dorf, erkennen, das diesen Platz wie eine Mauer umgab.

Die fünf Eingänge hatte man längst mit Dornengestrüpp verbarrikadiert, denn der Feind kann zu jeder Zeit auftauchen. Man sollte immer auf der Hut sein. Jede der etwa 50 Familien und die Gastfamilien dazu hatten sich um die glimmenden Feuer zur Ruhe gelegt.

Auch an einigen anderen Feuern wurde gesungen, und gegen zwei Uhr bildete sich eine Gruppe Sänger, die bis morgens um fünf Uhr unermüdlich ums Dorf marschierte und wehmütige Klagelieder zu Ehren ihrer Toten sang.

Das Fest nahm Formen an. Morgens zunächst die übliche Geschäftigkeit: Wasser holen, Holz sammeln, reparieren, dann nachmittags das große Schönmachen.

Während die Männer im Wald verschwanden, blieben die Frauen im Dorf und halfen einander, sich zu schminken. Sie färbten ihre Körper rot mit Uruçú und malten sich dann Linien, Punkte und Kreise darauf. Jede sah anders aus, und alle sehr ansehnlich.

»Könnt ihr mich auch so zurechtmachen?« frage ich sie, denn wir wollten alles mitmachen, um unser Interesse an ihrem Fest zu bekunden und natürlich auch, um beim Hauptzeremoniell auf jeden Fall dabeisein zu dürfen.

Na, da hatte ich sie was gefragt. Und ob sie konnten. Zuerst großes Gekicher und dann hatten sie mich zwischen sich auf die Erde gesetzt und binnen weniger Minuten in ebensolch bunten Vogel verwandelt.

Daniel und Ulli war es nicht besser ergangen. Zusammen mit den anderen Kriegern tanzten und stampften wir dann später auch noch ums Dorf. Das dauerte bis zur Dunkelheit. Dann ging man sich abschminken. Das heißt, einige der Männer nahmen uns an die Hand und zogen uns in den dunklen Wald. Und dort, in winzigen Sickerwasserpfützen, hockten jung und alt – aber nach Geschlechtern getrennt – und wuschen sich die Farben von der Haut.

Wir nahmen nun an, der nächste Tag würde genauso verlaufen. Und so dösten wir ein wenig länger in den Morgen.

Als Bäcker an früheres Aufstehen gewohnt als die Filmer, stand ich schließlich gegen acht Uhr auf, um irgendwo einen frischen heißen Maniokfladen zu organisieren.

Da fiel mir auf, daß im großen Kreis vor des Häuptlings Wohnbereich superordentlich gefegt wurde.

Große Pupunha-Töpfe brodelten bereits, Holz wurde nachgelegt, die Männer hatten ihren Federschmuck auf die Arme gesteckt, irgendwie tat sich was.

Eine alte Frau schenkte mir drei Maniokfladen und ich war zufrieden, meinen Jungs eine leckeres Frühstück bieten zu können. So tippelte ich »heim«, vorbei am Häuptlingshaus. Doch mit einem Male war ich hellwach: Innerhalb der wenigen Minuten, von eben bis jetzt, hatte sich hier etwas verändert. Da standen plötzlich zehn Töpfe Bananenbrei und immer noch kamen Leute und brachten mehr. Sollten die etwa jetzt am hellichten Morgen das eigentliche Totenritual vollziehen?

Ich war wach wie selten. »Ulli! Daniel! Schnell hoch! Sie fangen an, die Asche ihrer Toten zu essen!« Ich schüttelte sie aus ihren Matten, riß die Filmbehälter auf, damit sie begriffen, daß ich es ernst meinte. Und sie kapierten. Noch während wir mit all unseren Apparaten zu den Töpfen eilten, war auch der letzte Topf Bananensuppe eingetroffen. Es waren ungefähr zwanzig. Die Trauergäste hatten einen Halbkreis gebildet. Wir schauten zum Häuptling und warteten auf eine Geste der Einladung. Hielt der sein Wort? Hatte er tatsächlich verstanden, daß wir jetzt teilnehmen und filmen wollten? Warum hatte uns dann niemand geholt? Oder würde es laufen wie so häufig, daß man sich's plötzlich anders überlegt hatte? Wie bei der Geburt, als wir doch nicht filmen durften, weil die Mutter – verständlich – dagegen war? Wir fürchteten, hier würde das genauso ablaufen. Gerade religiöse Feierlichkeiten sind ja oft so umwoben von Tabus. Und da den Yanomami die Kameras ohnehin immerhin suspekt waren, erwarteten wir das Schlimmste: Ausschluß der Öffentlichkeit.

Um dieses Risiko so gering wie möglich zu halten, hatten wir dem Häuptling immer wieder klarzumachen versucht: »Dürfen wir teilnehmen beim Verzehr der Totenasche?« Und er hatte jedesmal genickt und sich – wie es schien – von unserem Angebot geehrt gefühlt. Denn das größte Kompliment, das man einem Yanomami machen kann, ist, ihm zu versprechen: »Wenn du tot bist, esse ich deine Asche!« Dagegen sind unsere Art Sprüche wie »Ich liebe dich« nichts als kalter Bananenbrei. Denn erst dann, so glaubt der Yanomami, hat seine liebe Seele Ruhe vor Verfolgung, ist sie doch in den Körpern wehrhafter Leute sicher aufgehoben, die sie verteidigen werden gegen alle bösen Geister.

Unter allen Umständen wollten wir mitessen, denn zumindest würde man uns dann gestatten, daß wir uns filmten. Und so hätten wir diese bedeutende Feierlichkeit letztlich doch eingefangen.

Der Häuptling und die Ältesten hockten vor den ersten Töpfen. Still standen die Leute daneben. Einige weinten, andere zeigten keine besonderen Emotionen. Aber eine gewisse Feierlichkeit war deutlich zu spüren. Wie auf unseren Beerdigungen.

»Dürfen wir uns setzen?« baten wir den Häuptling nun direkt. Wir sagten es in deutsch und unterstrichen alles unverkennbar mit Gesten. Unser Dolmetscher Marco war nirgends zu sehen. »Na klar«, antwortete seine Hand, die gerade, zusammen mit den Händen der Älteren, die Urnen aus ihren Verpackungen löste.

Die Urnen waren kleine runde Flaschenkürbisse. Sie waren rot eingefärbt, verkorkt, verschnürt und in viele Schichten Leder und / oder Blätter gewickelt. Jede Familie, die im vergangenen Jahr einen Toten zu beklagen hatte, hatte die Urne mit dessen Asche bis zu 12 Monate mit sich herumgetragen oder sie versteckt, sicher vor dem Zugriff der Feinde und Geister.

In vielen Urnen sind die sterblichen Reste von Kindern. Denn die Säuglingssterblichkeit ist besonders hoch.

Als wir die circa 20 faustgroßen Urnen da liegen sahen, meinte Daniel: »Viel ist das ja nicht, was von einem so übrigbleibt.«

Wir versuchten im Stillen, die Sache locker anzugehen. Die Asche verbrannter Toter zu essen, ist nicht jedermanns Angelegenheit. Damit die Jungs mir nicht noch im letzten Moment ›umkippten‹, hatte ich ihnen immer wieder eingehämmert: »Da ist wirklich nichts dabei! Die Indianer essen das schon seit Jahren und leben noch.«

»Ja, bis auf die Toten. Vielleicht sind ja auch einige am Ascheverzehr gestorben.« Ulli war noch skeptisch.

»Leute, denkt mal nach! Es handelt sich hier um Asche. Die hat stundenlang in glühendem Feuer gelegen. Die ist total steril.«

Und als er immer noch nicht ganz überzeugt war: »Um was kann es sich dabei denn schon handeln? Verbrannte, zermörserte Knochen! Calcium also. Und das brauchen wir sowieso dringend bei unserer relativ einseitigen Ernährung seit Wochen! Denk an deine Eiterbeine! Die werden wie neu davon!« Daniel hatte es endlich geschnallt. Wir waren auf das Essen vorbereitet.

Die erste Urne wurde geöffnet. Langsam ließ Eduardo das schwarze feine Pulver in den ersten Topf Bananenbrei rieseln. Dann verrührte er beides, und der herrlich gelbe Brei wurde aschgrau. Ich glaube, unsere Gesichter wurden es ebenfalls. Er sah nun längst nicht mehr so appetitlich aus, aber ›mit geschlossenen Augen dürfte es geschmacklich keinen Unterschied machen‹, tröstete ich letzte Sorgen hinweg. Zunächst stimmte das auch. Wir als Ehrengäste erhielten den ersten Löffel. Im selben Moment begannen auch die anderen. Natürlich starrten vieler Augen auf uns. Wohlwollende, skeptische, ermutigende. Aus den Reaktionen der übrigen Esser lernten wir, die unseren abzuleiten. Und die besagten: »Schmeckt gut, ehrt uns, wann gibt's Nachschlag.« Auf jeden Fall zeigten wir keinerlei Widerwillen. Während Urne um Urne entleert wurde, saß schließlich die ganze Dorfgemeinschaft um die Töpfe und erwies den Verstorbenen die letzte Ehre und den letzten Dienst. Dafür waren manche von sehr weit angereist. Jeder, der hier einen Freund oder Verwandten verloren hatte, war zur Stelle. Das Reaho, das höchste Fest im Leben der Yanomami, hatte hiermit seinen Höhepunkt erreicht.

Man wechselte sich an den Töpfen ab. Jeder nahm von eines jeden Asche etwas zu sich. Es herrschte ein ziemliches Gedränge. Wer seinen Platz am Schüsselrand aufgegeben hatte, kam schwerlich wieder dorthin zurück.

Ulli hatte derweil Probleme mit dem Filmen. Infolge des Trubels waren die Töpfe verdeckt, es wurde geschubst, seine Filmrolle war voll, er mußte wechseln, Daniel war eingeklemmt zwischen Topf und Nachrückern, mußte aber den Ton machen. Ulli suchte die Totale, die Halbtotale, die Nahaufnahme, er mußte Zwischenschnitte machen und auch noch die verflixten Dias, und er sollte mitessen. »Bleibt um Himmelswillen sitzen«, flehte er ständig, »ich bin noch nicht fertig!« Und so löffelten und aßen wir wie die Rekordler und verteidigten den Schüsselrand.

Man konnte keinesfalls etwa nur so tun als ob. Die Umsitzenden schauten einem sehr genau aufs Maul. Und so waren wir es schließlich, die Gäste aus Deutschland, die wohl am meisten verzehrt hatten. Tapfer, aber ehrlich gesagt, auch mit immer längeren Zähnen. Denn von Löffel zu Löffel schmeckte man den Unterschied zum normalen Bananenbrei deutlich heraus: Es war nicht nur die graue Farbe. Er schmeckte sandig.

»Hier, nun probier wenigstens auch einen Löffel voll, damit du uns nicht später als Kannibalen beschimpfen kannst.« Daniel dachte wirklich an alles.

So endete das Totenfest. Fürs nächste hing bereits wieder ein Toter fernab vom Dorf in den Bäumen. Ein etwa 30jähriger Mann. Wir hatten ihn sterben sehen und erlebt, wie man ihn forttrug. Da die Angehörigen gegen unsere Begleitung nichts einzuwenden hatten, gingen wir mit.

Wir brauchten eine knappe Stunde. Noch im Sicherheitsbereich des Dorfes, aber außerhalb der Geruchszone, bauten die Leute in acht Metern Höhe ein Podest zwischen die Astgabeln eines Baumes. Mit Lianen wurde es gut gesichert und der Tote darauf aufgebahrt. Dann bedeckten sie ihn dick mit starken Ästen, verschnürten all das noch einmal zu einem Paket und stiegen wieder herab. »Damit die Tiere sich nicht das Fleisch holen«, hatte Marco erklärt.

Hier oben würde man den Leichnam nun drei Wochen liegen lassen. Das war der Zeitraum, den die Insekten und Bakterien benötigten, das Fleisch zu verzehren, zu verwesen. Was übrigblieb, waren im wesentlichen die Knochen. Und sie waren es, die dann ins Feuer gelegt und verbrannt und schließlich pulverfein gemörsert und aufbewahrt wurden bis zum nächsten Fest zu Ehren der Toten. Nur auf langen Wanderungen und Kriegszügen verbrennen sie ihre Toten sofort, um sie schnell und sicher heimzuschaffen.

Wir und vor allem Ulli waren nun spürbar erleichtert. Das lange Warten hatte sich gelohnt! Er saß auf seiner Kiste im Schatten, verpackte seine Filme wasserdicht und beschriftete sie sorgfältig. »Ich glaube, das ist wirklich der Höhepunkt des Films. Jetzt habe ich keine Bedenken mehr, daß er sein Ziel erreicht. Daß er für die Yanomami etwas bewirkt.« Doch einen weiteren bedeutenden Akzent sollte sein Streifen noch erhalten. Später in Manaus.

Der Moment des Abschieds war gekommen. Da standen wir mit arg geschrumpften Gepäck vorm Häuptling, um

69

uns für die Gastfreundschaft, das Verständnis und die endlose Geduld zu bedanken. Alles, was wir entbehren konnten, hatten wir aus unserem Gepäck aussortiert. So kriegten Eduardo und sein Dorf einen reichgedeckten Gabentisch.

Er war sichtlich gerührt, nahm uns väterlich in die Arme und drückte uns. »Marco wird euch den Weg zum Fluß zeigen. Und wenn euch unterwegs irgend etwas zustoßen sollte, dann macht euch keine Sorge! Ihr habt mein Versprechen: Ich komme und hole euch raus. Und dann essen wir euch auf!« Wer Eduardo und die Yanomami kannte, verstand die Worte richtig. Sie waren weder Witz noch Beleidigung. Sie drückten eine große Sympathie aus. Wir konnten es zwar nicht in Worte kleiden, aber wir vermochten es ihm sicher auch so klarzumachen. Die Sympathie war beiderseitig. Und sicher zählt Eduardo zu den ›Gründen‹, weswegen ich mich für die Yanomami weiterhin einsetzen werde.

Er begleitete uns noch bis zum Dorfausgang. Dann verschluckte uns das Dämmerlicht des Waldes.

»Ein echter Edelmann«, murmelte Daniel vor sich hin. »Dieses Dorf war das eindrucksvollste Erlebnis meines Lebens.«

Nun ja, Daniel war ja auch erst 21. Aber er hatte recht, befanden wir.

Gegenspieler

»Geht in Deckung!« schrie Ulli, »da sind Leute!« Er mußte so laut schreien, denn der Wasserfall übertönte fast alles. Wir waren eben dabei, unsere Boote am Ufer entlangzutragen. Daniel und ich hatten nichts gesehen. Wir hatten nur auf den glitschigen Boden vor uns geachtet. Deshalb ließen wir die Boote, wo sie gerade waren, fallen und sprangen erst einmal hinter einen Baum in Deckung.

Irritiert schauten wir zu Ulli. Er hatte die Hand am Revolver und zeigte nach vorn ans andere Ufer. »Jetzt sind sie weg. Da waren eben vier oder fünf Männer! Sie arbeiteten im Wasser. Ich sah gerade noch, wie sie raus und hinter die Bäume sprangen.«

Jetzt, wo Ulli auf die Stelle deutete, sahen wir, es mußten Goldsucher sein. Das typische einfache Camp, ein vor sich hinkokelndes Feuer und vor allem: die Goldpfannen.

»Bloß keine Mißverständnisse aufkommen lassen! Die haben sich bestimmt genauso erschreckt wie wir. Das beste, wir rufen sie an und stellen uns vor.«

Mit einigem Muffensausen traten wir aus der Deckung und riefen hinüber, so laut wir konnten. Die Hände trichterförmig vor dem Mund: »Guten Tag! Können wir näherkommen?« Dabei winkten wir heftig mit den Armen. Die »Offensive« wirkte augenblicklich. Einer der verborgenen Leute trat hervor. Er war etwa 30 Jahre alt, hager, trug ein zerfetztes Hemd und Shorts. In seiner Rechten eine Flinte, aber der Lauf zeigte zum Boden. Ohnehin – mit einer Flinte hätte er uns bis hierher nicht gefährlich werden können. Wir waren etwa 75 Meter von ihm entfernt. Aber auch unsere Revolver hätten ihm nicht schaden können. Beide Waffen waren mehr etwas für den Nahbereich. Aber dort waren die Flinten unseren Faustwaffen deutlich überlegen. Zum einen wegen der Streuwirkung der Schrote. Mit der Flinte brauchten sie nicht sonderlich genau zu zielen. Zum anderen, weil fünf Flinten gegen zwei Revolver standen. Zum dritten – und in solchen Fällen meist entscheidend – weil wir bestimmt nicht als erste schießen würden. Und wären ihre Schüsse zuerst gefallen, wären wir auch sicherlich bereits verletzt oder tot. Denn alle Siedler, Goldsucher und Indianer sind gleichermaßen gute Schützen. Sie werden mit Waffen groß, sie sind für sie das, was für uns ein Kugelschreiber ist: Lebensalltag.

Der Mann winkte zurück. Seine Kameraden – vier an der Zahl – traten nun auch hervor, und wir nahmen erleichtert unsere Boote wieder auf die Schulter. Gegenüber ihrem Camp, wo die Wasser zur Ruhe kamen, stiegen wir ein und paddelten die 20 Meter hinüber.

Unsere Angst war nun völlig verflogen. Die Garimpeiros hatten ihre Gewehre wieder an die Bäume gelehnt. Entwarnung. Wir stellten uns vor als deutsches Filmteam, das ›oben im Wald‹ gewesen war. Und spontan kam ihre erste Frage: »Habt ihr Indianer gesehen?« Nun, es wäre unglaubhaft gewesen, das zu leugnen, und so sagten wir »Ja, einige. Drüben in Venezuela.« Das beruhigte sie offensichtlich. Sie lachten, boten uns Zigaretten an und legten eine verdiente Pause ein.

Jetzt, wo wir sie näher kennenlernten, waren es die typischen kameradschaftlichen Kumpels, wie man sie überall in den Goldwäscherorten treffen konnte: Familie, kinderreich, arm, gläubig, und nun hier in der Hoffnung, mit einem guten Fund das miserable Leben endlich zu verbessern.

Sie lebten auch hier kärglich. Und die Zigaretten, die sie

uns angeboten hatten (und wovon Ulli sich hatte eine auf-
zwingen lassen), waren bereits ein echtes Opfer. Denn
was wir in ihrer für viele Wochen bestimmten Küche entdeckten, waren ein Sack Maniokmehl, Reis, Bohnen,
Salz, Kaffee und Zucker. Aus und Schluß. Das absolute
Minimum.

»Es gibt hier noch viele Wildschweine«, erzählte der
Mann, der sich als erster gezeigt hatte. »Damit verschaffen
wir uns Abwechslung.« Und auf dem Holzrost über dem
Feuer lagen tatsächlich ein paar verkohlte Beweisstücke.

Aber auch Paranüsse hatten sie herumliegen, und
abends fingen sie einen drei Kilo schweren Wels.

»Im Grunde selbst arme Hunde«, machte sich Daniel
sein Bild, »ihnen kann man den Vorwurf der Indianer-
Verdrängung nicht direkt machen. Das Problem liegt in
der ungerechten Sozialstruktur des Landes. Als armes
Schwein kommst du hier aus eigener Kraft nie hoch. Da
bleibt nur das Glück.«

Unbestritten bleibt dennoch, daß sich diese Männer
nicht scheuen, auf Indianer sofort zu schießen. Das war
längst amtlich und passiert alle paar Wochen.

Daraus machten die Männer auch keinen Hehl. Als wir
sie fragten, was sie machen würden, wenn jetzt Indianer
auftauchten, klopfte ihr Chef auf die Flinte und meinte:
»Wir wissen uns zu wehren. Habt ihr eigentlich keine Flinten?« Ulli erklärte ihnen, daß wir lediglich den Revolver zu
unserer Sicherheit hätten und damit bisher auch ausge-
kommen seien. Interessiert schauten sie sich vor allem Ullis VA-Stahl-Geschütz an. Aber tauschen hätten sie nicht
mögen. »Damit kann man im Wald nicht jagen. Zur Verteidigung auf nahe Distanz – okay.« Viel mehr aber als die
Revolver interessierten sie längst unsere Boote. »So was
haben wir noch nicht gesehen. Habt ihr damit etwa die
ganze Reise gemacht?« Wir konnten ihre Zweifel verstehen. Denn was ich vorhin als »unsere Boote« bezeichnet

hatte, waren nicht etwa solide ortsübliche Einbäume, sondern zarte, selbsterstellte Gebilde aus Ästen, Lianen und unseren Plastikregendächern.

Als Marco uns am Fluß ade gesagt hatte und dieser so glatt und ruhig dahinzog, hatten wir uns kurzerhand zum Bau von Booten entschlossen. »Wir wären ja verrückt, bis zum Rio Negro zu laufen. Es geht bergab. Wir fahren!« Und getreu unseren Übungen daheim (Anleitung im Buch »Let's fetz!«) hatten wir uns die ›Boote‹ gebaut. Ihr Vorteil: Sie waren in drei Stunden fertig. Ihr Nachteil: Sie durften keine Grundberührung bekommen. Dann waren sie aufgeratscht.

Um sie nicht schon mit unseren Turnschuhen zu verletzen, hatten wir sie mit Laub und Gras dick gepolstert und thronten darin wie Vögel in ihren Nestern.

»Sie sollen nur halten, bis wir auf einen Siedler treffen, der uns mit seinem Boot weiterbringen kann.« Wir vermieden extra die Worte »Boot kaufen«, um sie nicht auf unser Geld scharfzumachen.

»Da könnt ihr Glück haben. Der erste Siedler ist noch zwei Tage entfernt. Aber er hat zwei Boote und zwei kräftige Söhne, die euch zum Rio Negro runterbringen könnten.«

Auch auf die Gefahr hin, für besonders dumm gehalten zu werden, wagten wir dennoch die Frage, die uns in den zwei Tagen auf dem Fluß beschäftigt hatte: »Wie heißt dieser Fluß eigentlich?«

Die Männer wunderten sich aber gar nicht darüber. Bei all den Windungen, die solch ein Wasser durch die Wälder macht, kann man solches Wissen nicht erwarten. Zumal von einem Fremden, der das erste Mal hier ist und von der Quelle her kommt. »Das ist der Unambú«, sagten sie.

Von Stunde zu Stunde wurden sie zutraulicher, vor allem, seit ihnen klar war, daß wir keine Konkurrenten waren. Gute Fundorte hält man geheim.

Bereitwillig zeigten sie uns, wie man Gold wäscht, wo man es am ehesten findet – und sie ließen Ulli sogar ihren bisherigen Fund filmen. Ein Kilo etwa. Es mußte sie Tage der Arbeit gekostet haben. Denn alle Körnchen waren griesfein. Kein dickeres Nugget, geschweige denn eine hübsche Pepita de ouro.

»Habt ihr nicht eine hübsche Pepita?« fragte ich sie dennoch. Zu gern hätte ich Maggy ein solch bizarres und originales Wertstück mitgebracht für die lange Zeit des Wartens und der Ungewißheit. Aber allseitiges, einstimmiges Achselzucken. »Nein, Senhor, hier haben wir noch kein größeres Stück gewaschen. Vielleicht finden wir ja nachher noch eins, sofern Sie bleiben und unsere Gäste sein wollen.«

Seine gutgemeinte Antwort hatte ich gar nicht richtig mitbekommen. Zu sehr beschäftigte mich eine Erkenntnis, die mich wie ein Blitz aus heiterem Himmel getroffen hatte. Noch nie zuvor war mir auch nur die Spur eines Gedankens daran gekommen. Ich hatte die Goldsucher um Gold gefragt. Ich wollte sie für das, was sie hier taten, bezahlen! Und nur, weil das viele andere auch taten und tun, hatte es für sie überhaupt Sinn, hier danach zu suchen. Nur deshalb würden sie notfalls auch Indianer abschießen…

Ich war völlig durcheinander. Da setzte ich mich für etwas ein und zählte selbst zu den Verursachern, zu den Auftraggebern! Nicht nur wegen der Pepita, merkte ich. Sondern weil ich aus einer Kultur komme, die ohne Gold nicht mehr existieren kann. Was waren wir alle ohne Gold? Weder hätten wir dann Zähne noch könnten wir heiraten. Wer möchte einen Plastik-Trauring tragen?

Da hatte ich Eduardos Gastfreundschaft genossen und hinterrücks half ich, sein Aschenfeuer anzuzünden. Ich kam mir gleichermaßen mies wie hilflos vor. Gab es da denn überhaupt einen Ausweg?

Ja, es gab einen! Aber den erfuhr ich erst viel später. Und erfreulicherweise kam er aus Brasilien selbst. Von einem Politiker namens Severo Gomes.

Abends luden sie uns ein zu Fisch und Schweinekeule mit Farinha de manidoca. Wir tranken Wasser aus dem Fluß. Nach den vielen Bananen bei den Indianern eine leckere Abwechslung. Wir revanchierten uns beim Abschied mit Geld. Denn nichts anderes hatten wir mehr. Als wir abzogen, drückten sie Daniel und mir je eine Handvoll Paranüsse in die Hand und Ulli... na, wer kann's erraten?

Weitere zwei Tage flußabwärts. Nur fünf Tage entfernt von Eduardo. Der Mann tat so, als hätte er uns noch nicht gesehen. Dabei hatte er uns längst erblickt und machte sich an seinem Boot zu schaffen. »Guten Nachmittag, Senhor Ferreiro! Verdutzt schaute er hoch, lüftete seinen Hut und erwiderte »Boa tarde senhores! Bem vindo!«

Seinen Namen hatten uns die Goldsucher gesagt.

»Dürfen wir für eine Nacht Ihre Gastfreundschaft in Anspruch nehmen?«

»Selbstverständlich. Mein Haus ist Ihr Haus!« Und mit großzügiger Geste bat er uns hinein.

Es war ein schönes und ein relativ neues Haus. Blitzblanker Vorplatz, wie gekachelt, und dahinter, wie eine Mauer, der Wald.

Auch dieser Mann lebte und arbeitete im offiziell als Indianer-Reservat vorgesehenen Landesteil. Auch er würde notfalls eine Konfrontation mit den Yanomami nicht scheuen.

Im Nu hatte man unsere Boote aufs Ufer gehoben, sie gut vertäut und unser Hab und Gut ins Haus getragen. Eine auffallend hübsche Frau und eine Unmenge Kinder umringten uns und servierten uns als erstes einen herrlichen Zitronentee.

»Mögen Sie den? Er ist hier aus dem Wald.« Erst später sahen wir, daß es sich gar nicht um Zitronen, sondern um ein Gras handelte, das genau wie Zitronen duftete und dieses tolle Getränk ergab.

Die Familie Ferreiro kam aus Manaus. Kein einziges Familienmitglied konnte lesen oder schreiben. Und als Frau Ferreiro ihr zehntes Kind bekam, reichten die Gelegenheitseinkünfte des Vaters weder vorn noch hinten.

Obwohl die beiden Ältesten schon gut mit anfassen konnten, fehlte es an Arbeit. Und so entschlossen sie sich, ihren ganzen Besitz zu verkaufen. Nur ihr Boot behielten sie, denn das war es, womit er sich bisher über Wasser gehalten hatte. Er hatte im Hafen kleinere Transporte abgewickelt. »Manchmal hatte ich sogar einen Touristen, dem ich das andere Ufer zeigen durfte«, erinnerte er sich strahlend. Denn dann war die Bezahlung schon mal üppiger. »Und eines Tages hatte ich einen Herrn aus Schweden, der mit mir fuhr. Wir zockelten mit meinem 6-PS-Motor hinüber und wurden ständig von den üblichen Touristenbooten überholt. Ich hatte schon Angst, daß der Schwede ungeduldig würde und umzusteigen begehrte. Die anderen Boote haben nämlich 25 oder gar 40 PS und Sonnendächer, damit die Ausländer nicht schwitzen müssen.

Auch mein Gast schwitzte. Aber ich hatte nur einen Karton mit noch drei Bananen. Mein Mittagessen. Ich reichte ihm den Karton, wir teilten uns die Bananen, und den Mann interessierten die schöneren Boote gar nicht. Er fragte mich nach meinen Geschäften, und wir plauderten über alles mögliche. Ich erzählte ihm von meinen Sorgen. Einmal fragte er: ›Warum haben Sie denn so viele Kinder? Gibt es hier keine Ärzte?‹ Und ich antwortete: ›Senhor, ich bin ein gläubiger Katholik.‹ Beim Abschied fragte er: ›Darf ich mitkommen zu Ihnen nach Hause?‹«

Die Geschichte mußte ein Happy End haben, denn aller Augen leuchteten.

Und so war es auch. Der Schwede war so beeindruckt von der Anspruchslosigkeit, Improvisation und Not, daß er fragte: »Was möchtest du denn lieber machen, als hier zu leben?« Für Mutter und Vater Ferreiro gar kein Thema. Schon zu oft hatten sie es diskutiert. Sie würden lieber in den Wald gehen. Fernab von Manaus. Dort wollten sie eine Rodung bebauen, Gummi sammeln, fischen und jagen und bestimmt besser durchkommen als in Manaus, wo ständig alles teurer wurde.

Das kleine Wunder geschah. Der Schwede sagte: »Ich helfe euch!« Und anderntags kauften sie gemeinsam mit ihm Sämereien, Handwerkszeug, Waffen und Garderobe ein. Ihr Boot ließ er zu einem Wohnboot ausbauen. Mit vier Wänden und einem Dach. Dann lud er sie alle zusammen in die Markthalle zum Essen ein und verriet ihnen: »Draußen auf meinem Auto habe ich 400 Liter Benzingemisch. Wenn ihr euch mit einem Frachter den Rio Negro hochziehen laßt, müßte das reichen, um jeden Nebenfluß des Rio Negro rauf- und runterzukommen.« Für die Ferreiros war das wie ein Lottogewinn. Sie schwankten zwischen Freude und Scham. Sie bedankten sich überschwenglich, aber der Schwede wollte davon nichts wissen.

»Zum Abschied drückte er uns die Hand und wünschte uns im neuen Leben alles Gute. Nicht mal seinen Namen hat er uns genannt. Und als er mir als letztem die Hand drückte, da legte er einen Riesengeldschein hinein. ›Fahrgeld‹ meinte er, und dann haben wir ihn nie wieder gesehen.«

So also waren die Ferreiros hierhergelangt. Auch sie keine Raufbolde oder gar Indianer-Killer. Sie wollten überleben und nicht mehr in der ständigen Angst leben, ob am Abend auch alle Mäuler gestopft werden können.

»Es gibt hier keinen Luxus. Man muß hart arbeiten. Aber wenn man fleißig ist, erntet man auch seinen gerechten Lohn. Das war in Manaus nie sicher. Auf jeden Fall wird man hier satt.« Als hätte er auf dieses Stichwort gewartet, landete in diesem Moment einer der Söhne mit einem großen Einbaum und legte stolz fünf große Tucunaré (Fische) auf das Holzgitter. »Habt ihr keine Angst, daß die Indianer euch das Gelände streitig machen?« fragte Ulli. »Doch. Das ist unsere ständige Sorge. Aber bisher ist alles gutgegangen.«

Schließlich wollten wir fragen, ob uns jemand zum Rio Negro hinabbringen könnte. Gegen Bezahlung natürlich. Denn unsere Bötchen waren am Ende. Ich setzte schon gerade zur Frage an, als Daniel eine bessere Idee hatte. »Der Mann muß doch auf seiner Rodung jede Menge Holz haben. Laßt uns doch lieber ein Floß bauen und die letzten ein-, zweihundert Kilometer per Floß zurücklegen.« Daniel dachte wohl wieder an seinen Colorado-Trip. »Mensch, Danny«, begeisterte sich Ulli sofort, »das ist mal wieder eine Superidee! Denn das finde ich auch für den Film sehr eindrucksvoll.«

Für die Ferreiros eine Arbeit von zwei Stunden. Sie wählten uns fünf dicke Baumstämme aus. »Das ist Molongó-Holz«, erklärte der Vater. »Es ist so leicht wie Korken und saugt sich nur sehr langsam voll.«

Und während er und die Jungen alles mit zehn Meter langen Lianen kreuz und quer verschnürten, flochten uns die Mädchen aus Palmwedeln ein herrliches Sonnendach. »Damit können Sie auch bis Manaus fahren«, scherzte die Mutter, »und dann brauchen Sie den Sonnenschutz. Auf dem Negro gibt's keinen Schatten.« Wir entlohnten sie gut und legten ab. Ein Wahnsinnsfahrzeug.

Manaus im Mai

»Ob es während Ihrer Abwesenheit Fortschritte in Sachen Schutzgebiet gegeben hat?«

Unser Informant in der Hauptstadt des Bundesstaates Amazonas lehnte sich zurück und musterte uns. Als wolle er sich fragen, ob uns die Sonne wohl das Denkvermögen eingetrocknet hätte. Oder ob wir mit ihm Scherze treiben wollten. Aber er sagte sich dann wohl, woher sollen sie's wissen? Fünf Monate waren sie weg und die meiste Zeit ohne Nachrichtenverbindung.

Und so erwiderte er nach einer geraumen Pause: »Natürlich gibt es Neuigkeiten! Oben in Roraima hat es einen Privatkrieg gegen die Yanomami gegeben. Ein Gewerkschaftsführer namens Machado hat 1000 Arbeitslose mit Waffen versorgt und sie beauftragt, den Wald leerzuschießen. Ein regelrechtes Killer-Kommando. Als Lohn hatte er den Leuten Goldwasch-Lizenzen versprochen und damit das Ende ihrer Arbeitslosigkeit.«

»Ist denn die Bundespolizei nicht dagegen eingeschritten?«

»Wie so oft, obwohl sie nach dem Gesetz dazu verpflichtet wäre, hat sie sich nicht gerührt. Dieser Machado ist eine mächtige Figur in Boa Vista. Aber dann hat – Gott sei Dank – die Presse davon Wind bekommen. Überall erschienen große Artikel und Proteste. Ich habe hier mal einige für Sie gesammelt. Und erst nach diesen Publikationen schritt die Polizei ein. Die Söldner wurden aus dem Wald zurückgeholt und Machado kam ins Gefängnis.«

»Das ist aber immerhin doch schon sehr erstaunlich.

Unter der Militärdiktatur hätte es den Rückpfiff sicher nicht gegeben, weil die Presse da gar nicht den Mut gehabt hätte, das anzuklagen.«

»Das mag sein«, antwortete unser Mann, »aber Tatsache ist auch, daß sich seit Brasiliens Demokratisierung noch nichts zum Vorteil der Indianer getan hat.«

Er suchte uns die versprochenen Zeitungsausschnitte raus und wies besonders auf einen: »Hier, sehen Sie selbst! Nach 14 Tagen Haft wurde Machado wieder auf freien Fuß gesetzt und von seinen Anhängern wie ein Volksheld gefeiert. Seitdem gibt er ein TV-Interview nach dem anderen.«

Roraima ist das Territorium Brasiliens, wo die meisten Yanomami beheimatet sind. Und deshalb auch das Zentrum der Antiindianischen Kampagnen. Deutlich erinnere ich mich der Worte eines seiner Gouverneure vor ein paar Jahren: »Wir werden uns doch nicht wegen einer Handvoll Indianer den Fortschritt aufhalten lassen!«

»Aber es gibt noch eine schlechte Nachricht«, fuhr unser Bekannter fort. »Obwohl unser eigener Gouverneur, Gilberto Mestrinho, hier in Manaus gern von Gerechtigkeit redet und vom Indianer-Schutzgebiet, werden bereits heimlich die Schürfrechte gehandelt.«

Nun verschlug's uns doch die Sprache. »Haben Sie dafür Beweise? Oder sind das nur Gerüchte? Denn wenn wir etwas im Film behaupten, müssen wir es belegen können.«

»Das sind keine Gerüchte. Und dafür gibt es auch Beweise. Wir müßten mal überlegen, wie Sie darankommen könnten.«

Und das taten wir dann auch. Wir hatten herausgefunden, in welchem Raum und welcher Schublade des Ministeriums die Kataster-Unterlagen verwahrt wurden und mußten sie uns ›nur‹ holen. »Am besten, Sie treten als Landkauf-Interessenten auf«, riet er uns. Und das taten wir.

Daniel wurde wieder als Herr verkleidet, wir liehen uns

einen blitzenden Aktenkoffer, und so tauchten wir dort auf. Wir legitimierten uns mit den Presseausweisen, denn manchmal helfen sie besser als viele Worte. So auch hier.

15. Mai 1985

Es war kurz vor 13 Uhr, kurz vor der Mittagspause. Der Zeitpunkt war absichtlich so gewählt. »Unsere TV-Gesellschaft hat grundsätzliches Interesse am Erwerb von Schürfrechten nördlich des Rio Negro. Unsere Fragen: Wie schätzen Sie die Vorkommen ein? Ist noch etwas zu haben? Wie sind die Preise?«

Der Beamte musterte uns und ließ sich Zeit mit der Antwort: »Das kommt drauf an«, redete er zunächst mal herum. »Möchten die Herren einen Cafezinho?« Aha, ›klingelte‹ es bei uns. Da ist was zu machen. Warum sonst der Kaffee auf Staatskosten? »Ja, gern, bei dieser Hitze heute.« Das Ganze roch ein wenig nach Bestechung. Und während Daniel den Beamten zur Cafeteria begleitete, beschlossen Ulli und ich, daß ich ihm unter vier Augen ein »konkretes Angebot« unterbreiten sollte, für den Fall seiner Hilfe. »Denn wir sind als Ausländer auf den Rat eines Experten angewiesen«, sagte ich dann auch prompt, als Ulli sich unbeholfen an den Kaffeetassen zu schaffen machte.

Bestechung ist allerorten eine riskante Sache. Zwar ist sie in Brasilien landesüblich, aber sie hat ihre eigenen Gesetze. Und die muß man beachten. Erstens muß der andere seine Bestechlichkeit signalisieren. Das hatte er bereits. Sein abschätzender Blick und der Kaffee waren erste Indizien dafür. Auch Erfahrung in diesen Dingen und daraus resultierendes Fingerspitzengefühl sind wichtige Hilfen. Das Wesentlichste aber ist, daß es keine Zeugen gibt. Deshalb klapperten Daniel und Ulli mit ihren Tassen und »bewunderten« die Bilder an den Wänden. In diesem Moment konnte ich es ihm zuraunen. »Meine Gesellschaft würde guten Rat auch sehr gut bezahlen.« Er schaute sofort auf, unsere Blicke trafen sich, und ich zwinkerte unmerklich. Aber es reichte. Der Mann taute auf, lobte Deutschland, erzählte bereitwillig von seiner Familie, erkundigte sich nach den unseren. Als wir uns mit einer zweiten Runde Mokka revanchierten und seine Aufmerksamkeit nachließ, wechselte der bewußte dünne Schnellhefter aus Schublade X seinen Besitzer. Er klebte nun auf meiner Brust. Zwischen Hemd und Haut.

Mein Herz schlug bis zur Schädeldecke. Wenn unsere Aktion entdeckt würde – ich mochte gar nicht an die Folgen denken. Hoffentlich war es auch der richtige Ordner, denn Zeit zum Lesen hatte ich mir nicht genommen.

»Ach du liebe Zeit! Es ist ja schon Eins! Wir haben nachher noch ein Treffen beim Gouverneur. Interview fürs Deutsche Fernsehen. Und Sie haben Mittagspause. Wollen wir uns Anfang der Woche mal zusammensetzen? Dann können wir auch einen Dolmetscher mitbringen.«

Der Mann war einverstanden. Er schaute in den Kalender auf seiner Armbanduhr, wir tauschten Visitenkarten aus und verließen gemeinsam den Raum.

Eine gewaltige Erleichterung überkam mich. Als es niemand sah, drückte ich Ulli so sehr die Hand, daß es ihm wehtun mußte. »Ulli! Wir haben sie!«

Ja, wir hatten sie tatsächlich. Unser Informant bestätigte es mit einem kurzen Blick. Sofort sausten wir gemeinsam los, alles zu kopieren. Auch der Informant kopierte sich einen Satz.

Um kurz vor halb drei, der Beamte war noch zur Pause, standen Ulli und ich bereits wieder vor seiner Tür. Daniel war auf der Post. »Oh, Senhor, noch etwas vergessen?«, der Beamte näherte sich uns. »Ja, unseren Terminkalender«, sagte ich wahrheitsgetreu. Denn wir hatten Daniels

84

Notizbuch mit nichtssagenden Anschriften auf seinem Schreibtisch »liegenlassen«, als wir das Treffen für die nächste Woche vereinbart hatten.

Während Ulli die dritte Runde Kaffee holte, bestätigte ich ihm noch einmal unter vier Augen, daß es nicht zu seinem Schaden sein würde, und dann verabschiedeten wir uns. Den Schnellhefter hatte ich zurückkatapultiert, als er auf Ullis Klopfen hin die Tür geöffnet und Ulli ihn mit wackelndem Tablett gebeten hatte, schon mal 'ne Tasse abzunehmen, ehe er alles verschüttet hätte. Sekundenarbeit. Aber mit Leuten wie Daniel und Ulli machbar. Jetzt konnten wir beruhigt die letzten drei Tage in Manaus verleben. Jetzt war das Entleihen nicht mehr zu beweisen.

Denn gleich nach dem Kopieren hatte Daniel unseren Satz per Einschreiben nach Deutschland abgeschickt. Und dort liegt er jetzt in meinen Akten.

»Ich habe noch etwas herausgefunden«, überraschte uns später unser Informant. »Ich habe das Material genauer studiert und festgestellt, daß unter den Genehmigungsnummern 81880055 bis -60 die Schürfrechte für den gesamten Serra do Padre-Gebirgszug vergeben wurden.«

Wir blickten ihn etwas überrascht an, denn wo lag da das Besonders? »Das Besondere? In der Serra do Padre liegen nicht nur Gold, sondern vor allem Titan von einer Qualität, die es in den ganzen USA nicht gibt. Titan ist ein wichtiges Metall für die Raumfahrt und hat dementsprechend einen gewaltigen Wert. Aber auch das ist noch nicht das Besondere. Das Besondere ist, an der betreffenden Bergbaugesellschaft soll der Gouverneur selbst beteiligt sein.«

»Treten Sie näher. Der Gouverneur läßt bitten!«
Sein Pressechef hielt uns die Tür auf. Wir traten ein.
»Guten Tag, Herr Gouverneur.«

»Guten Tag, die Herren. Nehmen sie bitte Platz! Sie kommen aus Deutschland und haben einige Fragen zum Thema Indianer. Schießen Sie los!«

Da saßen wir vor dem entscheidenden Mann des Bundesstaates Amazonas. Wir kannten ihn längst von verblichenen Wahlplakaten und von den täglichen Fotos in der Regionalpresse. Er war circa 60 Jahre alt, gedrungen, klein von Wuchs, aber groß von Einfluß. Überall hatte er seine Finger im Spiel, an vielem war er beteiligt, sehr vieles gehörte ihm allein.

Auch beim Fernsehsender Amazonas lief kaum etwas ohne ihn. Als wir am Tage zuvor in seinem Pressebüro um dieses Interview nachsuchten, waren wir überrascht, wie schnell es sich arrangieren ließ. »Eine halbe Stunde wäre sehr reichlich«, hatten wir bescheiden angeboten. Und sein Pressechef hatte lässig abgewinkt: »Kein Problem.« Um nicht allzu lange – vielleicht eine Woche – warten zu müssen, hatten wir noch etwas gemurmelt von ›zufällig auf der Durchreise‹ und ›größter Sender Europas‹. Das Resultat: Nun saßen wir hier. Gleich am nächsten Tag. Und der leibeigene Sender Amazonas hatte Ulli noch ein paar Assis abgestellt, um den Raum richtig auszuleuchten. Wir hatten einen Dolmetscher mitgebracht, und ich hatte einen Zettel mit zehn Fragen.

Der vier Meter hohe Raum hatte Atmosphäre. Schwere, alte Möbel, viel Leder und alles mit dunklen und hellen Hölzern verkleidet. Auf seinem massiven Schreibtisch ein Foto, auf dem der Gouverneur mit einem seiner Enkel zu sehen war.

Das Interview dauerte nicht 30 Minuten. Es währte zwei Stunden. Obwohl wir ihn darum gebeten hatten, sich kurz zu fassen, damit wir nicht schneiden müßten, redete er endlos. Besser müßte man sagen: Er flüsterte endlos. Sogar Daniel hatte Probleme mit seinem Richtmikrofon, obwohl er es voll aufgedreht und es ihm fast in den Mund geschoben hatte. Mestrinho flüsterte. Und was er uns da letztlich zu flüstern hatte, war frustrierend. Zum einen war er ›gar nicht zuständig‹. Das seien die FUNAI-Beamten und dieser und jener Ausschuß, und überhaupt sei das Bundessache. Er gab immerhin zu – mit einem Hauch von Stolz –, ›gewisse‹ Einflüsse auf die eine oder andere Institution zu haben.

Aber, kurz und gut, sei es so, daß wir uns unnötige Sorgen um die Yanomami machten. Es gäbe bei ihnen dermaßen viele Bodenschätze, daß diese ihnen nicht zum Nachteil gereichten, sondern zum Vorteil. Für alle Beteiligten sei ein Anteil selbstverständlich. Auch für die Indianer. Und eines dürften wir nicht außer acht lassen. Und das sei für ihn wesentlich. Er sei nicht nur Landesherr über ein paar tausend Indianer, sondern er habe auch die Interessen der 1,8 Millionen Brasilianer zu vertreten, und da seien die Indianer nun mal eine Minorität. Wir wüßten ja sicher, daß Brasilien große wirtschaftliche Probleme habe, und da könnte man die Bodenschätze nicht außer Betracht lassen. Dort in der Erde läge die Lösung vieler Probleme.

»Aber Sie als Landesvater sind doch letztlich auch gleichzeitig Vormund der Indianer.* Glauben Sie nicht, daß beim Abbau der Bodenschätze der Lebensraum der Yanomami zerstört wird und daß sie vorher bereits, infolge des Kontaktes zu den Minenarbeitern, an unseren Krankheiten gestorben sein werden?«

Auf meiner letzten Expedition zu den Yanomami hatte ich es selbst erlebt. Weit über die Hälfte eines Dorfes war an Grippe gestorben, die Goldsucher absichtlich oder unabsichtlich eingeschleppt hatten. Die Indianer haben zwar eine gewisse Resistenz gegen Tropenkrankheiten entwik-

---

* Die Indianer gelten als minderjährig, solange sie kein Protugiesisch sprechen und Militärdienst geleistet haben. Die FUNAI soll deshalb ihre Interessen wahrnehmen. Da die FUNAI aber auch und vor allem ein Organ des Innenministeriums ist, sind ihre Entscheidungen vorgegeben.

kelt. Aber sie sind hilflos unseren Krankheiten wie Husten, Schnupfen oder Grippe ausgeliefert.

Für Gilberto Mestrinho kein zu großes Problem. »Da beugt die FUNAI vor. Sie führt allerorten medizinische Betreuungen durch.«

Wie die aussahen, wußten wir aus Erfahrung. Es fehlt der FUNAI an qualifizierten Medizinern und an Verantwortungsgefühl, um solch ein Programm erfolgversprechend durchzuführen. Aber es ist im Ansatz vorhanden.

Um vieles fundierter arbeitet da seit einigen Jahren die Commissão pela Criacão do Parque Yanomami (CCPY). Sie ist eine brasilianische Menschenrechtsorganisation, die ihre Arbeit ausschließlich auf die Yanomami und deren Fortbestand zugeschnitten hat. Die CCPY unterhält z. B. zwei Boote, die mit je einem Arzt besetzt und einem kleinen Labor ausgerüstet sind. Damit klappern sie in regelmäßiger Folge die Flüsse Roraimas ab, beugen vor, kurieren, beraten. Aber auch diese Arbeit ist nur ein Tropfen auf den heißen Stein. Sie finanziert sich aus Spenden. Unter anderem über die Gesellschaft für bedrohte Völker in Göttingen. Gern hätte ich den Gouverneur gefragt, wie es sich mit den Schürfrechten in der Serra do Padre verhält. Aber ich fürchtete, er würde seine Beteiligung abstreiten. Meine Informationen über die betreffende Bergbaugesellschaft waren mir zu dürftig, um die Blamage zu riskieren. Schlimm genug, daß die Schürfrechte längst verkauft wurden.

So lang das Flüstergespräch auch wurde, es erbrachte im wesentlichen die bittere Erkenntnis, daß die Yanomami infolge der Bodenschätze in großer Gefahr sind. Und daß man Zusicherungen über ein Schutzgebiet mit größter Skepsis betrachten muß.

Ullis Film

»Gratuliere! Ihr Film hatte eine Sehbeteiligung von über 30%. Das heißt, rund 10 Millionen Zuschauer haben ihn gesehen.« Dieter Zimmer, Redakteur Innenpolitik beim ZDF, hatte angerufen. »Das ist in unserer Reihe ›reportage‹ ein neuer Rekord. Er lag bisher bei 27% mit einem Film über die GSG 9.«

Auch die Pressestimmen waren voll des Lobes für Ullis Film. Klaus Bresser, Chef der Innenpolitik beim ZDF in einem Hörzu-Artikel: »Die Sehbeteiligung beweist, daß man mit guten Themen und mutigem Journalismus auch durchschlagende Erfolge erzielen kann.«

Klar, daß wir uns riesig freuten. Hatten sich die fünf Monate Einsatz doch gelohnt. Wir feierten den Erfolg zünftig bei Bananenbrei. Daniels Idee. Und den hatte er uns nicht etwa trist und konventionell am heimischen Tisch serviert, sondern auf einer Strohmatte im Tropentreibhaus in »Planten un Blomen«, Hamburgs bekanntem botanischen Garten. Ich sehe heute noch die völlig ratlosen Aufsichtsleute vor mir.

Unser Picknick brachte sie voll aus der Fassung. Von allen Seiten lugten sie durch die Büsche, schauten diskret in den Topf, diskutierten unser Problem aufgeregt per Walky-Talky und mochten uns die Fête auch nicht vermiesen. Schließlich benahmen wir uns ja anständig, und die »Bananen roh«, als Nachtisch, hatten wir mitgebracht und nicht dort abgerupft.

Doch *ein* Erfolg war uns nicht vergönnt. Und auf den hatten wir besonders gehofft: daß der Film in Brasilien aufgegriffen würde und dort Diskussionen in Gang setzte. Brasiliens Sender ignorierte ihn. Das zeigte uns einmal mehr, junge brasilianische Demokratie hin, junge brasilianische Demokratie her, daß unter der Oberfläche des großen südamerikanischen Landes die alten Strukturen erhalten geblieben sind. Eine neue Tischdecke. Aber der alte Tisch.

Das sind dann Momente, wo man sich seiner Winzigkeit und Hilflosigkeit erneut bewußt wird. Und wo man geneigt ist zu sagen: »Es hat ja doch keinen Zweck. Ich habe jedenfalls das Meine getan.«

Und dann wiederum geschehen Zufälle, die einen wieder aufrichten, die einem Hoffnung geben.

Da war zunächst die angesehene Werbeagentur Ogilvy + Mather. Ob ich für sie in Frankfurt einen Vortrag halten könnte? Natürlich konnte ich. Denn gerade Vorträge waren (und sind) es, mit denen ich parallel eine ständige Weiterarbeit am Thema Yanomami betrieb.

»Unser Vorsitzender Chairman Bill Phillips aus New York ist nämlich nächste Woche hier in Frankfurt und wird dann gerade 60 Jahre alt. Und da er passionierter Bergsteiger ist und – wie Sie – Jugendarbeit zum Thema Survival betreibt, dachten wir, es sei vielleicht ein besonderes Geschenk, ihn mit einem solchen Vortrag zu überraschen.«

Ich flog hin und erwartete einen Vortrag »wie gehabt«! Aber schon die Örtlichkeit sprengte den Rahmen. Das Ganze fand auf Schloß Kronberg in Frankfurts Umgebung statt. Ein piekfeiner Laden. Wie die Agentur selbst. Immerhin werben sie international für Unternehmen wie Mercedes, Lufthansa... also vom Feinsten.

Ich glaube, auch Phillips kam ohne nennenswerte Erwartungen. Vielleicht hatte er ein Ständchen vermutet oder ein Alpenveilchen aus Zucker – seine etwa 50 geladenen leitenden Mitarbeiter hatten es spannend gemacht. Und das war es wohl auch für sie selbst, denn nur einer hatte von meinen Vorträgen gehört und ihn empfohlen. Es konnte also ein Flop werden oder ein Erfolg. Und Werber sind ja bekanntlich risikofreudig. Sie ließen's drauf ankommen.

Kurzum: Phillips war begeistert. Ich mußte sogleich hinterher an seinen Tisch. »Ich helfe Ihnen, den Film nach Brasilien zu bringen! Wir haben dorthin allererste Kontakte. Nächste Woche kommt Senhor Flávio, unser bester Mann aus Brasilien. Lassen Sie uns gleich ein Datum festlegen, damit Sie mit ihm die Strategie absprechen.«

Gesagt, getan. Ich flog erneut nach Frankfurt. Flávio war offenbar ebenfalls vom Thema angetan, und wir vereinbarten Punkt für Punkt, was wer als nächstes täte.

Da waren eine VHS-Kopie für das südamerikanische VHS-System (es ist anders als das Unsere) zu erstellen, Illustrierten-Belege rauszukramen, und er notierte, daß ich den Film, falls er gesendet würde, mit Fotos in Magazinen und Vorträgen in den brasilianischen Weltstädten unterstützen könnte.

»Wenn wir für Mercedes werben, kann man nie definitiv sagen, ob der Erfolgszuwachs uns und der Werbung oder ob er letztlich doch ausschließlich dem Qualitätsprodukt zu verdanken ist. Darum ist gerade dieser Versuch für uns eine reizvolle Aufgabe, weil man hier wirklich sagen kann: Das haben wir in die Wege geleitet, das ist unser Erfolg.«

So ähnlich waren Phillips letzte Worte. Eines Tages kam die bedauernde Absage.

Dann erreichte mich ein interessanter Brief. Absender: Heiner Rindermann, 18 Jahre, Student aus Sinsheim. »Lieber Rüdiger«, hieß es da, »ich komme gerade aus Brasilien zurück. Ich war bei den Yanomami in Maturacá. Zunächst schwimmend den Rio Já hinunter und dann mit einem Goldsucherboot den Rio Cauaburi hinauf. Das waren Goldsucher, die von den Yanomami toleriert werden, Leute, mit denen sie partnerschaftlich zusammenarbeiten.

Leider erwischte mich in Maturacá die Funai und brachte mich zurück nach São Gabriel.

Beim Verhör durch den Funai-Chef Ribamar hatte ich Gelegenheit, in seine Kartei ›Unerwünschte Personen‹ zu blicken. Und da las ich schwarz auf weiß, daß Du, Senhor Daniel Grolle, Senhor Ulrich Krafzik, Senhor Dohnanyi und Senhor ZDF dazu zählen. Ich schreibe Dir dies, um Euch zu warnen, denn er schien schlecht auf Euch zu sprechen zu sein.«

Dieser Brief des Heiner Rindermann (Herzlichen Dank, Heiner!) war aus zweierlei Gründen für mich interessant. Zum einen machte er klar: Unser Film war »registriert« worden. Zum anderen – und das war eigentlich noch das Verblüffendere – hatte man nachträglich Dohnanyis Bitte um eine Drehgenehmigung, die nie beantwortet worden war, doch noch mit unserem Film in Zusammenhang gebracht.

Erstaunlich, was mitunter funktioniert. Herr Zättdeäff darf also auch nicht mehr nach Amazonien...

Diese beiden Anekdoten – Werbeagentur und Rindermann – erzählte ich auf einem Vortrag in Hamburg. Vorher hatte ich mein Bedauern darüber ausgedrückt, daß der Film nie nach Brasilien gelangt sei und somit die Filmreise ebenfalls nichts in Gang gesetzt habe.

Da meldete sich ein Zuhörer zu Wort und meinte: »Ich glaube, das sehen Sie zu pessimistisch. Die Tatsachen, daß man den Film trotz bester Kontakte meidet und daß Sie im Zusammenhang mit Dohnanyi und dem ZDF in der FUNAI-Kartei stehen, beweist doch gerade das Gegenteil: Man nimmt Sie sehr wohl genau zur Kenntnis und mißt Ihrem Bemühen einen Wert bei, der den Verantwortlichen nicht unbedeutend erscheint!«

Ich war perplex. Der Mann hatte die Situation genau analysiert. Und mir damit sehr wichtigen neuen Auftrieb gegeben.

Und es ging weiter. In der Hamburg-Talkshow des NDR saß neben mir der US-Generalkonsul Pierre Shostal. Er wurde zu seiner Arbeit in Hamburg befragt. Ich war zunächst überrascht, welch exzellentes Deutsch der Diplomat sprach. Im Verlaufe des Interviews wurde mir der Mann so sympathisch, daß ich es wagte, ihn anzuschreiben und um ein kurzes Gespräch in einer Menschenrechtsangelegenheit zu bitten. Ich bezog mich dabei auf die Talkshow und sagte auch unverhohlen, daß er mir dort als ein Mann erschienen sei, dem ich dieses Vertrauen entgegenbringen könnte.

Zwei Tage später hatte ich einen Termin. Da es um Weihnachten herum war, nahm ich, wie es sich für einen Konditor gehört, einen dicken Stollen und ein Buch mit (Yanomami, Band 1, Logo!). Nach der Devise: Reaktion erfordert auch unkonventionelle Belohnung.

Ich wurde in sein Allerheiligstes geführt, bedankte mich für den schnellen Termin und fragte: »Wie kurz muß ich mich fassen?« Ich wußte, wie eng mein eigener Terminkalender war, und konnte mir ausrechnen, daß seiner um einiges gefüllter war. Zumal um die Feiertage. »Solange es Ihr Problem erfordert!«

Ich machte es dennoch schnell. Ich schilderte ihm das Yanomami-Thema. Das kann ich mittlerweile in Reden von einem Satz bis zu einer Stunde. Diese dauerte 6 Minuten. »Ich komme nicht so recht weiter«, endete ich dann. »Die Brasilianer sehen meine Bemühungen als Einmischungen in innere Angelegenheiten.«

Shostal hörte ruhig zu und machte sich Notizen. Seine Sekretärin hatte gerade einen Kaffee serviert. »Inzwischen hat sich die Lage für die Indianer in Brasilien zugespitzt. Im vergangenen Herbst wurde von der Regierung in Brasilia das ›Calha Norte-Projekt‹ verabschiedet. Es sieht vor, die Nordgrenze zu festigen. Es sollen Militärstationen angelegt und die Indianer zivilisiert werden. Fünfhundert

Soldaten sind bereits dafür abkommandiert. Es ist also die letzte Möglichkeit, etwas zu tun. Etwas, das einerseits dem nationalen Sicherheitsbedürfnis und der wirtschaftlichen Not des Landes Rechnung trägt und andererseits eine Lösung ins Gespräch bringt, die zusätzlich den Indianern helfen würde.«

»Wie könnte denn eine solche Lösung Ihrer Auffassung nach aussehen?«

»Es ist nicht meine Idee. Sie kommt, was mich sehr freut, aus Brasilien selbst. Von einem Politiker namens Severo Gomes. Er propagiert, das Reservat gesetzlich zu verankern und die Bodenschätze so lange ruhen zu lassen, wie Brasilien noch anderweitige Fundorte in zivilisierten Gebieten besitzt. Das würde für die Indianer einen bedeutenden Zeitaufschub bedeuten.«

»Sie meinen also, die Schätze blieben Brasilien erhalten wie ein Sparkonto, und um seine Defizite auszugleichen, könnte das Land dort, wo es sowieso schon Bergbau betreibt, intensiver abbauen.«

»Ja, genau. Und als Zinsen für das Sparkonto hätte Brasilien sich und der Nachwelt die letzte Indianer-Kultur erhalten, es würde einen Biotop retten, der so groß ist wie ein Drittel der Bundesrepublik – dazu kann man dieselbe Größe in Venezuela rechnen. Das Ansehen Brasiliens würde schlagartig weltweit gewinnen.

Die Aktion, die ich mir nun ausgedacht habe, soll aber vor allen Dingen auch klar zum Ausdruck bringen, daß kein Land Grund hat, mit dem Finger auf Brasilien zu zeigen. Kein amerikanisches Land hat sich den Indianern gegenüber anders verhalten, und die dringende Notwendigkeit des Naturschutzes setzt sich bei allen Ländern der Erde nur unter dem Druck von Katastrophen durch.

Ich möchte also auch erreichen, daß internationale Organisationen auf diesen Themenkomplex aufmerksam werden und gemeinsam Hilfsaktionen in Gang gesetzt werden, die für Brasilien von Vorteil sind. Denn ich meine, Brasilien kann dafür schon etwas verlangen, wenn es der Welt zuliebe auf Profite verzichtet und ihr quasi ›die grüne Lunge Amazonas‹ erhält, nachdem wir unsere Wälder asphaltiert haben.«

»Das ist jedenfalls durchaus einen Versuch wert. Was mich jetzt noch interessiert, ist: Sie sprechen immer von einer Aktion. Wie soll die aussehen?«

»Wegen der Dringlichkeit, das sagte ich ja schon, soll sie diesmal über die Grenzen deutschsprachiger Länder hinausreichen. Ich meine, auch hier helfen keine Briefe und Unterschriftensammlungen mehr. So etwas wandert in Papierkörbe. Ich bin davon überzeugt, daß eine ungewöhnliche Aktion die Leute am ehesten zum Zuhören veranlaßt. Deshalb möchte ich eine Bittschrift der Gesellschaft für bedrohte Völker, die vom World Wildlife Fund und Greenpeace unterstützt wird, mit einem Tretboot über die Atlantik zu Staatspräsident José Sarney bringen.«

»Mit einem Tretboot – wie die da unten auf der Alster?« Shostal stand unwillkürlich auf und schaute von seinem Arbeitsplatz am Alsterufer auf die Außenalster. Obwohl wegen des Winters nichts zu sehen war.

»Etwas größer wird es schon werden. Ich muß ja meinen ganzen Proviant mitnehmen.«

»Aber Sie werden begleitet werden?«

»Nein. Ich werde absolut allein reisen. Und es geht mir auch in keinster Weise um einen Rekord fürs Guiness-Buch. Es geht mir einzig darum, Aufmerksamkeit zu erregen, die proindianische Lobby zu stärken und nur ein Gespräch beim Staatspräsidenten zu erarbeiten.«

»Erarbeiten«, wiederholte Shostal, »das kann man wohl sagen. Vielleicht haben Sie Glück. Die Brasilianer haben ja ein Faible für Sport. Wie lange, schätzen Sie, wird die Reise dauern?«

»Zwei, drei Monate.«

Shostal goß uns Kaffee nach und meinte nach kurzer Pause: »Zunächst einmal: Ich freue mich, daß Sie zu mir gekommen sind. Ich möchte Ihnen auf jeden Fall helfen, und ich glaube, ich kann es auf zweierlei Weise. Mit Rat und Tat.«

Und dann gab er mir tatsächlich ganz entscheidende Hilfe. Sein Rat: »Auf jeden Fall würde ich Brasilien ganz offiziell von Ihrem Vorhaben in Kenntnis setzen. Brasilien ist eine Demokratie, und jede Demokratie muß es verkraften, wenn eine andere, vielleicht nicht geliebte Idee demokratisch vorgetragen wird. Auf keinen Fall sollten Sie einfach losstrampeln und Brasilien nur durch die Medien von Ihrem Vorhaben informiert werden.«

Dieser Rat war einfach, gut und selbstverständlich, doch wäre ich nie darauf gekommen. Nie hätte ich mich über die Schwelle einer brasilianischen diplomatischen Vertretung in Deutschland gewagt. Nicht aus Feigheit, sondern weil für mich feststand: Auch dort gehöre ich zu den unerwünschten Personen.

»Und nun zur Tat. Ich werde Sie beim hiesigen Generalkonsulat Brasiliens avisieren und eine Gesprächstermin vereinbaren.«

Ich spürte: Genau das war der bessere Weg. Rausschmeißen konnte mich der Brasilianer immer noch.

Mit einem sehr guten Gefühl verließ ich das Generalkonsulat der Vereinigten Staaten von Amerika.

Und gleich nach den Feiertagen rief mich Angelika von Woellwarth an. Sie sei die Kulturbeauftragte des Generalkonsulats von Brasilien und fände soeben eine Notiz auf ihrem Schreibtisch, daß sie mit mir einen Gesprächstermin mit dem Generalkonsul vereinbaren solle.

»Das ist schon eigenartig. Wenn Sie wüßten, wie oft ich Sie bereits anrufen wollte! Meine Kinder haben nämlich Ihr Buch über die Yanomami gelesen, sind voll be-

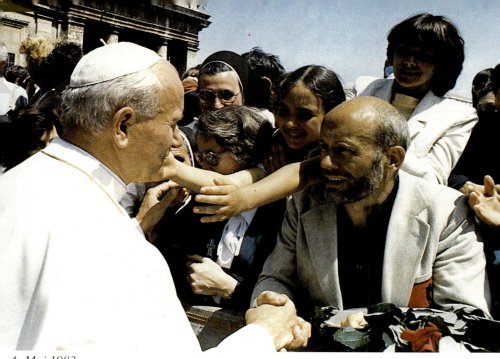

4. Mai 1983:
Der Papst verspricht mir, sich für die Yanomami einzusetzen. Ergebnis?

Yanomami beim Fischen.

Die Yanomami bereiten sich für das Totenfest vor.

Das Fest ist in vollem Gange.

Die Knochenasche wird in den Bananenbrei gerührt.

Mit diesen selbstgebauten Booten aus Ästen, Lianen und Regenschutzfolie fuhren wir zurück.

Unterwasser-Training: Gefesselt soll ich mich retten.

Nerven-Test im gefluteten Torpedorohr.

Die »Yanomami Brasil« entsteht: Zuerst die Form für die Schwimmkörper.

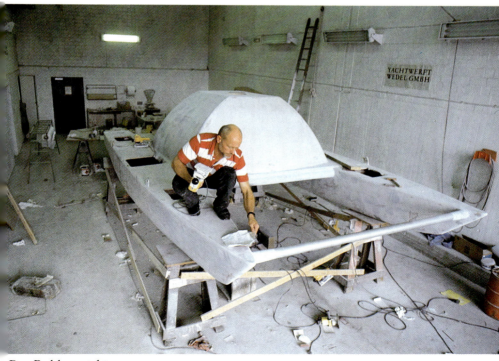

Der Rohbau steht.

*Jungfernfahrt auf der Elbe
(Foto Pawel Kanicki)*

Das Boot wird an Bord der »Woermann Ubangi« gehievt.

geistert und wollen seitdem unbedingt Ihre Schlangen sehen.«

Da hatte ich, ohne es zu ahnen, auf dem Generalkonsulat von Brasilien sogar eine Art Fan. Wenn das kein gutes Omen war.

»Sie wurden mir von sehr bedeutender Stelle so empfohlen, daß ich sehr neugierig bin.« Generalkonsul Francisco de Lima e Silva bat mich, Platz zu nehmen.

»Einen traditionellen Cafezinho?«

»Gern.« Auch hier hatte ich eine bunte Platte Gebäck mitgebracht. Zur Überraschung und Freude der Mitarbeiter. Ich finde immer, Gebäck bringt schnell eine persönliche Note in sonst oft konventionell steife Gespräche. Deshalb tue ich das gern. Und meist ist es eine nützliche »Investition«, wenn man es überhaupt materiell bewerten will.

Angelika von Woellwarth kam beratend zu dem Gespräch hinzu. Sie ist eine gutaussehende, große, schlanke Frau und fiel mir durch ihre unkomplizierte Art besonders auf. »Wie ein bunter Schmetterling. Gar nicht konsulatstypisch«, beschrieb sie später mal ein Kollege.

Ich erläuterte dem Generalkonsul mein Anliegen. Und ich fügte hinzu: »Wichtig ist mir vor allem eins, daß Brasilien meine Aktion nicht als Provokation sieht. Werten Sie es bitte als das Bemühen eines Freundes Ihres Landes, einer Idee, die er gut findet, Gehör und Mehrheit zu verschaffen.«

Dabei hatte ich weder übertrieben noch gelogen. Brasilien in seiner Vielfalt, die Freundlichkeit der Menschen, die Gastlichkeit und das verhältnismäßig tolerante Zusammenleben der vielfältigsten Rassen hatten es mir von Anfang an angetan, und sicherlich werde ich in Brasilien noch viel Zeit meines Lebens verbringen.

Auf jeden Fall hatte ich meine Worte zusätzlich zu Papier gebracht. Ein brasilianischer Freund von mir, Gilberto Calcagnotto, hatte sie sofort übersetzt und makellos getippt. Er hatte meine Zeilen in ein regelrechtes Dokument verwandelt. So richtig etwa zum Überrechen! Gerichtet war es an José Sarney, das Staatsoberhaupt.

Der Generalkonsul wirkte auf mich vom ersten Moment an durchaus sympathisch. Er hörte sich alles an, äußerte noch ein paar zusätzliche Fragen und versicherte, das Schreiben weiterzuleiten. Er war erst seit kurzem hier in Hamburg im Amt, und ich dachte: »Ausgerechnet einer der ersten Klienten muß ihm mit solch kompliziertem Anliegen kommen.« Aber wir können's uns beide nicht aussuchen. Jeder hat seine Aufgabe.

Drei Wochen waren vergangen. Da riefen Johanna Gerdts von der Gesellschaft für bedrohte Völker und Angelika von Woellwarth fast gleichzeitig an: »Schon gehört, Sarney hat sich für (!!!) den Park (= Schutzgebiet) ausgesprochen!« Ich führte das nicht etwa auf meine Aktion zurück, sondern auf die Gesamtheit der Bemühungen. Die der CCPY, der Kirche, der einiger (weniger) Politiker usw. Aber ich war überwältigt von der guten Nachricht. Zwei Stunden später hatte ich aus Marzipan ein 5 kg schweres Glückwunsch-Telegramm modelliert, mit 12 Rosen (für die 12 000 Indianer) dekoriert und beschriftet. Gilberto Calcagnotto hatte mir den Text telefonisch durchgegeben. Und dann bat ich Angelika von Woellwarth um einen kurzen Übergabetermin. Vorsichtshalber hatte ich die *dpa* und *ap* gleich mitgebracht, denn wenn es schon so selten gute Nachrichten gibt, sollen sie auch gewürdigt werden.

So überreichte ich ihm das Telegramm für seinen Präsidenten, und er revanchierte sich mit einer Samba-Schallplatte und einem Plakat, auf dem eine Strandschöne bedeutungsvoll an einem Fruchtsaft nippt und meint: »Wir sehen uns in Brasilien.«

»Ich hatte noch nichts Passenderes hier. Und ich wollte Sie auch nicht ohne etwas gehen lassen.«

Die Fotos mit dem Telegramm machten die Runde in der deutschen Presse und lösten unerwartet eine Flut von weiteren Glückwünschen an die Adresse des Francisco de Lima e Silva aus.

Darunter Schulklassen, Rentner, Post aus der DDR und Frankreich. »Was uns am meisten gefreut und beeindruckt hat«, so Angelika von Woellwarth, »war ein Brief des World Wildlife Fund.«

Meine Atlantikfahrt schien damit hinfällig. Ich blies gerade alles ab, als die gute Nachricht sich im Verlaufe der nächsten Wochen relativierte. Das Territorium Roraima meldete sich lautstark zu Wort: »Ohne uns!« Das Gerangel hielt also an, und Tilman Zülch sagte: »Ich denke, du mußt doch fahren.«

Auf jeden Fall brachte Sarneys Äußerung eine Wende in mein Bemühen. Mochte man es mir bisher als »antibrasilianisch« auslegen – jetzt war es auf jeden Fall *pro*-brasilianisch. Wenn Sarney es ehrlich gemeint hatte, dann würde ich jetzt ja seine Idee unterstützen.

Ich begann, die Tretbootfahrt konkret in Angriff zu nehmen.

Sea Survival-Training

Noch nie in meinem Leben war ich gesegelt. Wasser war mir unheimlich. Und von dem halben Jahr als Schiffskonditor war ich sechs Wochen seekrank. Nun wollte ich den Atlantik überqueren. Dazu noch in einem Tretboot.

Klar – jetzt war Überlebenstraining für Seeleute angesagt.

Das Monster, in das ich da einsteigen sollte, war mir unheimlich. Es ähnelte einer großen Waschtrommel. Sie hing von einem Eisenträger herab über dem Trainingsbecken der Marineflieger in Nordholz.

»Die ersten vier einsteigen!« Ausbilder Korvettenkapitän Herbert Kröll hatte gerade das Wichtigste dieser Übung erklärt. »Dieses schöne Gerät nennen wir Underwater Escape Trainer. Stellen Sie sich bitte vor, Sie stürzen ins Meer mit Ihrer Maschine. Was passiert dann? Die Bulleyes bersten, Wasser dringt ein, Sie müssen raus.« Und ich dachte: »Was heißt hier Flugzeuguntergang? Weltuntergang! Da soll'n wir rein?« Aber offensichtlich hatte es noch nie Tote gegeben. Also denn: je eher daran, je eher davon. Ich ging mit der ersten Gruppe.

Es ging eine Eisentreppe hoch, einen Steg entlang, und dann hieß es: »Bitte Platz nehmen!« Jeder Pilot erhielt einen Sitz und wurde fest angeschnallt. Wir hatten einen Helm auf und waren mit einem roten Overall bekleidet. »Und denken Sie daran: Nicht aussteigen, bevor das Cockpit voll ist und das Wasser zur Ruhe gekommen ist.«

Dann hörte ich das Kommando »Fertig zum Absturz« und wartete auf den Aufprall.

Statt dessen setzte eine Hydraulik das Monstergerät langsam wasserwärts in Bewegung. Es tauchte ein, verschwand mit uns unter der Oberfläche. Ciao schöne Welt! Durch die Waschtrommelöffnungen schoß das Wasser. Letzte Luft! Es gurgelte, gluckste, und alles war voll.

Aussteigen?

Nein, bloß nicht! Noch trudelte der Kasten. Das heißt, er drehte sich links oder rechts rum. Doch dann stand er. Ich hing an der Decke. Die Blasen beruhigten sich. Wir konnten raus. Mit der linken Hand war der Sicherheitsgurt blitzschnell geöffnet. Die rechte krampfte sich um den Griff am Fenster. »Bloß nicht loslassen.«, war mein Gedanke. Jetzt, wo ich kopfüber links- oder rechtsrum gedreht an der Decke hing, hätte ich womöglich die Orientierung verloren. Obwohl das Wasser kristallklar und um die 32 °C warm war. Auch sonst gab es keinen Grund zur Panik: Zwei Taucher hielten sich einsatzbereit auf dem Grund des Beckens auf. Dennoch also krampf-krampf am Griff – Abstoß und raus!

Auch die anderen drei Piloten tauchten auf. Dauer der Übung, geschätzt, vielleicht 30 oder 40 Sekunden. Also eigentlich kein Thema. Das Problem ist mehr psychischer Natur. Wer stürzt schon gern mit einer Maschine ins Meer?

»War ja gar nicht so wild, oder?«, raunten wir uns am Beckenrand zu. Da tönte bereits wieder die Stimme Krölls: »Und nun dasselbe bei Nacht!«

Gedanken: »Wieso nachts? Wer fliegt denn nachts?« Aber da hatten mir schon hilfreiche Geister eine schwarze Binde vor die Augen geschnallt, und ich befand mich auf dem Nachtflug AF 173 von Paris nach Manaus.

Dann dieselbe Prozedur: Luft anhalten, Griff etwas krampfhafter umklammert und – abbbi!

Wenn man's erst mal gemacht hat, auch kein Problem. Erleichterung am Beckenrand.

»Nur keine Müdigkeit vorschützen! Es geht weiter. Die nächsten beiden Durchgänge. Stellen Sie sich bitte vor: Es ist nur ein Bullauge geborsten. Deshalb beim nächsten Mal alle Mann aus ein- und demselben Fenster hinaus! Und wenn Sie das überlebt haben, simulieren wir den Fall, es sei überhaupt kein Bullauge geborsten – kommt aber in der Praxis nicht vor (trost-trost!) – und Sie müssen zur Tür hinaus!«

Ah! Aufatmen! Die Tür ist groß. Da passen sogar zwei Mann gleichzeitig durch. Und schon wieder Kröll: »Doch wie das Leben so spielt, die Tür ist verschlossen.«

Korvettenkapitän Richard Wagner, der mich zu diesem Sea Survival-Training für Jet-Piloten eingeladen hatte, stand in seiner schnieken blauen Uniform am Beckenrand und schmunzelte. »Der hat's gut«, konnte ich noch mit einem Nebengedanken abschweifen, »der kennt das alles schon. Der weiß, wie das läuft. Und dann ist vielleicht auch das alles halb so wild.«

Krölls Stimme war nicht abzuschalten. »Und wie das Leben so spielt, die Tür ist nicht mit einem normalen Schlüssel verriegelt, sondern, meine Herren?«

»Mit einem vierstelligen Vorhänge-Zahlenschloß!« gab doch tatsächlich ein Mitaspirant laut und vernehmlich von sich. Wir guckten wie elektrisiert zu ihm rüber. »Ist das 'n Witz oder was?«

»Genau so ist es, meine Herren. Der Kamerad hat recht. Mit einem vierstelligen, nichtrostenden Vorhänge-Zahlenschloß.« Kröll genoß die Sprachlosigkeit. Er lächelte zu Wagner rüber und ließ seine Worte wirken. Und das taten sie. Trotz der 32 °C Hallentemperatur verspürte ich, wie sich meine Armhaare in Startposition begaben, wie sie abhoben. »Meint der das ernst?« suchten wir flüsternd untereinander Rat. »Weiß nicht«, kam die Antwort. »Der Apparat ist neu. Den kenn' ich noch nicht.«

Endlich unterbrach Kröll die unterdrückte Unruhe.

»Meine Herren! Die Bundeswehr ist natürlich keine unmenschliche Organisation. Deshalb gibt es für Sie eine Erleichterung.«

Einer holt sich lässig einen Kaffee vom Tischchen und machte sein Kreuzchen. Wegen der Abrechnung.

»Der hat Nerven«, raune ich meinem Nachbarn zu, »geht jetzt zum Kaffeetrinken.« »Nein«, antwortet der, »das ist Knut Schröder. Der ist Kampfschwimmer. Den kann gar nichts aus der Ruhe bringen.«

»Die Erleichterung sieht so aus, daß Sie nicht erst alle 10 000 Konstellationen am Schloß durchproben müssen – denn meist ist es ja doch die letzte –, sondern wir werden sie Ihnen vorher bekanntgeben. Ist alles klar?« Keine konkrete Antwort.

»Und es gibt noch eine Erleichterung!« Gespannte Stille. Sechzehn Augenpaare treffen sich auf Krölls Mund. Erneut lächelt er zu Wagner rüber. »Wegtreten zum Kaffeefassen! Diese Übungen sind für Fortgeschrittene.«

Ich drängle mich neben Knut Schröder. »Stimmt das, daß Sie Kampfschwimmer sind?« »Ja.« »Läuft das Training ähnlich ab, oder gibt es da einen Unterschied?«

»Ähnlich schon. Aber um einiges härter.« Dabei betonte er das ›ei‹. Im Geiste notierte ich mir sofort: Kampfschwimmertraining. Das Sea Survival in Nordholz dauerte drei Tage. Ich war zweimal dabei. Es hat mir ausnehmend gut gefallen, denn es offenbarte mir meine Schwächen, und es gab mir neue Impulse. Der erste Tag war trockene Theorie, der zweite Hallenarbeit, der dritte Nordsee, live.

Man könnte nun sagen: »Was hat Flugzeugabsturz mit Schiffsuntergang zu tun?« Und da meine ich, sehr viel. In beiden Fällen ist die gewohnte Sicherheit, das »Stückchen Festland« plötzlich dahin, und man ist dem Wasser ausgeliefert. Ob man mit seinem Schiff ein Riff rammt oder kollidiert – der Notfall tritt in Sekundenschnelle ein, und nicht immer steht man gerade an Deck. Da kann der Seemann gerade in seiner Koje liegen, wenn unangemeldet Wasser sich neben ihm breit macht.

Und spätestens dann wird der Moment gekommen sein, wo er denkt: »Rüdiger hatte recht.« So unterschiedlich ist das also gar nicht. Denken wir an den Untergang der Autofähre vor Zeebrügge. Sie sackte in wenigen Augenblicken weg, nachdem das Wasser erst einmal durch die unverschlossene Heckklappe gestürzt war.

Selbst wenn manche der Übungen im ersten Moment nichts mit meiner Tretbootfahrt zu tun hatten, so bewirkten sie durch ihre Vielseitigkeit eine gewisse Gewöhnung ans Wasser und einen Abbau der Angst.

»Und genau das ist Sinn der Sache«, erklärte Wagner. »Das Wasser ist nun mal nicht des Menschen Metier. Da sind Unsicherheit und Angst ganz natürlich. Wir hatten hier schon Teilnehmer, gestandene Jet-Piloten, die haben auf Knien gebeten, von der einen oder anderen Übung befreit zu werden. Natürlich konnten wir das nicht machen. Solchen Leuten kann man keine Mehrmillionen-Phantom anvertrauen. Andererseits machen wir diese Lehrgänge ja gerade deshalb, um ihnen zu helfen, diese Schwächen in den Griff zu kriegen.«

Die Kaffeepause war beendet. Jetzt hieß es: »Fertigmachen zur Fallschirmlandung auf dem Wasser!« Genau das war solch eine Übung. Wann landet der Seemann mit dem Fallschirm auf dem Wasser? Ehrliche Antwort: »Nie.« Aber das dann folgende Problem, das trifft ihn bestimmt häufiger als einen Piloten. Er kann – angeseilt – außenbord stürzen, und das Schiff reißt ihn hinter sich her. Hier wurde die Situation durchgespielt, der Fallschirm ist beim Aufprall nicht zusammengefallen, sondern zieht windgetrieben übers Meer. Die Hauptgefahr dabei ist, zu unterschneiden. Das heißt, man gerät beim Aufprall mit dem Kopf unter Wasser und wird durch die Zugkraft des Schirmes oder Bootes noch tiefer gezogen. Keine Chance der

Rettung, wenn man nicht das Know-how hat. Oder besser noch, es auch trainiert hat.

Wir legten die Rettungswesten an und erklommen einen anderen Turm. Drei Meter hoch. Vom Turm zum anderen Ende des Beckens verlief eine Seilzuganlage. Man wurde in das Fallschirmgeschirr eingespannt, brachte Hände und Beine, wie bei der echten Landung, in die richtige Position und wurde dann vom maschinenbetriebenen Seil vom Turm ins Wasser gerissen.

Unerbittlich zerrte der Draht einen der Länge nach durchs Becken. Also die Situation: Fallschirm nicht geschlossen. Unterschneidung vermeiden. Ausklinken.

Gleich beim Aufprall hieß es handeln: Die Hände überm Kopf in den Fallschirmseilen dreht man sich schnellstmöglich nach dem Aufklatscher in die Rückenlage. Arme gegrätscht, Kopf auf die Brust. Dadurch stabilisierte der Körper sich augenblicklich. Weder wurde er unter Wasser gezogen noch trudelte er. Man hatte Zeit zur Besinnung gewonnen. Der nächste Schritt war, sich des mörderischen Zuges zu entledigen. Und das war jetzt in der bequemen Rücklage nur noch ein Schlag mit der Faust auf das Koppelschloß.

»Und nun, meine Herren, hat Sie der Fallschirm unter sich begraben.«

Die fixen Helfer hatten einen Fallschirm auf der Wasseroberfläche ausgespannt. Die Nummer, die jetzt kam, war etwas umfangreicher. Rauf auf den 5-Meter-Turm und am Schleudersitz anschnallen. Dann Einrasten in eine Laufschiene, die vom Turm über das Wasser ragte.

»Wem's zu hoch scheint, der möge gegenüber an die Wand blicken!« Nach unten, Blick ins klare tiefe Becken, wirkten die fünf Meter wie zehn.

Hatten die Helfer einen verpackt, verschnürt, eingeklinkt, gaben sie ihr Kommando: »Ready for bail out.« Und Kröll gab dann den Befehl: »Bail out – now!«

In diesem Moment kriegte man einen sanften Schubs und rollte ans Ende des Eisenträgers, hing überm Wasser. Im Ernstfalle bedeutet das: »Deine Maschine war nicht mehr zu halten. Du bist per Schleudersitz ausgestiegen. Und nun schwebst du in der Luft. Und je nachdem, ob du ein Tief- oder Hochflieger warst, verbleiben dir wenige oder mehr Sekunden bis zum Aufprall. Deshalb hatten wir fünf Handgriffe hintereinander in schnellstmöglicher Reihenfolge abzuwickeln, die hier im Buch aber keine Rolle spielen.

Waren sie erledigt, hing man nun sauber am Schirm, dann wurde man vom Galgen ausgeklinkt und stürzte ins Wasser. Ob nun bei Tage oder mit der besagten Augenbinde: Man stürzte ins Wasser, und im selben Moment riß einen die Schwimmweste hoch an die Oberfläche.

Erstes Ziel: unterm Fallschirm durch! Man legte sich auf den Rücken, die Beine gespreizt. Die Weste hielt einen oben. Man hatte also keine Luftprobleme. Dort, wo man den Schirm mit dem Kopf anhob, war immer genügend Luft vorhanden. Man sah oder ertastete sich irgendeine Naht. Beim Fallschirm verlaufen alle Nähte über das Mittelloch zur anderen Seite des Runds. Und an dieser Naht zog man sich so lange weiter, bis das Ende erreicht ist und man auftauchte.

Vom Fallschirm ging's sofort zum Ein-Mann-Rettungsboot. Dieses ist eine besonders wichtige Übung – auch für Seeleute, denn hier kann man viel falsch machen. Natürlich lag das Boot auf dem Bauch. Also falsch herum. Aber man hatte Zeit. Die Schwimmweste hielt einen oben, auch daran mußte ich mich erst gewöhnen. Denn normalerweise schwimmt man ohne Weste und strampelt ersatzweise mit Händen und Füßen. »Aufhören zu strampeln!« Bademeister Peter Kleine hatte es durch seine Schwimmbrille gesehen. Ich traute der Weste offensichtlich nicht und paddelte, als würde sie mich nicht tragen.

Zunächst war das Boot zu wenden. Das ging leicht, indem man es von der abgelegenen Querseite mittels vorhandenem Seil zu sich herüberkenterte. Dann schwamm man zum Heck. Das war bei diesen Bötchen deutlich abgeflacht. Das Schutzdach wurde aneinandergeschlagen, wie ein Butterbrot aus dem Frühstückspapier, und dann zog man sich – an zwei Seitenschlaufen haltend – hinein.

Hatte man, wie wir, einen Sender in der Hosenbeintasche, durfte man sich nun nicht etwa über den Sender hinweg in die Sitzposition drehen – das mochte seine Antenne nicht –, sondern übers freie Bein.

Ausbringen des Treibankers, Ausschöpfen des Wassers. Dach übern Kopf stülpen, Reißverschluß zu, Gemütlichk... bautsch – war ich wieder im Bach.

Prustend kam ich unterm Boot hoch, verhedderte mich in irgendwelchen Strippen und kam letztlich doch frei.

Da tauchte auch Kleine auf und zürnte: »Ich hab's sehr wohl gesehen. Sie hatten mal wieder die Augen zu und sind geschwommen! Also: Noch mal das Ganze!«

Und tatsächlich: Bei der nächsten »Riesenwoge« (Kleines Faust) blieb ich erst einmal, wo ich war. Auch unterm Boot war genug Luft. Genau wie unterm Fallschirm. Augen auf – und so konnte ich auch die polypengleichen Seile sehen, die mich greifen wollten. Statt dessen schnappte ich sie mir und legte erst mal ein Päuschen ein. »Klopf-klopf« auf meinen Kopf. Und Kleines Stimme: »So, allmählich mal wieder auftauchen. Die anderen wollen auch noch dran.« Zu guter Letzt galt es noch zurückzuschwimmen zum 5m-Turm. Dort wartete eine Seilwinde, die uns in den ›Helicopter‹ zog. Erhebend – im wahrsten Sinne des Wortes.

Denn in der Praxis würde das die endgültige Rettung bedeuten. Und welche Gefühle einen in solchen Momenten überwältigen, wußte ich von manchen Situationen verschiedenster Reisen zur Genüge.

»Na«, meinte Wagner nachmittags in seinem Büro, »wie war's?«

»Sehr interessant!« sagte ich überzeugt. »Am schwersten für mich waren aber die Wassergewöhnungsübungen.«

Und damit hatte ich wirklich meine Probleme. Und weil ich gerade sie für alle Seeleute für besonders wichtig halte, seien sie hier geklärt. Zumal sie von jedermann ohne nennenswertes Gerät geübt werden können.

Die Wassergewöhnungsübungen sollen einen befähigen, sich mit möglichst wenig Kraft lange über Wasser zu halten. Bis Hilfe kommt.

Da ist der bekannte Tote Mann (Rückenlage, Kopf in den Nacken und mit viel Lungenvolumen schweben lassen),

der Tote Mann im Stehen (wie oben, aber senkrecht im Wasser stehend. Wichtig bei beiden Figuren: Der Körper muß zur Ruhe gekommen sein, tief einatmen, schnell aus- und gleich wieder einatmen),

der Frosch (der Schwimmer liegt auf dem Bauch, alle viere von sich gestreckt, Gesicht im Wasser. Bei Luftbedarf wird nur der Kopf gehoben, schnell aus- und tief eingeatmet und dann wieder die Ruhestellung Kopf-Unter-Wasser eingenommen.

Aber es gibt auch noch andere Schwimmhilfen, die wir immer wieder üben mußten.

»Und jetzt die Schuhe ausziehen und an den Beckenrand werfen.«

Kein Problem.

»Und jetzt den Overall ausziehen.«

Etwas schwieriger. Aber auch keine Hürde.

Kaum war das fertig, hieß es: »Die Hosenbeine zuknoten.«

»Reißverschluß halb schließen.«

Doch was dann folgte, war interessant.

»Den Overall mit den Beinen nach oben ins Wasser halten und von unten die Hosenbeine aufblasen!«

Der Stoff war nämlich durch die Nässe so gequollen, daß er fast wasserdicht war. Die Luft hielt sich, und man legte sich gemütlich zwischen die beiden Luftblasen wie in Abrahams Schoß.

»Eine richtige Nummer zum Ausruhen«, strahlte mein Nebenschwimmer. »So, nicht einschlafen«, dröhnte es dazwischen, »wieder anziehen und dann geht's weiter.«

Wir fummelten die Knoten auf, würgten uns in die Overalls.

»Reißverschlüsse bis fast oben schließen.«

Rrrtsch! »So, und jetzt faßt die linke Hand den linken und die rechte Hand den rechten Kragen und zieht ihn so nach vorn, daß der Kragen im Nacken fest abschließt.«

»Und nun bei jedem Ausatmen leicht nach vorn überbeugen und die Luft so unter den Overall blasen, daß im Nacken- und Schulterbereich eine dicke Luftblase entsteht.«

Auch das war eine verblüffende, einfache und praktikable Schwimmhilfe.

Aber das Beste war dann doch das Michelin-Männchen! Sobald man genügend Luft unter der Schulter hat, schwebt man in die Rückenlage. Die Luft trägt einen. Man klappt die Unterbeine 45–90° nach unten, um zu verhindern, daß die Luft dort wieder entweicht, und preßt die Arme dicht an den Körper. Denn in den Achselhöhlen befinden sich beim Overall Atmungslöcher, die ebenfalls dicht sein müssen.

Und dann steckt man den Mund in den Overall und zieht den Reißverschluß bis unter die Nase zu.

Jetzt wird durch die Nase ein- und durch den Mund ausgeatmet. Und Lungenzug um Lungenzug bläht Männchen den Overall auf.

Wer das schafft, kann sich besonders kräfteschonend über Wasser halten.

Am dritten Tag schließlich Nordsee, live. Ein Kriegsschiff brachte uns ins militärische Übungsgebiet vor Cuxhaven. Hier wiederholten wir dann das Verhalten nach dem Herauskatapultieren des Schleudersitzes. Nur, daß wir nicht ins schöne klare Schwimmbecken fielen, sondern in die weniger klare und dafür kalte Nordsee. Doch gegen die Kälte waren wir gewappnet: Netzhemd, Daunenanzug, Gummikopfschutz, wasserdichter Anzug.

Den segelnden Fallschirm spielte diesmal das Schiff. Es zog uns im Heckwasser hinter sich her, bis wir uns befreit hatten. Männer in Schlauchbooten begleiteten uns zur Sicherheit. Einziger Unterschied zur Halle: Zuletzt, als alle zu Wasser waren, fischten uns zwei Helikopter der SAR wieder heraus aus dem Bach und setzten uns zurück aufs Schiff.

»Um 13 Uhr sind wir wieder im Fliegerhorst«, verriet mir Wagner, während ich eine heiße Erbsensuppe schlürfte. »Können Sie Ihren Vortrag um 15 Uhr beginnen?«

Der Vortrag sollte meine Revanche für den wertvollen Kursus sein. Er sollte den Soldaten eine bunte Palette anderer Nuancen des Survival zeigen. Praktiken und Tricks, wie ich sie auf meinen Reisen brauche. Und davon habe ich schließlich einen ganzen Sack voll.

Es schien, daß er den Leuten gefallen hat. Er war auch nicht militärisch ernst, sondern eher zivil, locker, verrückt, schaurig und wasweißichnoch. Jedenfalls meinte Korvettenkapitän Richard Wagner zum Schluß: »Wir würden uns freuen, wenn unser Lehrgang Ihnen auf Ihrer Tretbootreise wenigstens etwas helfen wird. Dann hätten auch wir einen kleinen Beitrag zum Fortbestand der Yanomami geleistet. Sollten Sie sonst Möglichkeiten sehen, wie wir Ihnen helfen können, lassen Sie's uns bloß wissen.«

Dann wandte er sich an seine Männer: »Eins würde mich mal interessieren: Würde jemand von Ihnen sich die gleiche Reise zutrauen?«

Das Schweigen war ein Kompliment. Ein kleiner Ausgleich für meine Schwächen beim Wassergewöhnungstraining.

Bootsplanung

»Alt genug ist er ja, um zu wissen, was er tut. Und wenn er's denn unbedingt will, so kann ich nur versuchen, das Beste daraus zu machen.«

Kapitän Rudolf Hoppe stopfte sein Pfeifchen und nahm einen tiefen Zug. Er, Ute Nathusius, eine erfahrene Seglerin, und ich waren zu Gast bei Jochen Schult und seiner Frau in Tespe bei Hamburg. Ute war die erste Person, die mir von den Vorzügen der Katamarane erzählte.

»Laß uns mal zu Schults gehen«, hatte Hoppe vorgeschlagen, »das sind alles alte Segler. Sie verstehen das Handwerk von der Pike auf. Sie haben nicht nur ihre Boote selbst geplant, sie sind auch schon über den Atlantik in den Amazonas gesegelt, und sie haben eine Reihe von Büchern über dieses Metier geschrieben.«

Und Ute meinte: »In Seglerkreisen sind die Schults ein Begriff. Sie ist quasi im Segelboot geboren, und er schreibt auch ständig für die *Yacht*«.

Nun saßen wir in Schults trautem Heim. Die Wände hingen voll mit Andenken aus aller Welt. Dazwischen, wie Stempel in einem Reisepaß, Karten, Fotos und Modelle von Booten. Und draußen, in der Einfahrt, das Riesenschiff Cormoran.

»Am liebsten wäre mir als Bootstyp ein Katamaran«, begann ich, das Thema in Angriff zu nehmen. »Andere Bootsbauer schlugen mir vor: ein Kielboot nehmen, das seinen Schwerpunkt unter Wasser hat und sich notfalls selbst aufrichtet.«

Und beide Schults wie aus einem Munde: »Das ist reine

Geschmackssache. Beide Typen sind sicher. Beide haben Vor- und Nachteile.«

»Einige Kenner behaupten, Kats kentern zu schnell.«

»Das sind dann keine Kenner. Katamarane kentern nur dann, wenn sie bis zum Extrem auf einer Kufe gesegelt werden. Da Sie aber irgendwo bei heißem Wetter treten müssen, muß ja für diese Tretanlage an der frischen Luft ein Platz vorhanden sein. Und das geht auf 'nem Kat sehr gut.«

»Ich bin auch mal Katamaran gesegelt«, ergänzte Ute, »aber nicht um die Wette. Und ich muß sagen, ich hatte immer ein sehr sicheres Gefühl darauf. Du hast zwar den Schwerpunkt überm Wasser, aber dafür liegst du wie ein Kistendeckel. Und den wirf mal um im Wasser! Selbst, wenn hohe Brecher kommen: Ehe sie dich erreichen, schwimmst du längst oben, und dich erreicht allenfalls die Gischt. Wie beim Korken. Der ist auch im härtesten Strudel immer obenauf.«

»Ganz genau«, bestätigte Frau Schult. »Wie ein Korken oder wie eine Möwe, die sich bei Sturm aufs Wasser setzt und ganz breit macht. Die wird auch nicht untergespült.«

»Ich wollte gestern ein paar Styropor-Brösel durchs Klo spülen. Das war ums Verrecken nicht zu schaffen.«

Als Rudolf Hoppe auch diesen Vergleich noch brachte, stand binnen weniger Minuten fest, daß es ein Katamaran werden würde.

Insgeheim fragte ich mich, warum – bei so vielen Vorteilen – überhaupt noch andere Schiffstypen gebaut wurden.

»Wollen Sie denn wirklich alles treten, oder wollen Sie zusätzlich segeln?« kam dann die nächste Frage.

»Da bin ich im Zwiespalt«, gestand ich. »Grundsätzlich soll der Tretbootcharakter dominieren. Aber mir ist völlig klar, daß, wäre der Atlantik ein stehendes Wasser, ich niemals da drüben ankäme. Ich rechne deshalb als Hauptantrieb mit der Strömung. Zumal ich nachts schlafen muß.

Und dann möchte ich auch den Wind nutzen. Das halte ich für legitim. Selbst jedes derzeitige Handelsschiff kalkuliert Wind und Strömung und nutzt sie. Auch Leute wie Hannes Lindemann und Alain Bombard haben davon Gebrauch gemacht, wenngleich es hieß »Faltboot« oder »Schlauchboot«.

»Sie brauchen zumindest eine Art Stützsegel, das Ihre Fahrt und das Boot stabilisiert«, erklärte Schult.

Deshalb dachte ich auch daran, meine kleine Unterkunft aufs Deck zu setzen. Auch darauf kann der Wind einwirken, und ich erziele einen ähnlichen Effekt wie ein Luftballon oder ein Schlauchboot, die vom Wind mit Leichtigkeit übers Wasser geblasen werden.«

»So ist es. Sie müssen nur immer etwas schneller sein als die Strömung. Erst dann können Sie steuern, und erst dann haben Sie eine Chance, überhaupt nach Brasilien zu gelangen. Sonst treiben Sie in der Karibik an. Und wenn die Kabine mitten auf dem Deck steht, ist eigentlich auch klar, daß allenfalls Platz für ein Stützsegel ist und nicht noch Raum für ein Großsegel.«

So war das wichtigste Thema vom Tisch.

»Können Sie astronomisch navigieren, oder nehmen Sie einen Satelliten-Navigator mit?« ging's dann weiter. Da meldete sich Hoppe wieder zu Wort. »Das lernt er ja bei mir. Wir treffen uns ein- bis zweimal die Woche. Ich habe in Trittau in der Danziger Straße ein kleines Haus, und seit ich in Rente bin, gebe ich da auch Kurse für Sportboot-Führerschein-Interessenten oder für solche wie Rüdiger.« Und nach kurzem Nachdenken: »Nee, Moment mal, da ist er der erste in dieser Richtung.«

An jenem Abend hagelte es noch viele gute Vorschläge: Modellbau und -test. Verhalten in Seenot. Sicherheit an Bord und Starttermin. Einstimmig wurde als günstigster Termin der 1. November festgelegt. »Das ist genau der Stichtag für alle, die mit dem Wind und der Strömung rüberwollen. Ab dann bläst der NO-Passat regelmäßig mit zwei bis maximal sieben Windstärken, und die Chance, in einen Orkan zu geraten, ist höchstens 2 %.«

Während ich in der Folgezeit bei Hoppe lernte, daß die Sonne noch mehr kann als leuchten, Osten weisen und Feuer entzünden, liefen die weiteren Vorbereitungen an.

Natürlich sollte mein Kat aus Divinycell sein. Dasselbe Material, aus dem meine Floßboote auf Nil und Omo in Äthiopien gebaut waren. Unsinkbar und stabil, daß selbst Krokodile sie nicht zerreißen konnten. Oder diesmal Haie und kollisionsfreudige Schiffe. Das Material hatte sich bewährt und mein volles Vertrauen.

Eins dieser Boote erfüllt heute noch am Omo seinen Dienst als Minifähre. Und das nach 12 Jahren mit Passagieren wie Schafen und Ziegen!

Heute wird Divinycell vertrieben von der Firma Diab-Barracuda in Hannover. Ich fragte an, ob sie... und im Handumdrehen schickte mir Geschäftsführer Lothar Barth eine Materialprobe fürs Modell.

Das Modell war nur 55 cm lang und 35 cm breit, und auch die Verbindung zwischen den beiden Kufen waren maßstabsgetreue Aluminium-Röhrchen. Ummantelt war alles mit Glasmatte und Polyester.

So kam ich eines Morgens in die Backstube. Stolz wie ein Kind mit seinem neuen Spielzeug. Ich ließ unseren größten Plastik-Bottich (Ø 80 cm) halb voll Wasser laufen und setzte ihn mitten im Sahneraum auf den Fußboden.

Meine Mitarbeiter sahen mich mitleidig und belustigt an. »Na, was hat der Alte denn nu' schon wieder?« fragten ihre Gesichter. Während diese Gesichter sich noch gegenseitig vielsagend (trotz heimlicher Beleidigung kein Kündigungsgrund) ansahen, hatte ich einen Eimer Wasser geholt.

»Leute«, verkündete ich stolz und zeigte auf den Bottich, »das ist der Atlantik!«

Dann kramte ich mein Modellboot aus einem Karton, zeigte es einmal schweigend herum, erhöhte so die Spannung und setzte es hinein.

»Und das ist mein Tretboot.«

Staunen. Gackern. Frage aus dem Hintergrund. »Das hättste auch am Spülbecken zeigen können. Dafür schleppt man doch nicht das Monster voll Wasser hierher.« – »Richtig, aber hier können mehr Leute herumstehen, denn ich will Euch ja noch mehr zeigen.« Ich ergriff den Eimer mit Wasser. »Orkan!« kündigte ich an und hielt den Eimer noch eine Weile ruhig in der Hand. »Jahrhundertwelle.« Auf einmal kam Spannung auf. Wie beim echten Orkan. Man drängelte sich um die besten Plätze. »Aha«, frohlockte ich, »von wegen Spülstein! Ins Volksparkstadion gehört diese Nummer!« Und dann schüttete ich den Eimer brutal über mein Boot. Es schaukelte, probte den Aufstand, die Strudel griffen es von mehreren Seiten – aber dann lag es da wie vorher. Friedlich, selbstsicher. Ich glaube, es hat sogar gegrinst.

»Unsinkbar!« war mein Schlußkommentar, und dann räumte ich meine Utensilien wieder beiseite. Das Wasser in den Spülstein, das Boot in den Karton.

Der nächste Besuch galt der Hamburger Schiffbau-Versuchsanstalt. Sie liegt im Stadtteil Bramfeld. Von mir aus ein Katzensprung. Die Herren Dr. Blume und Hattendorff erwarteten mich bereits am Testbecken. Auch mit ihnen hatte ich überlegt, ob ein solcher Kat atlantiktauglich wäre. Und auch sie hatten gesagt: »Ja. Wir haben heute eine Testreihe laufen. Da können Sie Ihr Modell mit ins Becken geben und sein Wellenverhalten beobachten.«

Die Hamburger Schiffbau-Versuchsanstalt ist ein Privatunternehmen. Sie entwirft neue Schiffsformen, baut maßstabsgerechten bis zu sieben Meter lange Modelle aus Holz und testet dann ihre Dynamik und das Schwimmverhalten bei hohen, künstlich erzeugten Wellen.

Eine solche Teststunde kostet 1600 DM. Wenn man die Anlage sieht, wird das verständlich: viele Helfer, der Wellensimulator, die fahrbare Arbeitsbühne, die die Modellschiffe im Zick-Zack durch das 100 m lange Becken zieht und viel High-Tech.

Eine interessante Kulisse, Dunkelheit, Nässe, an den Wänden Fahrräder für die Männer zum Hin- und Hersausen und – hell angestrahlt auf schwarzem Wasser – die beiden Modelle. Das ihre und das meine.

Schließlich der erste Durchgang. Die Wellenmaschine kommt langsam in Gang. Immer größer werden die Wasserberge. Aus der Dünung werden Brecher. Und dann heißt es: Abfahrt.

Die große Arbeitsbühne fährt los. Immer schneller. Die Wogen rollen unter uns durch. Das Schiff wird quer und kreuz und längs gesteuert; schaukelt, rollt, schlingert, kämpft mit dem Wasser. Und einmal kippt es sogar um.

Und wen konnt das alles nicht jucken? Erraten! Meinen kleinen, roten Kat! Er lag da, flachgeduckt auf dem unheimlichen Wasser. So, als wolle er fragen: Wann geht's denn los? Wie der besagte Kistendeckel.

»Wenn Ihnen das nicht reicht, wüßte ich noch einen anderen Test«, sagte Dr. Blume da auf einmal.

»Werfen Sie Ihr Modell irgendwo in die Meeresbrandung. Zwischen Steine, Pfähle oder vor die Steilküste an der Ostsee. Da haben Sie – im Maßstab gesehen – völlig übertriebene Wasserturbulenzen. Und selbst da werden Sie staunen, wie stabil ein Katamaran im Wasser liegt.«

Damit stand der nächste Test fest. Als auch er dem Kat nichts anhaben konnte, war ich nur noch unumstößlicher davon überzeugt, das richtige Bootsystem gewählt zu haben. Gerade mir als Laien gaben die Tests viel innere Sicherheit, weil sie objektiv und ohne Vorurteile solide Beweise lieferten. Mehr als Worte irgendwelcher Fans, die nur auf ein spezielles Modell schwören.

Experimente
Survival-Wasser-Seekrankheit

»'ne kleine Macke hat er aber doch«, entschieden die Nachbarn aus Überzeugung. Verständlich genug, wenn ich alle paar Tage in meinem »Trainingscamp« Rausdorf eintrudelte, meinen Rucksack voll Sand aufschnallte, die Kopfhörer überstülpte, mir Jennifer Rush reindröhnte und den Dauerlauf machte. Oder wenn ich anschließend schweißtriefend mit dem vom Laufen erhitzten Sand quer durch den Teich schwamm, daß es nur so zischte. Dann fragten doch tatsächlich einige, ob ich in der Konditorei nicht ausgelastet sei. »Na, nix los im Moment?« Was neugierige Betrachter aber nun sahen, sollte wohl der Beginn einer Bienenzucht sein. »Ich kenne das aus Afrika«, erklärte ein Passant den Ratlosen, »das hängt da in jedem Baum.«

Von weitem betrachtet, mochte er recht haben. Aber von nahem war es etwas völlig anderes. Es war meine persönliche Flugzeug-Absturz-Anlage. Nicht mehr und nicht weniger. Ein einfacher Nachbau der Nordholz-Version.

Ich hatte zwei PVC-Fässer à 200 l Fassungsvermögen hintereinandergebunden, den mittleren Boden herausgesägt. So war ein Ende offen, eine Seite geschlossen. Dennoch nicht ganz so komfortabel wie bei den Marinefliegern in Nordholz. Nicht Chrom und Hydraulik. Sondern mehr wie bei den Kamikaze in Japan. Und so ähnlch wie bei den Asiaten verlief auch mein erster Absturz. Dabei sollte es weniger den Absturz simulieren, als auf besondere Art mir die Unsicherheit vorm Wasser nehmen. Stolz beschriftete ich das gelbe Monster mit:

Sir Vival's
Underwater Training

Der Afrika-Tourist erinnerte sich plötzlich an einen dringenden Termin zu Hause. Und die übrigen Nachbarn behielten recht – »'ne kleine Macke hatte er ja immer schon«.

Ich zog mich warm an, denn es war Winter, und ich konnte es mir nicht leisten, auch noch eine warme Halle zu basteln. Langsam schob ich mich im Krebsgang, mit den Füßen zuerst, in die Tonne. Bis ich voll verschwunden war. Um die Übung zu erschweren, wurde der Eingang mit zwei Seilen kreuzweise zugebunden. Sollte ich die Knoten im schlammigen Wasser nicht finden, hatte ich, quer auf der Brust (natürlich in der Scheide) einen scharfen Dolch. Zu guter Letzt verband ich mir die Augen. Wenn schon abstürzen, dann bei Nacht in den kalten Nordatlantik.

Frank Stange zog mein Cockpit mit seinem Auto hoch. Das ging ganz einfach mittels eines Seils über eine Rolle, die hoch oben in der starken Trauerweide hing. Ganz vorsichtig, falls der Ast nicht hielt, startete er meinen Jet. Ich hob vom Boden ab, pendelte hinaus auf den Teich und drehte mich. Renate Stange bremste die Rotation mit einem Zweitseil. Dann zog Frank weiter an. Bis auf eine Höhe von vielleicht 4 Meter. Dann legte er die Handbremse ein und stieg aus. »Hoch genug?« »Ja, ja, fast schon zu hoch«, antwortete ich kleinlaut. Mehr Bienenzüchter als Sir Vival. »Bist du startklar zum Absturz?« »Ja, alles klar!« Das erste Mal ist ja bekanntlich immer das schlimmste.

Frank kam nun ans Ufer, um notfalls zu helfen und vor allem Bilder zu machen. Denn Frank ist Fotograf. Und Renate zückte ihr Brotmesser. Sie ist Hausfrau. Sie setzte es direkt unter der Anhängerkupplung ans Seil. Frank wartete nur noch den richtigen Dreh der Tonne ab – Öffnung zur Kamera –, dann schrie er »Los!« und Renates Messer bewies seine Solinger Schärfe.

Eine oder zwei Sekunden der Schwerelosigkeit und dann der Aufprall!

Zuerst dachte ich: »Beton! Wo kommt der denn her?« So hart war der Aufschlag. Aber dann schoß das Wasser ins Rohr und ich versank in Kälte, Nässe, aufgewühltem Schlamm. Also doch kein Beton. Teich.

Es war schon ein großer Unterschied zu Nordholz. Es fehlte das Sanfte. Und ich vermißte die Wärme. Denn es war Januar und tierisch kalt. Entsprechend schnell, gar hysterisch, war die Atmung – und so schnell ich konnte, löste ich die Seile, zog mich aus der Falle und kam hoch.

Ein befreundeter Arzt, dem ich das später erzählte: »Da haben Sie Glück gehabt! Da hätten Sie sich schwere Schäden an der Wirbelsäule holen können.«

Seitdem beträgt die Absturzhöhe nur noch zwei Meter. Man muß ja nicht erst durch Schaden klug werden.

Meine Versuche waren auch anderer Art. Ich hatte Alain Bombards Buch gelesen über seine Atlantik-Überquerung. Der französische Arzt erzählt darin, wie er von Tanger mit einem Schlauchboot zur Karibik gefahren ist, ohne sein verplombtes Trinkwasser angegriffen zu haben. Er behauptete, seinen Durst mit Salzwasser (!!!), Regen und ausgepreßtem Fischfleisch gestillt zu haben.

Meine ersten Gedanken waren: »Warum wird das dann heute noch nicht praktiziert?« und »Wie ist das physiologisch möglich? Da müssen doch die Nieren kollabieren?«

Aber er lieferte auch gleich den nachvollziehbaren Hinweis: das Fischfleisch könne man mit einer einfachen Handpresse ausquetschen. Wie man sie für Kartoffelpüree in jedem Kaufhaus erhält. »Und ich dachte bis dato, die Franzmänner kennen nur Pommes frîtes.« Ich also »in jedes Kaufhaus«, eine solche Wassermaschine erstanden und zurück ins Trainingscamp – eine Forelle gefangen.

»Nicht aller Fische Fleisch ist im selben Maße wasserhaltig«, lehrt der Franzose, »aber letztlich enthält jedes Fischfleisch Wasser. 60–75 %. Mehr oder weniger.« Also auch Forellen.

Ich hatte mir am Teichufer eigens ein kleines Labor aufgebaut. Sauberer Tisch. Briefwaage. Messer. Meßzylinder. Presse. Leinentuch.

Denn auch in ein Leinentuch gedreht, sollte man so den lebenswichtigen Saft vom Fleisch trennen können. Ich packte 50 g Forellenfilet in die Presse. Andächtig legte ich eine kleine Pause ein. »So einfach ist das! Wieviele Leute könnten noch am Leben sein, wenn sie das gewußt hätten!« Und dann preßte ich. Hervor kam herrlich zartes und nun gemustes Forellenfleisch. Aber kein einziger Tropfen Wasser. Waren die Löcher der Presse zu groß? Kein Problem! Ich hatte ja das Leinentuch. Damit legte ich die Quetsche aus, packte die zweiten 50 g hinein und drückte erneut.

Diesmal kam gar nichts. Weder Mus noch ein einziger Tropfen. Dafür verbog die Handpresse. »Auch nicht mehr das, wasses ma' war«, fluchte ich. Hatte ich für diese kurze Aktion extra mein Labor aufgebaut? Als hätte ich zuviel Freizeit. Wahrscheinlich mußte die Größe der Öffnungen genau dazwischenliegen. Sicher waren die Kartoffelpressen in Frankreich erstens stabiler, das lag auf der Hand, und zweitens wiesen sie ganz offensichtlich eine andere Lochnorm auf. Schließlich hatten unsere Nachbarn ja auch Reaumur erfunden statt Celsius, und nun hatten sie auch noch die besseren Löcher in den stabileren Kartoffelpressen. Zum Verzweifeln! Morgen würde ich gleich zurück in das Kaufhaus und denen sagen, wo sie anständige Haushaltsgeräte beziehen könnten!

Doch bevor ich mein Labor wieder einpackte, kam mir doch noch die rettende Idee! Not macht erfinderisch. »Und wieviel mehr Ideen würde ich erst haben, wenn ich in Seenot wäre und Durst hätte«, dachte ich stolz und wog die dritte Forelle ab. Sie wog 400 g. Fleisch genug für fünf weitere Versuche.

Diese dritte Portion kam nicht in die Presse (ging ja nicht mehr) und auch nicht ins Tuch. Der dritte Happen kam direkt auf die Zunge im Mund. Dann schloß ich den Mund, wie die Kartoffelpresse. Und mit dem unendlichen Kilo-Druck meiner Kaumuskeln preßte ich den Gaumen gegen die Zunge und umgekehrt und saugte dem Fisch den letzten Tropfen Wasser aus seinen Fasern. Das hatte er nun davon!

Schon beim Saugen merkte ich, daß die Idee wohl nicht ganz perfekt war. Noch nicht ganz ausgereift. Im Mund bildete sich Fischsuppe. Das Fleisch hatte sich breiartig aufgelöst. Statt Wasser abzusaugen, hatte ich Speichel dazuproduziert. Es schmeckte abscheulich, obwohl ich gern Fisch esse und erst recht Forelle.

Als ich den Inhalt des Mundes auf die Waage spie, wog er 60 Gramm. Also 10 g Wassergewinn? Na ja, in Mathe hatte ich noch nie brilliert. Damals kannte ich Dr. Reinhard G. Matschkes Buch »Überleben auf See aus medizinischer Sicht« noch nicht. Sonst hätte ich mir mein Gemuse ersparen können.

Seitdem genieße ich auch die Variante »Trinkwasser aus Fischaugen, Lunge und Rückenmark...« mit äußerster Skepsis. Mag man diesen Weichteilen das Wasser zwar leichter entziehen können, so ist es dennoch kein reines Trinkwasser. Es bleibt eiweißhaltig. Ganz abgesehen von den Mengen Fischaugen, die man für seinen Nachmittagskaffee benötigen würde.

Später erzählte ich diese Geschichten Korvettenkapitän Wagner. Er winkte nur müde ab. »Gehen Sie mir los mit Bombard. Es ist vorne und hinten nichts dran an der Behauptung. Und der Mann ist Arzt. Unverantwortlich! Aufgrund seiner Ausführungen haben wir in wissenschaftlichen Versuchen die Beweise dafür liefern wollen. Wir haben viele Sorten Fischfleisch mit jedem Druck durch jede Öffnung gepreßt. Resultat: Null. Absolut Null. Man ist dann an Bombard herangetreten, sich wenigstens persönlich wegen des Salzwassertrinkens einem wissenschaftlich haltbaren Versuch zu unterziehen, weil auch das Quatsch ist. Den Beweis ist er schuldig geblieben. Fast sollte man meinen, bei solch gefährlichen Behauptungen, der Mann sei gar nicht rübergefahren.«

Aber ich gab nicht auf. Warum, zum Kuckuck, nicht einfach die albernen 50 g runterschlucken? Dann hatte ich meine 70 % Wasser und 30 % Eiweiß obendrein! Glänzende Idee!

Bis Ute Gesch, Ernährungsberaterin, mich wieder auf den Teppich holte. »Um die 30 % Eiweiß zu verdauen, braucht der Körper viel mehr als die 70 % Wasser. Du würdest durch das Essen von Eiweiß schlichtweg verdursten.« Zum Beweise packte sie mir ein Dutzend schlauer Bücher auf den Tisch. Aber ich glaubte ihr auch so. War ja logisch, daß da ein Haken im oder am Fisch gewesen sein mußte, sonst hätten die alten Germanen, und da besonders die alten fischessenden Friesen, das längst erfunden.

»Das weißt du doch auch«, erklärte Ute volkstümlich, »wenn man Fisch gegessen hat, entsteht Durst. Deshalb auch der Schnack ›Fisch will schwimmen‹.«

Was machte ich mit den verbliebenen 250 Gramm? Ich briet sie und aß sie auf. Und das funktionierte 100%ig.

Nun, Bombard hin, Bouillabaisse her – von den Mißerfolgen wollte ich mir meine Reise nicht beeinträchtigen lassen. »Was heißt hier Mißerfolg?« gab mir Rudolf Hoppe zu bedenken. »Das ist ein großer Erfolg! Stell dir vor, du verläßt dich auf so was und stellst dann vor Ort fest, daß das alles Humbug ist. Mensch, sei froh, daß du das gemacht hast und versuch die anderen Methoden!«

Das tat ich dann.

Zunächst war da noch meine Wasserpyramide. Ihr Prinzip ist gleichzusetzen mit den Sonnendestilliergeräten der Firma Autoflug oder jenen Löchern in der Wüste, die mit Plastikfolie zugedeckt werden. Beim Autoflug-Patent kommt Salzwasser in einen luftdichten, schwimmfähigen Behälter und wird der Sonnenwärme ausgesetzt. In der so erzeugten Stauwärme entsteht Schwitzwasser, das an der Kuppel kondensiert, an den Seiten abläuft und aufgefangen wird.

Die Autoflug-Faltkondensatoren sind jedoch sehr sensibel und sind nicht geeignet für kalte Zonen. Ein Pikser, ein Löchlein im PVC-Dach und das Prinzip funktioniert nicht mehr. Im Ernstfall eine ärgerliche, gefährliche Angelegenheit. Womöglich heißt es dann: »Heute fällt das Kaffeetrinken aus« oder gar »Heute bitte nicht duschen!« Schrecklich!

Meine Pyramide nun sollte dasselbe Prinzip nutzen, jedoch stabiler sein. Die Firma Kopperschmidt in Hamburg, Spezialist für alles aus Plexi, hatte sie mir kostenlos für Experimentierzwecke gebaut. Resultat: Sie funktionierte – aber auch sie hatte einem Haken. Um das Resultat der Autoflug-Anlage zu erreichen, mußte sie viel größer sein. Und das bedeutete auch, sie war zu sperrig für mein Mini-Boot. Was blieb, ist ein schönes Andenken für mein »Kuriositäten-Museum«.

Auch die nächsten Versuche verliefen erfolgreich. Angeregt dazu hatte mich eine Zeichnung in einem Prospekt von Volker Lapp, einem Überlebenstrainer. Dort war das Wüstenlochprinzip auf eine Schüssel übertragen worden. Im Grunde die einfachste und solideste Variante. Da wird, ganz simpel, über eine möglichst große Schüssel locker eine klare Plastikfolie gespannt. Sie wird außen unterm Schüsselrand luftdicht zugebunden.

Vorher hat man sein Salz- und Brackwasser (oder Urin, Fisch, Gras... alles, was reproduzierbares Wasser enthält) hineingegeben und in die Mitte der Schüssel einen kleinen Auffangbehälter gestellt. Als letztes wird die lockere Abdeckfolie mit einem Stein trichterförmig gespannt, damit das Kondenswasser in den Auffangbehälter laufen kann.

Eine weitere erfolgreiche Möglichkeit war die Regen- und Tauauffangfolie. Die Idee dazu soll von Hannes Lindemann stammen. Bei dieser Art der Wassergewinnung besorgt man sich ein ca. einen Quadratmeter großes, reißfestes und leichtes Stück Zellstoff. An den vier Ecken bringt man Schlaufen an, um das Tuch bei Regen oder Tau ausspannen zu können. Empfehlenswert sind auch zwei Schlaufen unterm Tuch, um es bei Wind gegen Flattern zu befestigen. Denn wer hat schon gern 'nen Flattermann?

In die Mitte des Tuches schneidet man ein Loch und befestigt darunter eine Plastikflasche. Ich habe die meine mittels eines Spülsteinauslaufs mit dem Tuch verbunden.

Damit nicht nur der Regen von oben aufgefangen wird, sondern in Notzeiten auch der Tau von oben und unten, hängt man das Patentchen V-förmig auf und baut um den Flaschenhals einen PVC-Kragen. Wie eine Dachrinne. Löcher oberhalb des Kragens sorgen für die Ablaufmöglichkeit in die Flasche.

Ist man auf das spärliche Tauwasser angewiesen, so ist an Land zu beachten, daß die Vorrichtung im Freien aufgespannt wird. Dort, wo auch wirklich Tau fällt. Und nicht im Wald oder unter Dächern.

Ob man die Tücher größer macht, wird davon abhängen, wo man sie einsetzen will. Auf meinem Boot wären größere nicht zu bändigen gewesen.

Im Endeffekt entschied ich mich nach den Versuchen zur Mitnahme zweier besagter Lindemann-Tücher und zweier Autoflug-Solar-Desillierer.

Die genannten Destillier- oder Auffanghilfen sind der eine Weg, zu Wasser zu kommen. Er ist aber geradezu schon die Luxussituation, die in der Regel nicht gegeben ist, wenn man Schiffbruch erleidet.

Zum akuten Notfall wird der Schiffbruch erst, wenn von alledem gar nichts vorhanden ist. Man darf froh sein, etwas Schwimmfähiges unter sich zu haben. Und woher nun Wasser nehmen? Es bleibt, nüchtern betrachtet, nur die Möglichkeit, Regen aufzufangen. Mit allen Mitteln, unter allen Umständen. Vielleicht hat man ein Segel, unter das ein Gefäß gestellt werden kann, oder das man waagerecht ausspannt. Hat man beides nicht, weder Tuch noch Topf, so tut's auch ein aufgehängtes Hemd. Mit dem ersten Schauer versucht man schnellstmöglich, das Salz aus dem Gewebe zu waschen. Dann läßt man es sich vollsaugen, wringt es sich in den Mund oder legt sich darunter und läßt das Wasser direkt in den Mund laufen. Genau wie beim Segel, wenn man keinen Topf hat.

Wer einen Mast hat, umwickelt ihn unten mit einem Seil oder Hemd, und zwar so, daß die Umwicklung an einer Seite tiefer ist (wie eine schräg geschnittene Wurst). Dort fließt das gesamte Wasser ab, das auf den Mast trifft.

Abhängig von der Klimazone, ist es auch nützlich, sich nackt auszuziehen. Sobald das Salz abgeregnet ist, hält man die Arme hoch und leckt ab, was dort herunterläuft. Das bringt ein Mehrfaches vom Nur-den-Mund-öffnen. Gleichzeitig erfährt der ganze Körper eine Süßwassererfrischung, die zumindest psychisch wirkt.

Wer ein ausreichend großes Gefäß hat, stellt sich nackt hinein. So wird auch das Wasser gerettet, das auf den Körper regnet.

Gefäße, sofern man keine hat, werden immer ein Problem sein, weil man sie schlecht improvisieren kann. Da ist zwar in manchen Büchern Karl May-haft die Rede von Fischblasen und -häuten als Notgefäß. Aus eigener Erfahrung weiß ich, daß sie sich nicht eignen. Gerade Fischorgane haben von Anfang an einen penetranten Beigeschmack und verderben binnen weniger Stunden. Eine Möglichkeit können Schildkrötenpanzer sein.

Auch derjenige, dem kein Regen beschieden ist, hat reelle Möglichkeiten, sein Leben zu verlängern. Und das durch Vorbeugung gegen den Durst.

Durstgefühl, das am ersten Tage auftritt, darf man generell als Gewohnheitsgefühl werten und ignorieren. Der Körper hat jeden Nachmittag seinen 5-Uhr-Tee erhalten und leitet davon ein Gewohnheitsrecht ab. Darauf muß er diesmal verzichten. Selbst in heißen Gebieten bekommt man den Durst am ersten Tag unter Kontrolle. Aber irgendwann wird er stärker. Und jetzt ist es wichtig, vorzubeugen.

So sollte man sich sofort nach dem Unglück Schatten schaffen und gegen die Austrocknung durch den Wind schützen. Wir alle wissen, wie schnell ein nasses Wäschestück im Wind trocknet. Genauso schnell geht's beim Körper.

Garderobe und Schatten reduzieren den Effekt. Also: niemals nackt herumlaufen, wenn das Trinkwasser knapp ist! Wird es unter der Garderobe zu warm, dann hält man sie ständig mit Seewasser feucht. So kann der Organismus sich von außen kühlen und muß dafür nicht durch Schweißabsonderung dem Körper Wasser entziehen.

Somit wird selbstverständlich, daß man nicht unnötig arbeitet. Auch das kostet dem Körper Wasser.

Hat man Hautcreme retten können, sollte man sich Gesicht und Hände gegen Austrocknung einfetten. Wenigstens die Lippen.

Wer kein Fett, aber zufällig einen Fisch hat, schaut nach, ob der irgendwo Fett am Körper hat. Es ersetzt die Creme.

Auch ein doppelt gelegtes Tuch, lose vors Gesicht gespannt, ist insofern nützlich, als es ausgeatmete Feuchtigkeit auffängt und im Mundbereich zur Wiedereinatmung bereithält.

All dies sind Kleinigkeiten. Aber sie summieren sich in wertvoller, hilfreicher, vielleicht einmal entscheidender Weise.

Mitunter mag man bescheidene Wasservorräte haben, und der Hunger stellt sich ein. Und mal angenommen, Nahrung sei reichlich vorhanden. Auch da gibt es eine Faustregel, die man kennen und beachten sollte. Jede Nahrung erfordert Wasser. Ist es knapp, verzichte aufs Essen! Ehe man verhungert, vergehen viele Tage. Nach zwei Tagen ohne Nahrung verschwindet das bohrende Hungergefühl ohnehin von selbst.

Aber verdursten geht schneller. Durst löschen rangiert stets vor Hunger stillen.

Und eine weitere Regel ist wichtig für den, der sich etwas Wasser bewahren konnte: Trink es in kleinsten Mengen und behalte es lange im Mund. Übermengen kommen als Schweiß wieder zum Vorschein und sind dem Körper verloren. Zum Kühlen nimm, wie gesagt, Salzwasser.

Wie groß die Not auch sein mag: nie darf man sich dazu hinreißen lassen und Salzwasser trinken! Absolut nie. Weder einen Tropfen noch verdünnt. Wer, nachdem sein Wassergehalt schon gesunken ist (das Blut dickt ein...), Salzwasser trinkt, ist auch bei sofortiger medizinischer Behandlung nicht mehr zu retten!

Das gilt in gleicher Weise für Urin. Er ist Salzwasser gleichzusetzen. Die Nieren würden verstopfen – ein sehr qualvolles Ende.

Auch destilliertes Wasser ist lebensgefährlich. Es enthält null Mineralien und hat die Gier, sich damit zu sättigen. Es entzöge dem Körper alles, was sich heraussaugen ließe und würde tödliche Folgen auslösen. Allerdings kann man destilliertes Wasser trinkbar machen. Man muß ihm nur *vorm* Trinken die Gelegenheit zur Sättigung geben. Hat man irgendwelche Lebensmittel, wie Brot, Haferflocken oder Holzraspel und Rost vom Boot (jedoch nie Kunststoffe), so verrührt man sie mit dem Destillat und hat Trinkwasser. In der Wüste haben wir ganz einfach Sand zur Wiederaufbereitung hineingestreut. Wichtig zu wissen ist auch, daß Kranke und Verletzte immer einen höheren Wasserbedarf haben, auch Seekranke, die sich übergeben. Die einen haben eine höhere Verdunstung infolge Fiebers, die anderen erbrechen die Flüssigkeit.

Ist von alldem nichts vorhanden, ist letztlich allein der Lebenswille fürs Überleben entscheidend. Bei der Unendlichkeit der Ozeane und der scheinbar geringen Chance, gefunden zu werden, kommt schnell Resignation auf. Aber die unglaublichsten Geschichten von Schiffbrüchigen aller Meere beweisen auch, daß jeder dennoch eine Chance hat. Da hat es Leute gegeben, die 133 Tage ohne Hilfsmittel überlebt haben! Sie hatten Lebenswillen, Glück mit dem Regen und das Glück – bei genügend Regenwasser – auch mal einen Fisch mit der Hand zu fangen!

Natürlich Einzelbeispiele und geringer Trost für jemanden, der in diese Situation gerät.

Anti-Seekrankheitstraining

Es ist schon Jahre her, als ich zum ersten Mal die Seekrankheit erlebte. Zusammen mit meinem Freund Gerd Siebenhüner, ebenfalls Konditor in Hamburg, kehrte ich zurück von einer Trampreise ums Mittelmeer.

Wir waren jung. Das Geld war alle. In Tunis hatte ich meine Kamera verkauft. Damit hatte ich genau das nötige Geld für das preiswerteste Ticket zusammen. Vierter Klasse oder so. Etwa eine Mark blieb übrig, und dafür gönnten wir uns eine Dose Ölsardinen und einen Brotfladen.

»Hier rechts rum und dann zwei Treppen runter. Maschinenraum!« bedeutete uns der Matrose am Ende der Gangway.

»Da ist es zumindest schön mollig«, war Gerd beruhigt, denn die nette Dame am Ticketschalter hatte etwas gemurmelt von »irgendwo unter Deck«. Und es regnete zur Zeit.

So stapften wir frohen Mutes dem Dröhnen der Maschinen entgegen.

Gerd hatte recht mit seiner Prognose. Es war wirklich warm. Um nicht zu sagen: stickig-heiß. Aber nach der kühlen Nacht in einer der Parkanlagen von Tunis war uns das eher willkommen.

Wir hatten auch Glück und fanden den allerletzten freien Platz, wo wir genau nebeneinander paßten. Wir breiteten sofort die klumpigen Schlafsäcke aus, um unser Territorium klar abzugrenzen. Und legten uns aufs Ohr, damit jedem klar war: Die kriegen wir dort nicht mehr weg!

Und das schien auch nötig. Der Raum war längst überfüllt mit arabischen Familien. Meist Flüchtlinge aus Algerien. Mit ihrer letzten Habe in Kartons und Säcken. Und mit ihren Kindern. Und von allem reichlich.

Als wir wach wurden, stampfte das Schiff bereits auf dem Mittelmeer. Offensichtlich wehte ein mittlerer Wind, denn wir schaukelten hin und her. Was machte es? In 24 Stunden wären wir zurück in Europa. Von Marseille aus, so schätzten wir, könnten wir in drei bis vier Tagen zuhause sein. Ernährung kein Problem. In Deutschland waren die Äpfel reif. Und zu Hause würden wir alles nachholen.

»Hauptsache schön mollig hier«, brummelte ich und versuchte noch ein Auge voll Schlaf abzukriegen. »Aber auch irgendwie so komisch sauer«, schnüffelte Gerd mit seinem ausgeprägten Konditoren-Geruchssinn. »Stimmt«, bemerkte ich in diesem Augenblick auch. »Hat wohl eins von den Gören in die Hosen gemacht.«

Ich wollte gerade wieder hinüberdämmern ins Reich der Träume, als Gerd mich heftig wachrüttelte. »Paß auf, wir liegen mitten in der Kotze!« Im Nu war ich hoch und Gerds kräftiger Arm bewahrte mich davor, noch weiter aufzuspringen und gar unsere schützende Insel, die Schlafsäcke, zu verlassen.

Wir waren gefangen. Wie auf einem Floß, um das die Krokodile schwimmen, oder auf einer Hallig, kurz vor Land unter. Es waberte von links nach rechts, von hinten nach vorn. Im Rhythmus des rollenden, schlingernden Schiffes. Noch hielten die Schlafsäcke wie Deiche der Flut stand.

Entsetzt schauten wir uns um. Die lärmenden Auswanderer waren zu stummen weiß- bis grüngesichtigen Mumien verändert, die sich ganz auf Allah verließen und synchron zu ihren sauren Exkrementen hin- und herwankten. Keiner der Erwachsenen redete mehr ein Wort. Geschlossene Augen oder verschleierte Blicke, die nichts mehr wahrnahmen. Stöhnen, Wimmern, Weinen, Leiden. Die

Auswanderer waren seekrank. Nur einige Kinder tobten unverdrossen.

»Offensichtlich alles keine Kamelreiter. Sonst wären sie das gewöhnt.« Das war Gerds Stimme. Und es war sein vorerst letzter Witz. Fast hätte ich ihn nicht mitbekommen, obwohl er so geistreich war. Denn, komisch, in meinem Munde sammelte sich allerhand Speichel an. Der lenkte mich ab. Damit dem nicht mehr so wäre, schluckte ich ihn runter. »Paß mal eben auf meine Klamotten auf. Ich glaube, ich muß kotzen.« Gerd verließ seine trockene Insel und hüpfte davon, wie eine Lady, die vom schützenden Haus aus nach der Party zwischen Regenpfützen hindurchspringt in der Hoffnung, ihre exklusiven Schuhe trocken und das Ballkleid sauber in den Wagen zu retten.

Gerds Eile einerseits, das widerborstig-arhythmische Schiff andererseits und der glitschige Boden letzterseits sorgten dafür, daß er der Länge nach hinschlug. Nun war er ebenfalls glitschig. Wie ein Kotelett, das in Ei getaucht wurde, bevor es in Paniermehl gewälzt wird. Vom Fußboden nur zu unterscheiden durch einen Fluch: »Scheiße, verdammte!« Dann verschwand er ins WC.

»Hoffentlich braucht er nicht so lange«, befürchtete ich inzwischen. Denn schon wieder war mein Mund voll Wasser.

Frische Luft! Ich wollt ein Bullauge öffnen. Aber die waren verriegelt. Zu dicht überm Wasser. Frischluft kam von oben durch ein Rohr. Aber sie schaffte es nicht, den Säuregrad zu mindern. »Ich kann doch nicht die Klamotten hier allein lassen. Komm schnell zurück, Gerd!« Ich kämpfte zwischen Verantwortung und Schwäche. Und unterlag. Wer sollte hier jetzt schon etwas fortnehmen? Und genau betrachtet: Was besaßen wir denn noch, außer dem Schlafsack?

Ich stand auf und harrte noch meines Freundes. Das Schiff enthob mich weiterer Überlegungen, denn es senkte sich rapide nach vorn. Wie im Schnellfahrstuhl. Mein voller Mund und die weichen Knie, in Zusammenarbeit mit dem Schiff, ließen mich wie von selbst, auf einer Rutschbahn, mit zunehmender Geschwindigkeit, auf die Toiletten zurasen. Gerade konnte ich den Aufprall noch abfangen.

Tür auf und rein! Doch was ich jetzt sah, haute mich voll aus der Fassung. Die beiden WCs, die fünf Pinkelbecken, der Spülstein, die vier Ecken, der Zwischenraum – überall standen, hingen und stöhnten Männer und kotzten nach Herzenslust, wo immer ein Plätzchen frei war. Die Becken waren längst voll, und es waberte über die Ufer. Und da kam es auch mir. Ob ich wollte oder nicht: Mein Mund riß sich von selbst auf, der Magen schoß einen Salto und krempelte sich um – und dann weiß ich nur noch, daß ich voller Entsetzen meine Ölsardinen wieder vor mir im Becken schwimmen sah. Sie schwammen tatsächlich. Wie lebend! Ich hab's mit eigenen trüben Augen gesehen.

Die guten Kalorien. Treu vereint mit all den anderen Frühstücken! Nun waren sie dahin. Als hätte ich die letzte Mark einfach fortgeworfen.

»Dann hätte ich sie auch irgendeinem Armen geben können«, überkam es mich sozial. Da schwappten sie.

Die lange, grüne Figur, fast phosphoreszierend, war Gerd. Er stand neben mir. »Laß uns bloß raus aufs Deck! Sonst kotzen wir uns die Seele aus dem Leib!«

»Schade ums Frühstück«, jammerte ich. »Hätten wir uns die Dose man bis Marseille aufgehoben!«

Jetzt, wo alles raus war, hatten wir wieder Oberwasser und ein kleines Scherzchen sollte über die vorübergehende Schwäche hinwegtäuschen. Also glitten wir hinaus.

Seitdem wußte ich: Gegen Seekrankheit bin ich nicht gefeit. Sie kam immer wieder, sobald ich ihr Gelegenheit gab. Zwar war ich nie so down, daß ich nicht immer noch rechtzeitig den Weg zur Toilette oder Reling gefunden hätte und erst recht nie soweit, daß es mir lieber gewesen wäre zu sterben. Aber bis dahin kann es bei labilen Typen durchaus führen.

Ich fand mich einfach damit ab. Ich wußte um die Vorzeichen der Übelkeit, gab dem eigenwilligen Magen nach und war daraufhin wieder guter Dinge. Ich verschaffte mir frische Luft und Arbeit und hielt es so irgendwie aus. Bis zum nächsten Aufbegehren.

Doch das waren immer Situationen, wo andere, denen Neptuns Launen nichts anhaben konnten, für mich das Schiff steuerten. Ich konnte mich beruhigt und ermattet aufs Ohr hauen und kam trotzdem ans Ziel.

Aber mit leisem Argwohn und Unbehagen fragte ich mich, wie das wohl auf dem Tretboot sein würde. Und ein Tretboot, wo die »gesamte Crew« auf der Nase läge, wäre schnell ein Tretboot in Seenot.

Deshalb widmete ich allen Anti-Seekrankheitsmitteln erhöhte Aufmerksamkeit.

Da wurde mir Ingwer genannt. Sein eigenwillig beißender Geschmack kann einigen helfen. Wer unter Seekrankheit leidet, sollte es versuchen. Da mir Ingwer nicht schmeckt, hat er bei mir nicht gewirkt.

Andere schworen auf Akupressur. Am Innenarm, eine Fingerbreite entfernt von der Hand, gleich neben der deutlich sichtbaren Sehne in Richtung auf den kleinen Finger, soll der markante Punkt sein.

Da man sich nicht ständig drücken kann, wenn man auch sonst noch benötigt wird – gemäß Rudolf Hoppes Rat: Immer eine Hand für dich und eine fürs Schiff! –, habe ich mir auf zwei Gummibänder je eine etwa 15 mm dicke Holzperle gezogen und die Gummis armbandartig zusammengeknotet. (Für Knotenfanatiker gleich eine Gelegenheit, den Palstek zu üben!) Diese zwei Armbänder streifte ich über die Hände und setzte die Kugel auf den genannten Punkt.

Um den erforderlichen Druck auszuüben, wickelte ich nun eine 10 cm breite Elastik-Bandage (à la Gummistrumpf) mit Klettverschluß um jedes Armband (Sanitätsbedarfshandel).

Inzwischen sah ich, daß man genau dieses Armbindensystem auch fertig kaufen kann.

Dies ist eine Methode für Leute, die Naturheilverfahren anderen vorziehen, und die mit Akupressur gute Erfahrungen gemacht haben.

Denn es gibt auch Tabletten und Zäpfchen gegen Seekrankheit. Wobei die Zäpfchen vorzuziehen sind. Tabletten spuckt man zu schnell aus. Aber auch sie helfen nicht jedem. Es ist eine Frage des rechtzeitigen Erprobens.

Ich horchte mich weiter um. Da erfuhr ich von einem jungen Heilpraktiker-Paar, das sich soeben in Reinbek niedergelassen hatte. Conny Engel und Carsten Zorn.

»Ich bin Segler«, hatte Carsten mir berichtet, und Conny war der Sport verleidet, weil sie immer seekrank wurde. Da Carsten sich auf Chiropraktiken spezialisiert hat, besitzt er eine besondere Liege. Gravity System nennt sie sich. Da werden Leute aufgebunden, denen er die Wirbel wieder einrastet. »Probier das gleich mal aus!« schlug er vor, als ich das gute Chromstück beäugelte. Er stellte es senkrecht und mich davor. Dann rastete er meine Füße ein. »Damit du nicht rausfällst, wenn du über Kopf hängst.«

»So und nun nimm die Arme auf der Brust zusammen.« Gehorsam stand ich da, wie ein Buddhist sitzen würde. »Jetzt verlagere die Arme etwas nach oben!«

Und in diesem Moment begann das Bett, ganz langsam zu kippen. Es reagierte fast auf Fingerbewegungen, wippte auf oder nieder – bis hin zum Hängen über Kopf.

Conny stand daneben und meinte: »Merkst du schon, daß es dir schwindelig wird?« Nein, noch fühlte ich nichts.

»Dann binde ich dir jetzt ein Tuch vor die Augen und

danach werde ich dich bewegen. Unkontrolliert gewissermaßen. Damit du nicht weißt, was als nächstes kommt.«

Gesagt, getan. Conny schaukelte mich, und nach etwa sechs Minuten merkte ich, wie mir doch etwas anders zumute wurde: Schweißausbruch und leise Übelkeit.

Ich wurde abgeschnallt. »Wir wollen es nicht übertreiben. Komm in ein paar Tagen wieder und du wirst sehen, daß es dir dann schon weniger ausmachen wird. Bei mir ist jedenfalls dadurch die Seekrankheit ins Gleichgewicht gekommen.«

Und Carsten erklärte mir noch die biologischen Vorgänge. »Hier hinter den Ohren befinden sich die Gleichgewichtsorgane. Bei ungewohnten Bewegungen wie auf Schiffen, produzieren sie ein Übermaß an Lymphe. Und das verursacht den Schwindel. Durch diese Simulation kann man sie daran gewöhnen und stabilisieren.«

Ich legte mich insgesamt fünfmal auf das Gravity System, und zuletzt machte es mir überhaupt nichts mehr aus.

Stabilisierung durch Gewohnheit. Der gleiche Vorgang wie bei der Seekrankheit selbst. Man überwindet sie, indem man sie erleidet, bis sich das Gleichgewichtsorgan damit abgefunden hat und nicht mehr aus der Reihe tanzt. Vielleicht ist's dem einen oder anderen einen Versuch wert.

Genau an diesem Punkt, nämlich direkt am Gleichgewichtsorgan, setzt auch ein neues Medikament an. Es ist ein Pflaster namens Scopoderm (Inzwischen nicht mehr erhältlich). Man klebt vor der Reise eins davon hinters Ohr, und der Wirkstoff, der auf diesem Pflaster haftet, wirkt 72 Stunden lang stablisierend auf das eigenwillige Organ. Scopoderm hat bei mir bewirkt, daß ich bei Windstärke 12 auf der Nordsee keinerlei diesbezügliche Probleme hatte und topfit war.

Die Seekrankheit wird gern belächelt von solchen Menschen, die darunter nicht zu leiden haben. Sie wird spöttisch abgetan als Schwäche, Einbildung, mangelnde Selbstbeherrschung. Natürlich gibt es immer Wehleidige und weniger nach Mitleid heischende Seekranke. Tatsächlich ist dieses Leiden eine Krankheit. Darum heißt sie auch so. Ganz besonders schnell erwischt sie einen in den Rettungsschlauchbooten, weil die jede Wasserkräuselung mitmachen. Dazu kommen das geschlossene Verdeck, der fehlende Horizont, die schlechte Luft und der erste, der sich erbricht. Ist es erstmal soweit, dann kann niemand mehr widerstehen.

Verhalten bei Schiffsuntergang, im Wasser und im Rettungsboot

»Wenn du mal ein Wochenende Zeit hast, kannst du uns in unserem Feriendomizil in Dänemark besuchen. Ich habe auch noch ein spezielles Training mit dir geplant, und vor allem, laß uns das Verhalten vom Schiffsuntergang bis zur Rettung genau durchgehen.«

Der so sprach, das war Rudolf Hoppe. Und mit »uns« meinte er seine Frau Elfie und sich.

Ich also eines schönen Augusttages nach Sonderburg an der Augustenburger Förde. Wenn einer ein spezielles Training zu bieten hatte, war ich immer zu locken.

»Auch wenn dich das eine oder andere nicht betrifft, laß es uns ruhig mal durchspielen oder durchdenken. Denn Vielseitigkeit macht den Meister«, hatte er vorgeschlagen. So mieteten wir ein Schlauchboot mit Außenborder. Während wir auf die Ostsee hinaus fuhren, begann er bereits: »Das erste, was ich auf jedem Schiff, das ich gefahren habe, genauestens studiert habe, waren die örtlichen Gegebenheiten. Wo sind die Treppen, der nächste Ausgang zum Deck? Wo ist ein zweiter Ausgang? Wie komme ich am schnellsten von Backbord nach Steuerbord, falls das sinkende Schiff Schlagseite hat...«

»Dann laß dich doch einfach rutschen«, wollte ich einen Gag abschießen, aber Rudolf überhörte ihn. Es war ihm sehr ernst. »Da fliegen Gegenstände durch die Luft oder fegen mit einem Affenzahn, wie Geschosse, die Flure entlang, die Treppen runter. Dann stell dir noch vor: der Strom fällt aus, die Lautsprecher versagen, es ist Nacht, es ist Winter... da geht dir aber der Hintern auf Grundeis.«

Bei dem Gedanken verstummte ich denn doch und tröstete mich damit, daß der Mittelatlantik zumindest warm sein würde.

»Ich habe einige Freunde in unserer Trittauer Marine-Kameradschaft, die sowas in irgendeiner Form miterlebt haben.«

Inzwischen tuckerten wir vom Strand fort bis dorthin, wo es zwischen sieben und zehn Meter tief war. Es war ein schöner warmer Augusttag. »'n ziemlicher Unterschied zwischen heute und einem Schiffsuntergang in stürmischer, nächtlicher und dazu noch winterlicher Nordsee«, sagte ich. Rudolf stopfte sich sein Pfeifchen und sog genußvoll einen Zug des parfümierten Qualms ein. »Laß uns mal klein anfangen. Und dann wiederholen wir das bei stark frischem Wind. Allein das ist schon ein gewaltiger Unterschied.«

Bevor er fortfuhr, warf er zwei Angeln aus. »Magst du Fisch?« »Na, klar – und ob!«

»Wie ich Elfie kenne, wird sie uns nämlich jetzt eine schöne Kirschtorte backen. Vielleicht können wir uns mit ein paar Fischen revanchieren. Dann machen wir es uns heute abend in den Dünen am Feuer gemütlich.«

In Gedanken an eine dickbelegte Schattenmorellentorte mit Schlagsahne lief mir das Wasser im Munde zusammen. Denn daß Elfie eine gute Konditorin war, hatte ich während des theoretischen Astro-Navigations-Unterrichts schon oft erfahren dürfen.

»So, paß auf! Du springst jetzt ins Wasser. Die Rettungsweste füllst du aber erst mit Luft, wenn du dich unsicher fühlst. Ich werde dir eine Leine zuwerfen und mit vier Knoten fahren. Das ist, glaub' ich, das schnellste, was du je mit deinem Kat erreichen wirst. Und dann versuch mal, dich an Bord zu ziehen. Los jetzt – und nimm das Nico-Signal mit. Häng es an die Weste.«

Schwupp – war ich im Wasser und Rudolf fuhr los. Beim

ersten Durchgang rutschte mir das Seil durch die Hand. Es war naß und glatt. Rudolf beschrieb einen Bogen und kam zurück. »Siehst du, wie schwer das ist?«

Wieder warf er die Leine aus. Aber inzwischen hatte er vier Halteschlaufen hineingemacht. Und so kriegte ich den Tampen in den Griff. Rudolf fuhr seine vier Knoten. Gleichzeitig paßte er auf, daß seine Angeln nicht in die Schraube gerieten. Er hatte sie mit Hilfe zweier Paddel nach außen geschwenkt.

Nun zog ich mich ans Boot heran. Es war längst nicht so einfach wie ich vorher gedacht hatte. Sobald ich die Schlaufe loslassen mußte, um am glatten Tau voranzukommen, gestaltete sich der Seilakt zu einer harten Knochenarbeit. Um nicht abzurutschen, schlang ich es mir ein- oder zweimal um den Arm und zog weiter.

Kurz und gut: es war mühsam. Und nun noch ins Boot? Da benötigte ich erst eine Verschnaufpause.

»Da siehst du, wie wichtig Übungen sind. Sowas muß man erprobt haben. Alles andere ist graue Theorie. Jetzt wäre eine Strickleiter gut. Nimm auf jeden Fall eine mit und zieh' sie hinterher!«

Während ich mich mit Ächz und Krächz über die Bordkante zerrte und Rodolf den Motor abstellte, um wenigstens einen Fisch zu kriegen, verdeutlichte er mir meine Situation noch einmal: »Das waren genau 14 Minuten. Im Mittel-Atlantik hast du zwar keine Probleme mit der Kälte, aber wenn du 14 Minuten so am Seil zappelst wie ein verletzter Fisch, könnte das die Haie anlocken und neugierig machen. Deshalb laß es nie erst zu dieser Lage kommen.«

Wir machten eine Verschnaufpause. »Na, bitte!« Er holte stolz einen Steinbutt aus dem Wasser. Ich zog mir eine warme Jacke über.

Dann holte er die Angeln ein. »Schon Schluß?«

»Nein, nur eine Unterbrechung. Ich habe da eben etwas gesehen. Laß uns mal hinfahren.«

Ich sah nur Wasser, den Strand und den Steinbutt. »Sieh hier! Da hat eine Sau ihr Öl abgelassen. Wenn du Lust hast, machen wir's Beste draus.«

Ich dachte, nun schöpfen wir den Schmierkram in ein Gefäß, und er verwendet ihn für seine Ölheizung.

»Dieses hier war einwandfrei eine Umweltsau. Aber beim Schiffsuntergang ist es gar nicht so selten, daß du in Ölfelder gerätst. Womöglich in brennende. Sie sind für Menschen genauso tödlich wie für Vögel. Denen verschmiert das Gefieder und sie werden flugunfähig, und der Mensch muß vermeiden, den zähen Schmier ins Gesicht zu bekommen. Wenn es nämlich erst verklebt ist, wird es gefährlich. Ob du willst oder nicht, du verschluckst etwas. Die Nase verklebt. Du kriegst Atemnot, mußt dich übergeben. Entweder du erstickst sofort oder kriegst eine Lungenentzündung. Und es ist reines Gift. Diese Lache ist ja nur klein. Schwimm von außen her ans Ende, gegen den Wind, und dort, wo sie nur noch einen Meter breit ist, schwimm in Rückenlage hindurch! Ich nehme dich auf der anderen Seite in Empfang und reibe dich mit dem alten Lappen hier ab.«

»Probieren geht über studieren. Aber komm mir nun nicht zu nah mit deiner Pfeife«, warnte ich ihn. »Sonst explodiert das Zeug noch.«

Ich schwamm auf das Ende der Ölpfütze zu und fuhr zunächst nur mit der erhobenen Hand hindurch. Als hätte ich plötzlich einen schwarzen Handschuh an, makellos sitzend. Dazu der Geruch. Ekelhaft. Der Ölfilm lag unbeweglich, rundherum kräuselte sich das Wasser. Aber das Öl bildete eine feste Einheit, einen Teppich. Ich überwand mich, schloß die Augen, ging in Rückenlage, Kreuz gut durchgebogen, Gesicht waagerecht aus dem Wasser, die Arme hinten verschränkt, um sie sauber zu behalten, und so schwamm ich mit zwei Beinstößen hindurch.

Schade, daß wir damals keinen Fotoapparat dabei hatten. Ich sah aus, wie ein halb überzogener Mohrenkopf. Nur war ich nicht so lecker. Ganz im Gegenteil. Es war so widerlich, daß ich später auch keine Lust mehr verspürte, es für ein Foto zu wiederholen. »Warte, faß nicht das Boot an, weil es geliehen ist! Aber komm mal ganz nah heran, und ich versuche, dich abzureiben!«

Das tat er. Im Handumdrehen war das bißchen Werg voller Öl. Und ich war es auch noch immer.

»Das kriegen wir hier nicht ab. Halt dich am Seil fest. Ich ziehe dich an Land, und da versuchen wir es mit anständigen Reinigungsmitteln.«

Elfie war natürlich ehrlich erschrocken, und sie schleppte alles mögliche aus ihrer Putzkiste heran. So wurde ich zwar sauber, aber ein gewisser Duft, so als hätte der Nachbar gerade Öl geliefert bekommen, war auch nicht mit Eau de Cologne zu übertönen.

Sogar der arme Steinbutt war nicht ungeschoren geblieben. Wir mußten ihn fortwerfen und aus der nahegelegenen Räucherei ein paar Bücklinge holen.

Der einzige Trost: Elfies Torte.

Den Rest fachsimpelten wir am Feuer. Ölfelder also – wie gesagt – nur in Rückenlage durchschwimmen (oder untertauchen) und gegen (!) den Wind, wenn du nirgends leichteres Entkommen siehst. Jeder Schiffbruch läuft anders ab. Eine weitere große Gefahr ist die Panik. Du kannst dir nicht vorstellen, was da los ist! Da ist weder mit Vernunft noch mit Gewalt etwas auszurichten. Das einzige, was da hilft, ist: Flucht. Sieh zu, daß du wegkommst! Nutz die Schrecksekunden der anderen und bring dich in Sicherheit. Und auch das gelingt dir nur, wenn du dich mit diesem Thema vorher auseinandergesetzt hast oder besser noch – es in irgendeiner Form durchgespielt hast.«

Und so, zwischen Feuer und Kirschtorte, erklärte Rudolf Punkt für Punkt das richtige Verhalten vom Untergang bis zur Rettung.

»Wenn ein Untergang bevorsteht, und du hast noch Zeit, zieh dich dick an. Jede Schicht Garderobe verlängert dein Leben im kalten Wasser. Du weißt es ja, aber die meisten Menschen sind nicht zu belehren. Sie glauben, Garderobe zöge sie unter Wasser. Dabei ist es durch sie eher leichter und trägt womöglich infolge eingeschlossener Luftbläschen. Auf jeden Fall zieht sie dich nie (!) runter. Ihr einziger Nachteil: sie bremst stark beim Schwimmen. Aber auf Schnelligkeit kommt es für einen Treibenden selten an. Er soll verweilen und Kräfte sparen. Er soll die Wassergewöhnungsübungen anwenden, die du in Nordholz gelernt hast.«

»Und wenn das Schiff dann wegsackt – ich denke, dann entsteht ein starker Sog?«, wollte Elfie wissen.

»Ja, wenn es so weit ist, dann muß man sehen, daß man freikommt. Aber nie sollte man aus Panik verfrüht ins Wasser springen. Warte ab, bis das Kommando zum Springen kommt. Solange das Schiff noch einigermaßen schwimmt, ist es sicherer als das kalte Wasser, dort kühlst du fünfundzwanzig (!) mal so schnell aus wie an der Luft. Abgesehen davon, daß du abtreiben und in der Dunkelheit verloren gehen kannst. Lieber vergewissere dich: Habe ich die Rettungsweste, wo sind die Rettungsboote, kann ich jemandem helfen und wo finde ich noch etwas zu trinken auf Vorrat. Dann pump dir den Bauch voll! Außer Alkohol natürlich. Denn der ›heizt‹ nur scheinbar im ersten Moment. Im Wasser beschleunigt er deine Auskühlung. Statt dessen such' lieber das Nautische Jahrbuch, Kompaß, Sextanten, Seekarten, HO-Tafeln und Zeichengeräte.«

Wir spannen den Faden fort. So wichtig es ist, dem Sog des versinkenden Schiffes auszuweichen, so wichtig ist es als nächstes, nicht abzutreiben. »Man muß davon ausgehen, daß der Funker noch eine Notmeldung rausbekommen hat. Dann beginnt die Suche an der Untergangsstelle. Deshalb, improvisiere dir einen Treibanker.«

143

Wer keine Rettungsweste hat, versucht sich Treibgut zu sichern. Dann sollten sich Einzelschwimmer zu Gruppen zusammenschließen und zusammenbinden. Besonders in kaltem Wasser! Da umarmt man sich so eng wie möglich, bewegt sich so wenig wie nötig und zieht die Beine an den Körper. Wie ein Embryo. Oder wie eine Kugel. Je weniger Oberfläche, desto langsamer die Auskühlung.«

In dieser und späteren Situationen hilft vor allem der eiserne Überlebenswille. Auch Trostzuspruch, Singen und Beten wirken wunder.

Sollten sich an Bord die schwimmenden Rettungsfunkbojen (E-Pirb) befunden und beim Untergang gelöst haben, dann allerdings kann man sich vom Unfallort entfernen und mit ihnen treiben. Noch besser ist es, sie einzufangen und sich an sie zu binden.

Diese E-Pirbs senden 48 Stunden lang Notsignale aus, die von allen Schiffen in Sichtweite aufgefangen werden. Sie können die Boje anpeilen und zu Hilfe kommen.

Glücklicher sind die dran, die ein Rettungsboot erwischt haben. Ist noch genügend Platz, sucht man nach weiteren Schwimmern und nimmt sie auf. Ist das Boot überfüllt, so kann man anderen zumindest die Möglichkeit geben, sich an der Außenleine festzuhalten. So belasten sie das Schiff nicht und können nicht abtreiben, und gewinnen Mut.

Das Wichtigste im Rettungsboot ist, daß sofort Ruhe einkehrt. Deshalb empfiehlt es sich, daß der Erfahrenste das Kommando übernimmt. Er wird allen Insassen Arbeit zuweisen, um Ordnung in das anfängliche Wirrwarr zu bringen. Vielleicht kann ein Segel errichtet werden, vielleicht finden sich ein UKW-Handsprechgerät an Bord und Angeln, Decken, Nahrung, Medikamente und Wasser. Es muß also Inventur gemacht werden. Jeder sollte bei sich nachschauen, was er an Nützlichem dazugeben kann. Da können ein Taschenmesser, eine Schere, ein Nagel oder eine Nagelpfeile zur Harpune umfunktioniert werden, Sicherheitsnadeln und Büroklammern zu Angel- und zu Widerhaken. Langes Frauenhaar oder ein aufgezwirbelter Pullover – sauber verflochten – zur Angelschnur; eine Münze zum Blinker oder zu Senkblei und jede Uhr zum Kompaß! Selbst Digitaluhren! Man braucht die Uhrzeit nur in die Zeigerstellung einer herkömmlichen Uhr zu übertragen.

Dann sollte schnellstens ein Windschutz gebaut und Dienste an den Riemen und am Steuer eingeteilt werden.

Die Rettungssignale sind klarzuhalten zum sofortigen Einsatz. Und seien es nur Spiegel, Taschenlampe oder ein Hemd, das im Mast flattert oder das geschwenkt wird.

Der Treibanker ist auszuwerfen oder einzuholen, je nachdem, ob man vor Ort bleiben oder Fahrt machen will.

Will man weiter, muß ein Segel improvisiert werden. Dazu eignen sich notfalls auch Decken, Kleidungsstücke, Bretter und stehende Menschen.

Parallel zu allem muß das Boot trockengehalten werden. Nässe in Verbindung mit Wind, sorgt für sehr schnelle Auskühlung, Unterkühlung und Tod.

Darüber hatte ich mich in meinem Buch ›Medizin-Survival‹ bereits genauer geäußert. Und da es witzlos wäre, das Thema in neue Worte zu kleiden, alldieweil mir auch keine neuen Kenntnisse zu Hirn gelangt sind, zitiere ich mich hier selbst.

Gegen das Erfrieren (und Unterkühlen) hat der Körper einen Selbstschutz entwickelt. In der Abwehrphase erhöhen sich Herz- und Atemfrequenz. Der Stoffwechsel steigt durch den zusätzlichen Sauerstoff um das Fünffache und erzeugt mehr Wärme. Das Muskelzittern vermehrt die Wärmebildung an der Oberfläche, was den Nachteil hat, daß diese Wärme, die dem Inneren entzogen wird, an der Oberfläche schnell abgegeben, verloren wird. Gleichzeitig zieht sich das Adersystem unter der Oberfläche zusammen. Die Blutversorgung wird gedrosselt oder sogar eingestellt. Die Körperwärme verweilt im Inneren. Beim Abkühlen auf 34 °C gleitet man über in die Erschöpfungsphase, bei 30 °C in die Lähmungsphase und spätestens bei 24 °C hast du hinter dir, was alle Lebenden noch vor sich haben und vor dem sie sich fürchten.

In der Erschöpfungsphase entkrampfen die Adern wieder. Die Zufuhrblockade wird aufgehoben, Wärme strömt in die Haut. Das muß ein angenehmes Gefühl sein, aber dann ist es auch nur noch eine Frage der Zeit, wann auch der Kern erkaltet. Die Gliedmaßen werden steif, das Hirn wird ruhig, reaktionsträge. Und dann, in der Lähmungsphase, sind die Nerven blockiert. Befehle vom Hirn werden von den Organen einfach ignoriert. So als wollten sie sagen: »Du hast uns diese Situation eingebrockt. Nun sieh auch selber zu, wie du rauskommst.« Es ist, als lachten sie sich einen ins Fäustchen, wenn sie's noch schnallen könnten. Aber jetzt wird alles starr. Selbst Reflexe ersterben. Der Puls ist nicht mehr fühlbar. Seit der 30 °C-Marke hat ein Herzflimmern eingesetzt. Der Tod kommt euphorisch wie bei der Selbsttötung in der Gefriertruhe. Wenn man solche verkühlten Menschen noch rechtzeitig rettet, sind sie horizontal zu bergen und zu tragen. Sie müssen komplett in Decken gehüllt werden. Mit Fuß und Kopf. Auf keinen Fall darf Alkohol verabreicht werden. Er erweitert die peripheren (Außen-)Arterien, Blut strömt hinein und die Auskühlung wird beschleunigt. Statt dessen verabreicht man lieber warme Getränke und erwärmt die Patienten in der Badewanne. Die Anfangstemperatur wird von 34 °C allmählich – nicht unter 17 Minuten – durch Zuschütten auf 40 °C erhöht. Das Wasser ist ständig umzurühren, um einen Kaltmantel zu verhindern.

Die Erwärmung ist beendet, sobald der Körper 36 °C erreicht hat. Duschen darf man Unterkühlte nur, wenn sie bei Bewußtsein sind und dann auch nur im Sitzen.

Sonst hüllt man sie lieber in Decken und läßt sie heißen Dampf einatmen.

Je nach Situation hat sich auch bewährt, zu dem Patienten in den Schlafsack hineinzukriechen und eine Direktübertragung der Eigenwärme zu erreichen. Zu zweit in einem Schlafsack – das soll auch sonst gut sein.

Und ganz besonders gut – und leider noch weitgehend unbekannt – ist die Hibler-Wärmepackung. Gut finde ich sie, weil sie Wärme schnell überträgt, und weil sie am ehesten fast überall zu praktizieren ist.

Um die Packung anzulegen, wird dem Patienten die Garderobe von Bauch und Brust runter- bzw. hochgezogen (aber angelassen). Nur Unterhose und Unterhemd läßt man auf der Haut. Vorher wurde ein Bettlaken (oder Vergleichbares) in heißes Wasser getaucht (oder übergossen) und das Laken schnell zusammengefaltet auf Rumpfgröße. Es wird auf die Unterwäsche aufgelegt (nie auf die nackte Haut!) und von der beiseitegezogenenen Garderobe und evtl. zusätzlichen Decken eingeschlagen. So wirkt die Hitze des Wassers zum größten Teil auf den Körper ein. Nach jeweils einer Stunde muß die Packung erneuert werden.

Über allen Erwärmungsmethoden steht ein oberster Grundsatz: Langsam erwärmen. Das gilt ganz besonders bei Patienten unter 30 °C.

Auch ohne erst das sowieso nie griffbereite Kältethermometer zu bemühen, kann man die Kerntemperatur eines Patienten grob feststellen:

Unterkühlte zwischen 30 und 27 °C sind bewußtlos. Sie reagieren nicht mehr mit Schmerzgefühl, haben weite Pupillen, kaum tastbaren, unregelmäßigen Puls und unregelmäßige Atmung. Verunglückte zwischen 27 und 24 °C sind scheintot. Sie liegen im Koma. Bei 24 °C sind sie klinisch tot.

Wer beispielsweise jemanden mit einer Körper-Kerntemperatur von 30 °C in eine Bütt mit 40 °C heißem Wasser wirft, erreicht nicht dessen Wiederbelebung, sondern dessen Tod. Das ist so zu erklären: Der Körper hat seine Arme, Beine und Außenschale abgeschottet und die Versorgung dieser Bezirke mit Warmblut eingestellt.

Kommt nun plötzlich eine Hitzewelle von außen, öffnen sich sämtliche Poren, die Gesamtzirkulation wird schlagartig wieder aufgenommen.

Das Außenblut von vielleicht schon 18 Grad mischt sich mit dem 30er von innen. Die Mischtemperatur schrumpft zu vielleicht 24 Graden – und der Patient verabschiedet sich, das Herz bleibt stehen.

Die Steigerung der Unterkühlung ist die Naßerfrierung. Sie tritt ein, wenn zu Kälte und Wind noch Bewegungslosigkeit kommt, was in einem nassen, überfüllten Boot also durchaus möglich ist. Da können den Schiffbrüchigen die Beine regelrecht erfrieren, obwohl die Lufttemperaturen bei 15 °C liegen! Wie im tiefsten Winter. Die Folgen solcher Auskühlung sind zunächst ein Kribbeln in den Füßen. Dann Gefühllosigkeit: die Beine schlafen ein und schließlich erfrieren sie wie bei regulärem Frost.

Will man solchen Personen helfen, so tut man das vorbeugend mit Trockenhaltung des Bootes, Abschirmen des Windes und Verabreichung trockener Strümpfe. Und mit Gymnastik. Um die Durchblutung nicht zu behindern, werden Schuhe geöffnet. Wenn es machbar ist, steckt man sich die Füße gegenseitig unter die Jacken. Nur eines darf man nicht tun: das ist MASSIEREN!

Ist es aber bereits zur Erfrierung gekommen, dann hilft nach der Rettung nur eins: die sehr langsame Aufwärmung!

Der Grund dafür liegt darin, daß sich in den erfrorenen Körperteilen Giftschlacken angesammelt haben, die der Körper abtransportieren und abbauen muß. Das wiederum kann er nur ganz langsam, und entsprechend müssen die Rettungsmaßnahmen verlaufen. Alles andere hat Amputation oder den Tod zur Folge.

Beim Auftauen verfährt man in der Weise, daß man nasse, heiße Tücherpacken vom durchbluteten Rumpf auf die nächstgelegenen erfrorenen Stellen auflegt. Aber auch hier, wie bei der Hiblerpackung, nie unvermittelt auf die Haut (!!), sondern immer isoliert durch trockene Zwischenlagen von Stoff.

Ein Erfolg wird sichtbar durch Hautrötung. Sie signalisiert die wiederaufgenommene Durchblutung. Erst dann schiebt man seine heiße Packung ein paar Zentimeter weiter.

»Das muß ich dir ehrlich sagen«, gestand Rudolf, »das habe ich auch nicht gewußt. Sind das die neuesten Erkenntnisse auf diesem Gebiet?«

»Ich glaube ja. Ich habe sie in einem Lehrgang des Hamburger Hafenkrankenhauses erworben. Dort hat man gerade für diese Angelegenheiten eigene Forschungsstellen.«

»Wenn man das so erklärt bekommt, ist eigentlich alles ganz logisch. Und man fragt sich, warum man darauf nicht selbst gekommen ist.«

Und nach einer Pause des Nachdenkens: »Was meinst du, wie viele Gerettete noch am Leben sein könnten, wenn man ihre Unterkühlungen *richtig* behandelt hätte.«

»Wie bei Bade- oder Straßenunglücken, wo heute noch kaum jemand die Herzdruckmassage richtig beherrscht. Da wird auf den bedauernswerten Opfern herumgeknetet, gewalkt und gepustet, bis sie endgültig hin sind. Und dabei ist auch hier das Prinzip so einleuchtend und einfach: Man muß Sauerstoff in die Lunge bringen – und das macht man per Mund-Nase-Beatmung – und den per Herzdruck in den Kreislauf bringen, damit die einzelnen Organe ihn nutzen können.«

Auch das hatte man mir im Hafenkrankenhaus immer wieder eingetrichtert.

»Das Ganze hat man auf eine sehr einprägsame Formel gebracht. Sie lautet A-B-C.«

»Und wofür stehen die Buchstaben A-B-C?«

»A heißt *A*temwege freimachen! Das heißt: Unterkiefer runterklappen, Erbrochenes herausholen, Gebiß entfernen, Kopf überstrecken. Dann kommt B. Und das heißt *b*eatmen! Am besten per Mund-Nase pustest du dem Verunglückten zweimal im Atemrhythmus die Lunge voll. Und jetzt, wenn die Lunge Sauerstoff enthält, kommt C. Circulation. Dann mußt du das Herz anschmeißen, damit der gute alte Motor den Sauerstoff auch per Blut dahin transportiert, wo er dringend benötigt wird. Zu den einzelnen Organen.«

»Und wie oft machst du das? Auch zweimal?«

»Nein, das Herz wird einmal pro Sekunde 15mal hintereinander gedrückt. Dann wird wieder zweimal geatmet, 15mal das Herz gedrückt.

»Mühsamer Job, könnt' ich mir denken.«

»Eigentlich nur, wenn du allein bist und es sehr lange dauert, ehe der Patient übern Berg ist und das Herz alleine schlägt. Hast du noch einen Helfer, dann übernimmt einer die Atmung und der andere das Herz, und bei Ermüdung wechselt man sich ab. Dann wird allerdings auch regelmäßig im vollen Atemrhythmus beatmet.«

Das alles hatte ich des langen und des breiten gelernt. Auch, daß man solchen Patienten auf eine harte Unterlage zu legen hat, und wie und wo die Hand das Herz drücken muß. Aber was einem fehlt, ist die Praxis.

»Ich meine sowieso, daß Erste-Hilfe- und DLRG-Kurse die Basis schlechthin sind. Gerade auch für Sea Survival«, Rudolf hatte seinen letzten Erst-Hilfe-Lehrgang vor einem Jahr wiederholt. »Zumal sie kostenlos sind«, pflichtete ich ihm bei. »Und die DLRG-Lehrgänge haben gleich noch einen Doppeleffekt. Du lernst Abwehrgriffe, die auch an Land nicht zu verachten sind.«

So kamen wir von Höcksken auf Stöcksken. Doch Rudolf wollte das Thema durchhaben.

150

»Jetzt haben wir erst den einen Komplex der Probleme im Rettungsboot durchgesprochen. Fehlt noch all das, was passiert, wenn die Rettung auf sich warten läßt.«

Und das ist in der Tat ein genauso großer Bereich.

Kaum ist nämlich die erste Gefahr gebannt, das heißt, man hat sich einen Platz im Boot gesichert, es wurden Bestandsaufnahme gemacht und Arbeiten verteilt, da jammert irgendwann der erste los: Uns findet sowieso keiner! Der nächste quakt: Ich habe Hunger. Ein dritter heult (statt sich das Wasser zu sparen). Da bedarf es wirklich einer respektierten, starken Persönlichkeit, um hier Disziplin und Kameradschaft aufrecht zu erhalten und solche gefährlichen Gefühlsregungen so lange wie möglich zu unterdrücken.

Sie sind besonders typisch für Rettungsboote mit gemischter nichtnautischer Besatzung. Also solchen mit Passagieren. Ganz anders ist das Verhalten von Soldaten und Seeleuten. Sie sind Extremsituationen gewöhnt oder mit dem Meer vertraut. Sie respektieren die Anordnungen eines fähigen Kommandanten und wissen selbst, praktisch mit anzufassen.

Touristen wissen das nicht. Die Passagiere wurden bis zum Schiffsuntergang verwöhnt. Gestern noch konnten sie sich beim Steward beschweren, wenn der Tee zu kalt serviert wurde, und heute sollte es nicht einmal ein Glas Wasser geben?

Da bedarf es schon vieler Geduld und notfalls der eisernen Faust, um solches Gejammer nicht erst aufkommen zu lassen. Denn läßt man ihm erst freien Lauf, greift es um sich. Es ist ansteckend – wie Panik.

Solchen unbeherrschten Charakteren ist unnachgiebig klarzumachen: Am ersten Tag gibt es gar nichts zu trinken! Statt dessen lutscht jeder auf einer Münze, einem Knopf oder einem Holzsplitter herum. Dadurch sammelt sich Speichel im Mund, und das Durstgefühl schwindet. Und dem Hungergefühl wird überhaupt nicht Rechnung getragen, weil man wochenlang ohne Nahrung auskommen kann. Vor allem, wenn man bis gestern noch normal gelebt hat und es nicht arktisch kalt ist.

Solange Wasser knapp ist, sollte sowieso aufs Essen verzichtet werden, weil Nahrungsaufnahme ein Mehr an Wasser erfordert.

Dennoch werden diese Symptome der Resignation zunehmen. Vor allem, wenn der Durst zunimmt, der Hunger immer mehr nagt, Woche um Woche vergeht, ohne daß Land zu sehen ist, Schiffe vorbeifahren, die einen nicht wahrnehmen, und rundherum soviel Wasser zu sehen ist, das man nicht trinken kann. Wenn also die Erschöpfung einkehrt.

Dann beginnen die Halluzinationen. Leute, die gerade noch scheinbar normal in der Ecke gesessen haben, stehen plötzlich auf und sagen: »Ich hol mal eben 'ne Cola!« Und marschieren los, als wäre der Ozean asphaltiert. Manche erfahren durch das Bad eine vorübergehende Ernüchterung und kommen zurück. Andere gehen einfach unter.

Als meine Freunde Arved Fuchs und Rainer Neuber im Spätsommer 1987 mit zwei Faltbooten die Nordsee von England zur Deutschen Buch überqueren wollten, waren sie durch ständigen (unüblichen) Gegenwind und Schlaflosigkeit nach 10 Tagen so ausgelaugt, daß Arved eines Nachts sagte: »Rainer, da ist eine Sandbank. Laß uns mal aussteigen und die Boote trockenschöpfen.« Und gluckgluck, weg war er. Infolge des kalten Wassers war er zwar gleich wieder ok, aber ebenso schnell kann es der letzte Irrtum sein.

Die nächsten Stadien sind Delirium, Wahnsinn, Tod.

Auch der stärkste Charakter kommt um diesen Ablauf nicht herum, wenn nicht irgendwann Hilfe auftaucht.

Da aber bekannt ist, daß der Mensch weit mehr zu leisten imstande ist, als er selbst je erfahren hat, sollten so lange wie möglich die bestmögliche Kameradschaft aufrecht erhalten und der Überlebenswille aktiviert werden. Das Denken an nahestehende Menschen, das Einander-in-den-Arm-Nehmen, das Trösten, Gebet und Beschäftigung (Wie sagten schon die alten Römer: ora et labora!) sind solche geeigneten Möglichkeiten. Sie funktionieren, solange der Bootsführer selbst stark genug ist, mit gutem Beispiel voranzugehen. »So brutal solch ein Ende auch ist«, beschloß Rudolf seinen Sonderlehrgang, »darum zu wissen, kann davor bewahren.« Es war schon spät. Und was selten ist in unseren Breiten: die Sterne funkelten. »Mensch, Rüdiger, eins fällt mir noch ein. Siehst du den Nordstern dort oben? Da! Die fünffache Verlängerung der Hinterachse des großen Wagens! Wenn du den abends zu sehen kriegst, weißt du jeweils genau, auf welcher Breite du bist. Also 9° auf dem Sextanten sind 9° nördliche Breite. Ich will's auch gleich in deinem Büchlein notieren.«

Bei den Kampfschwimmern

»Fangen wir mit dem Fesseln an. Mit dieser Übung testen wir bei unseren Bewerbern deren grundsätzliches Verhältnis zum Wasser.«

Ausbilder, Oberbootsmann Wilhelm Probst, hatte mich auf den Startblock des Übungsbeckens gestellt.

Ich war zu Gast bei den Kampfschwimmern in Eckernförde. Ein Brief an den Verteidigungsminister und eine Antwort des Staatssekretärs Würzbach hatten es ermöglicht.

»Bootsmann Abt, die Seile!«

Ein schlanker, junger Mann, Mitte der Zwanziger, kam herein. In den Händen zwei weiße Perlonseile à 1 m.

»Mal die Beine zusammen!«

Mir schwante Schreckliches.

Während Abt mir die Beine fest zusammenband, tröstete mich Probst.

»Es ist hier noch keiner ertrunken. Dafür sind wir ja schließlich zugegen.«

Ein kleiner Trost, während Abt die Seile noch mal fester anzog. »Das hat psychische Gründe; Sie sollen es auch spüren, daß Sie sich nicht befreien können.«

»Psycho? Das ist eher Horror«, wagte ich zu korrigieren. Aber da fesselte er mir bereits die Hände auf dem Rücken.

Da hatte ich mich ja auf was eingelassen! Hätte ich doch lieber gesagt »als Zuschauer« und nicht aktiv!

»Es ist nur so«, fuhr Probst fort. »Wir holen nicht jeden gleich beim ersten Zucken raus. Dann wären wir nämlich ständig im Wasser zugange. Etwas Angst muß schon aufkommen. Das beflügelt die Phantasie auf Selbstrettung. Also: Einmal Wasserschlucken muß schon drin sein, bevor wir nachkommen. Bis die Augen so weit aus dem Kopf treten, daß wir etwas zum Anfassen haben. Griffe quasi.«

Und in dem Moment schubsten sie mich rein.

Panik-Chaos-Horror-Luft-Ende.

Ich zuckte wie an einer Hochspannungsleitung. Einmal tauchte ich zwar wieder auf – aber dann ging's abwärts. Dem 5 m tiefen Grund entgegen. Oder nach links oder quer, ich weiß nicht mehr, denn überall, wohin ich schaute, sah ich blaue Kacheln.

Und dann mußte ich atmen. Egal, ob da Luft war oder Wasser war.

Es war Wasser da. Und ich hatte es nun im Magen oder in der Lunge.

Bis zum nächsten Lungenzug waren es höchstens Sekunden. Die Panik potenzierte sich. Ich war ein rotierendes Knäuel.

Das war wohl der Moment, wo meine Augen sich in handliche Griffe verwandelten und meine Retter sich entschieden, nachzuspringen.

Gleich zu zweit packten sie mich und hoben mich an die Oberfläche.

»Total abgegangen« keuchte ich. »Wie schnell man doch ersaufen kann! Wie machen Sie das denn bloß?«

»Hier ersäuft keiner so schnell. Schließlich haben wir den Kameraden da auch noch.« Und dabei wiesen sie auf einen jungen Soldaten mit einem Aluminiumkoffer in der Hand, der so aussah, als hätte er Dienstschluß und wollte sich nur eben verabschieden.

»Unser Reanimateur.« »Wer?«

»Unser Wiederbeleber! Notfalls macht der weiter. Da kann gar nichts schiefgehen.«

Der so Angesprochene lächelte, und wie um Probsts Worte zu beweisen, klappte er sein Köfferchen auf und deutete stolz auf die Wiederbelebungsapparaturen. »Das ist immer das einzige, das ich für die Aspiranten tun kann. Ihnen zeigen, was ich habe. Richtig zum Einsatz komm' ich nie.«

Er tat mir regelrecht leid, und ich nahm mir vor, ihm doch noch ein Erfolgserlebnis zu bescheren. Hab's dann aber vergessen.

»Jetzt zeigen wir Ihnen, wie man es richtig macht.«

Zwei junge Soldaten, die beiden einzigen, die von zwanzig Neubewerbern übriggeblieben waren, mußten auf die Startblöcke. Dieselbe Prozedur. Kein Wort der Diskussion. Nur Probst und Abt unterhielten sich. Und genauso unvermittelt wie mich (»Damit sie nicht voratmen können!«), stießen sie die beiden hinein.

Mit Riesenglotzaugen stand ich am Beckenrand und bemühte mich, mir nichts entgehen zu lassen.

Und was ich sah, war höchst interessant. Denn es war das Gegenteil von dem, was ich gemacht hatte. Weder zeigten sie vorher Nervosität, noch dachten sie daran, ein schnelles mündliches Testament abzufassen, noch gaben sie dem Wiederbeleber ein Trinkgeld für schnelleres Eingreifen. Sie standen einfach da, ein bißchen gottergeben, dachten wahrscheinlich an den Krimi heute abend im Fernsehen – und dann plumpsten sie rein.

Sie tauchten etwa 1 Meter fünfzig tief unter. Dann kam der natürliche Auftriebeffekt wie beim Ball, den man auf die Erde wirft und der zurückprallt.

Bevor sie auf diese natürliche Weise wieder an die Oberfläche kamen, hatten sie sich durch zwei Delphinbewegungen in die Rückenlage gebracht und den Auftrieb beschleunigt.

Oben angekommen, schnappten sie tief Luft und hatten nun entsprechend mehr Auftrieb. Den nutzten sie dann, um – weiter im Delphinstil – ins Flache zu schwimmen.

Das war so gekonnt und elegant, daß ich am liebsten geklatscht hätte.

Da stand aber schon wieder Oberbootsmann Probst neben mir. Sogar mit einem Trost. »Das sind die beiden besten von zwanzig Anwärtern. Die einzigen, die eine Chance haben. Und natürlich sind das meist Schwimmsportler. Denn, wer sich bei uns bewirbt, weiß, daß er's mit Wasser zu tun bekommt.«

So erfuhr ich zwischen den einzelnen Übungen, daß es nur 52 aktive Kampfschwimmer und 15 Schüler gibt. Die Ausbildung gehört zu den teuersten, und deshalb legt man auch allerstrengste Maßstäbe an.

»Jetzt versuchen Sie mal, ob Sie mindestens eine Minute unter Wasser bleiben können.«

Wir stellten uns gemeinsam auf die Leiter. »Jetzt hyperventilieren! Etwa 6–10mal. Ich mache es bis zu 15mal. Aber lassen Sie sich davon nicht irritieren. Ich bin daran gewöhnt.«

Beim Hyperventilieren atmet man tief aus und ein. Dadurch erhöht sich der Sauerstoffgehalt des Blutes und der nächste Atemreiz wird verspätet ausgelöst. Nämlich erst dann, wenn der Sauerstoff verbraucht ist.

Ich hatte sechsmal vorgetankt und ließ mich mit diesem Vorrat langsam an der Leiter auf den Grund des Beckens sinken, 5 Meter. Dann zog ich mich wieder hoch. Aber alles ohne Kraftanstrengung, um nicht unnötig Sauerstoff zu verbrauchen. Das 32 °C warme Wasser tat ein übriges. Im kalten Wasser ist das so nicht möglich. Alles geht kurzatmiger – es sei denn, man hat Neoprenanzüge an.

Zweimal mußte ich auf dem Weg nach unten Druckausgleich vornehmen. Das heißt, ich drückte die Nase mit Daumen und Zeigefinger zu und tat, als müsse ich schneuzen. Damit ließ der Druck nach, der sich auf den Ohren mit veränderter Höhe bildete.

Probst tauchte mit und beobachtete mich. Ich blieb ganz

ruhig. Alle 15 Sekunden klopfte er mir auf den Arm. Zur Orientierung.

Nach 1¼ Minute kam ich hoch. »Das ist gut für den Anfang«, lobte er. »Das kann man trainieren auf drei Minuten. Wir liegen hier nach zwei bis drei Monaten alle bei 2½ bis 3 Minuten.«

Währenddessen beobachtete ich die beiden Jungbewerber. Der eine von athletischer Statur, der andere eher ein Hänfling. »Sie sehen das ja auch an Abt und mir. Die Statur, die Körperkraft sind nicht das Entscheidende. Das Know how und das Selbstvertrauen machen es.« Und er hatte auch gleich ein weiteres praktisches Beispiel parat.

»Kommen Sie mit!«

Wir legten uns eine Hose und ein Hemd an.

»Schauen Sie genau zu!«

Ich stand am Beckenrand und tat wie geheißen. Trotzdem sah ich aus dem Seitenwinkel den Reanimateur nahen. Mit seinem Köfferchen. Also wieder eine Psychonummer?

Probst packte sich 10 kg Blei an den Gürtel und schnallte ihn um. Dann stieg er gemächlich ins flache Becken. Dort, wo es plötzlich tief wurde, verharrte er und hyperventilierte fünfzehnmal. Seine Norm.

Ein letztes Luftholen und dann ging er langsam über den tiefer werdenden Grund. Runter auf fünf Meter Tiefe, bis zum Beckenende, dann nach links, bis zum Beckenrand, dann erneut nach links bis ins Flache.

Allein vom Zusehen hatte ich Atemnot bekommen. Bestimmt hätte ich in der Zwischenzeit 40mal Luft geholt – und der Typ marschierte da unten entlang, als hätte er vergessen, daß es nur oben Luft gibt.

Ich dachte: »Das muß ich gar nicht erst versuchen.« Dann las ich den Wahlspruch der Kampfschwimmer an der Wand: »Lerne leiden ohne zu klagen«, und ich legte den Bleigürtel um.

»So, nun ganz ruhig! Sechsmal Voratmen, und wenn es

durchaus nicht mehr geht, Gürtel abwerfen und hochkommen. Versuchen Sie, zumindest die eine Gerade abzugehen, und kommen Sie an der Leiter da vorne rechts wieder hoch!«

Das war schon sehr tröstlich, aber für mich ganz einwandfrei zu weit.

Als das Wasser mir bis zum Mund stand, hyperventilierte ich. Dann ging ich los.

Die ersten Meter ging es sich ganz gut. Sie verliefen bergab. Aber dann war ich im Tiefen und der Wasserdruck verlangsamte mein Weiterkommen. Noch sah ich, trotz Brille, nicht das Ende des Beckens und hatte schon Luftprobleme.

Wenn ich es schaffen wollte, mußte ich einen Schritt zulegen. Wie im Alptraum kämpfte ich mich nun mit Gewalt vor.

Aber das war falsch. Jetzt schrie der Körper förmlich nach Sauerstoff. Ich riß den Gürtel ab und tauchte auf. Nicht einmal die halbe Strecke hatte ich geschafft.

»Sehen Sie, das ist es, was ich meinte. Es kommt nicht auf Kraft an, sondern auf die Taktik. Wenn Sie wissen, daß Sie über eine Minute die Luft anhalten können, dann sollten Sie sich nicht vorher beunruhigen. Keinesfalls schafft man mehr, wenn man es mit Gewalt versucht. Beim nächsten Mal legen Sie sich in einem Winkel von 45° nach vorn und lassen sich durch Ihr Eigengewicht einfach nach vorn ziehen. Und immer, wenn Sie ein Stück vorangekommen sind, fangen Sie das mit kleinen Tippelschrittchen auf.«

Das war also das Geheimnis! Die beiden Nummern würde ich in Rausdorf ins Trainingsprogramm aufnehmen!

Doch zunächst ging es hier weiter. Mit einfachen Grundfertigkeiten und Gruselnummern. Da war das Entleeren der wassergefüllten Maske (»Unten einen Schlitz weit lüften und dann kräftig durch die Nase ausatmen!«)

und die Anwendung von Befreiungsgriffen. Da war, in der Ostsee, der Absprung vom 50 km/h fahrenden Schlauchboot und das Schwimmen zwischen Kaimauer und steil aufragender Schiffswand, was schon wesentlich einfacher war. Man sagt sich: »Zerquetschen kann es dich nicht. Es ist fest vertäut.« Und das sanfte Auf und Ab und gleichzeitige Reiben und Quietschen da oben über dir an den Fendern ist nichts weiter als der notwendige Psychoeffekt.

Aber komisch ist es schon, wenn man hochschaut und keinen Himmel sieht, weil Schiff und Kai gerade kuscheln. Dazu kam, und das war eigentlich der Hauptknaller, daß sich zwischen Rumpf und Mauer Eckernfördes Kloake angesammelt hatte, durch die man sich wacker hindurcharbeiten mußte. Da schwabberten eine tote Möwe, Öl, Quallen, Algen, Federn, Müll und verendete aufgeblähte Fische. Und diverse Präservative. Gefüllte natürlich. Dazu dann von vorn, wo's wieder hell wurde, Probsts Stimme: »Alles okay oder alles verstopft von Dreck?« Mit der Antwort mußte ich etwas warten. Sonst hätte ich irgend etwas von alledem in den Mund bekommen.

»Versuchen Sie jetzt mal, unter dem Schiff durchzutauchen!« Probst ließ nicht locker. »Haben Sie noch Lust, mitzukommen ins Torpedorohr?« Ich hatte es ja so gewollt. Also hatte ich »Lust«. Lerne leiden, ohne zu klagen. Zurück zur Halle. Das komische Rohr war mir vorhin schon aufgefallen, aber ich hatte es als Belüftung abgetan.

Es war circa sechs Meter lang mit einem Durchmesser von 60 Zentimeter. In nur einem Meter Tiefe wurde es auf den Grund des Wassers gelegt. Die Klappen an beiden Enden des Torpedorohres waren geöffnet. Vor den Klappen, oben im Rohr, je ein Fenster für den Beobachter.

»So, versuchen Sie, ohne Flossen und Brille hier durchzutauchen.« Es ging. Wenngleich man sich schlankmachen

mußte, um nicht ständig an vorstehenden Flanschen anzu-
stoßen.

»Beim nächsten Durchlauf ist die Tür hinten zu. Warten
Sie 15 Sekunden und klopfen Sie. Dann öffnen wir die
Tür.«

Beim dritten Durchgang waren es 30 Sekunden. Das war
das Äußerste, was ich schaffte. Und auch nur mit Voratmung.«

In diesem Moment peitschte Abt ins Wasser. Er tauchte
wie eine Robbe, die ihr Junges verteidigen will, in die Region unterm Sprungturm. »Einer der Anwärter hat durch
zuviel Voratmung das Atmen völlig vergessen und trudelte
orientierungslos umher«, erklärte der Wiederbeleber ganz
aufgeregt, in der Hoffnung auf Arbeit, während Probst
ebenfalls hinterhergesprungen war. In wenigen Sekunden
hatten sie den jungen Kameraden oben und hievten ihn aus
dem Becken. »Alles okay?« »Ja, alles okay. Was war denn
los?«

»Das ist die Gefahr beim Hyperventilieren. Darum wird
es zum Beispiel von der DLRG völlig abgelehnt. Die Gefahr, daß so was passiert und der Schwimmer gar nicht
mehr auftaucht, ist gegeben. Aber wir haben als Soldaten
andere Aufgaben zu erfüllen und deshalb auch ein anderes
Training«, erläuterte Probst.

»So, nun steigen wir beide in das Rohr und lassen uns auf
5 m Tiefe absenken. Den Rest erkläre ich Ihnen unten.«
Zunächst wurde das Rohr auf dem Beckenrand abgesetzt.
Wir krochen hinein. Jeder von einem Ende. Kopf an Kopf
lagen wir uns gegenüber.

Die Türen wurden geschlossen. Während das Rohr wasserwärts geschwenkt und dann versenkt wurde, fuhr
Probst fort: »Dies ist jetzt wieder ein Fall aus der Praxis.
Sie befinden sich im Torpedorohr eines U-Bootes. Zusammen mit drei weiteren Männern. Das U-Boot liegt in
einer bestimmten Tiefe vor der feindlichen Linie, und die

Kampfschwimmer sollen irgend etwas ausführen. Zum Beispiel Stahlnetze durchschneiden, die den Hafen absperren, oder unter den Netzen hindurch, irgendwo eine Haftmine ansetzen. Allmählich steigt nun das Wasser im Rohr. Vergessen Sie nicht, ständig Druckausgleich zu machen.«

Diesmal war ich gar nicht besonders aufgeregt. Probsts Ruhe teilte sich auch mir mit. Von überall strömte und zischte Wasser zu uns ins Rohr. Aber nur sehr langsam. Kaum konnte man sehen, daß es stieg.

Von oben schaute Abt durchs Glas und vergewisserte sich jede Minute, ob alles okay sei. Wir gaben ihm das Zeichen: Daumen und Zeigefinger bildeten einen Kreis – alles okay.

»Bevor das Rohr voll ist, sage ich Ihnen Bescheid. Dann noch einmal gut voratmen. Als weiteres gebe ich dem Bootsmann dann ein Zeichen, worauf das restliche Wasser sehr schnell einschießt. Das Rohr ist dann im Handumdrehen voll. Danach werden sofort die Türen wieder geöffnet und sie schwimmen rückwärts raus und nach oben. Alles klar?«

»Alles klar.«

Als der letzte Schuß Wasser hereindrückte, stießen wir fast mit den Köpfen zusammen. Da berührte schon jemand meinen Fuß. Es war Abt, der bereits die Türen geöffnet hatte und mir das Zeichen zum Auftauchen gab. 15 Minuten hatte dieses Training gedauert.

Auch die beiden Neulinge waren bei ihrer letzten Übung angekommen. Sie standen auf dem Fünf-Meter-Brett. Grüne Hose, grünes Hemd, Bleigürtel. Konzentriert. Voratmend.

»Sprung!«

Sie traten einen Schritt vor und tauchten ein. Das Blei beförderte sie gleich, wie im Paternoster, zum Boden des Beckens. Nur die Luftblasen kamen hoch und zerplatzten an der Oberfläche. Dann war wieder klare Sicht.

Die beiden zogen sich ganz ruhig ihr Hemd aus, falteten es sorgfältig, legten es über den linken Arm und gingen auf die Leiter zu. Dann kamen sie hoch. Wie Oberkellner, dachte ich noch.

Der Bau des Bootes

»Wollen Sie mitkommen? Heute wird der Rahmen verzinkt.« Schlosser Nitschke und Sohn Harald aus Stellau luden das 5 Zentner schwere Eisengestell auf ihren Transporter. Aus Kostengründen hatte ich mich plötzlich für Eisen statt für Aluminium entschieden.

»Ist das interessant und sogar etwas für den Film?«

»Ganz bestimmt!« Also rief ich Wolfgang Brög an. Viele kennen ihn noch vom Omo-Fluß-Abenteuer in Äthiopien. Er hatte inzwischen vom ZDF, Reihe »reportage«, den neuen Filmauftrag erhalten. Also war Wolfgang, der inzwischen in München eine kleine Filmproduktion betreibt, bald mehr in Hamburg als in seiner Heimat anzutreffen. Und wer war wohl der zweite Kameramann? Na klar, das war Ulli. Und den Ton machte Daniel. Also wie gehabt. Das alte Team. Eine Friedenstruppe besonderer Art. Und ein tolles Arbeiten. Anruf genügte: »Ich hab' was für euren Film«, und die Jungs standen auf der Matte.

So auch in der Verzinkerei Sager im Stadtteil Billbrook. Riesenhalle und alles voller Eisen zum Verzinken. Gewaltige Träger, feingedrehte Kunstschlosserarbeiten, einfache Platten oder Ketten, noch rostig oder schon silbern glänzend verzinkt. Die Eisenteile stapelten sich. Im Hof und in der Halle. Die Halle mit blinden Scheiben, Dämmerlicht. Es roch nach Salzsäure, dampfte, glubberte, puffte, knallte. Männer bei der Arbeit.

»Wie im Grusel-Krimi«, stellte Wolfgang fest und baute begeistert seine Apparate auf.

»Vorsicht, fallen Sie da nicht rein.« Ein Arbeiter hielt

mich zurück. Obwohl er mit einer Handbewegung ein paar Meter vor mich auf den Fußboden gewiesen hatte, sah ich nichts außer Staub und Schlacke. »Das ist die Zinkwanne. 800 Grad.« In dem Moment sah ich sie auch. Denn an einer gewaltigen Kette wurde soeben ein T-Träger in das flüssige Metall versenkt.

Wir mußten 10 m zurücktreten. Als der Eisenträger langsam in die Schmelze tauchte, glühte es rot auf, knallte wie Schüsse und spritzte in alle Richtungen.

Als er vollends eingetaucht war, zog man ihn auch sogleich wieder heraus. Die letzten Tropfen wurden mit scharfen Gebläsen zurückbefördert in den Riesentiegel, und der Träger schwenkte wieder fort.

»So, da kommen Ihre Sachen.«

Tatsächlich. Es ging alles sehr schnell. Der Kran hatte das Eisenbündel aus der Salzsäure geholt, kurz ablaufen lassen und tauchte es dann ebenfalls in das Zink.

Nitschke, der das robuste Gestell mit viel Sorgfalt in deutscher Wertarbeit-Manier gebaut hatte, fragte: »Soll es gleich zur Werft?«

Ja, das sollte es. Es war bereits Sommer 1987, und nun sollte der Bau beginnen.

Die Werft Jakob & Lehmann liegt in Neu-Wulmstorf. Ich kannte sie schon von früher. Die beiden Inhaber hatten mir auf Anfrage sogleich erklärt: »Natürlich können Sie Ihr Boot hier bauen. Wenn es soweit ist, räumen wir eine Ecke frei, und dort können Sie dann arbeiten.«

Inzwischen hatte Diab-Barrakuda mir den erforderlichen Hartschaum Divinycell gespendet und geschickt, und ich trabte eines Samstags auf der Werft an.

Arbeitszeug, Butterbrote, zwei Liter Milch und in der Hand eine Skizze.

Ich wollte den Bau im Prinzip so abwickeln wie bei meinen Nil-Booten. Pi mal Daumen. Hauptsache viel Glasfaser und robust. Eine elegante Form oder Gewichtsersparnis erschienen mir zweitrangig. »Wenn ich im Strom bin, spielt das Gewicht keine Rolle«, tröstete ich Rudolf Hoppe, als ich sein nachdenkliches Gesicht sah, »denn ob Baumstamm oder Korken – alles was du bei Nordafrika ins Wasser schmeißt, kommt letztlich in Amerika an.«

»Das ist richtig. Aber du willst ja steuerfähig bleiben. Und dazu mußt du schneller sein als die Strömung. Das erreichst du bei dem Gewicht nicht allein mit dem Tretantrieb. Du mußt den Wind nutzen. Mit deinem Aufbau und mit dem Stützsegel. Und dann spielt Gewicht sehr wohl eine Rolle.«

Nun – ich fing erst einmal an. Das Divinycell wurde in lange Bahnen gesägt und dem Plan entsprechend aufgebaut. Bootsbauer Carsten, der mir helfen sollte, schüttelte den Kopf. »So hab' ich noch nie 'n Boot gebaut.« Ich verstand seine Reaktion nicht. Wie oft kommen zu uns Kunden und präsentieren stolz die tollsten Kuchen! Und nur, weil sie die Masse linksrum gerührt haben und wir selbst stets rechts rum arbeiten, würde ich vorher nicht schon den Kopf schütteln, dachte ich so. Aber ich verwies nur auf meine unzerstörbaren Nilboote.

»Das mag sein. Aber das waren Ein-Rumpf-Boote. Und das waren Flüsse mit Ufern. Jetzt hast du einen Katamaran und du willst auf den Atlantik. Das ist ein erheblicher Unterschied.«

Dann gesellte sich auch Herr Jakob dazu. Er sah sich das Ganze an, schüttelte ebenfalls den Kopf und meinte: »Damit kommen Sie nie drüben an!«

Und komisch, als ich die Schiffswandungen da so vor mir stehen sah, so monströs, dazu das zentnerschwere Verbindungsgestell, da spürte ich auf einmal selbst, daß ich diesmal so nicht vorgehen konnte.

Und dann – von einer Sekunde zur anderen – fällte ich den Entschluß: Ich höre auf! Die haben recht!

»Gehen Sie zu einem Konstrukteur und lassen Sie sich eine ordentliche Zeichnung machen.«

Nun war guter Rat teuer; woher so schnell jemanden finden, der sogleich beginnen konnte? Und was würde das kosten? »Hier ist eine Telefonnummer. Rufen Sie mal Herrn Dieter Scharping in Buchholz an. Das ist der Mann, mit dem wir immer zusammenarbeiten. Vielleicht hat er Zeit und macht sogar einen kulanten Preis.«

Ich war, verständlich, ein wenig in Panik. Hoffentlich klappte das.

»Am besten, ich rufe ihn gleich an.« Ich wollte mir Gewißheit verschaffen. Obwohl es Samstagmittag war.

Jakob schob mir sein Telefon rüber. Ich hatte Glück. Scharping war zu Hause.

In knappen Zügen umriß ich mein Vorhaben und endete, »wichtig für mich sind jetzt zwei Punkte: wie schnell und wie teuer sind Sie?«

Ich hatte nur drei Minuten gesprochen. Da antwortete Scharping: »Sie fahren also im November / Dezember. Das heißt, Sie haben Windstärke um 3, maximal 7 und werden zwei bis drei Monate unterwegs sein. Sie wollen schnell sein, also leicht und doch stabil wegen der Ausrüstung. Lassen Sie uns mal sagen, zwei Liter Wasser pro Tag und ein kg Nahrung. Dazu kommen die Tretanlage, Seile, Kameras, alles hochgerechnet zwei Zentner – Wind von steuerbord.« So gab er aus dem Stegreif seinen Gedanken laut Ausdruck. Und alles, was ich vernahm, stimmte! Meine Wassermenge, die Windstärken. Ich hatte das Gefühl, Scharping zeichnete bereits. »Kommen Sie Montag mal vorbei. Reiherstieg 126. Sagen wir um 18 Uhr.«

Als ich Montag in Buchholz auftauchte, war Scharping gerade dabei, auf einer anderen Zeichnung ein paar Hilfslinien wegzuradieren. Dann setzte er seinen Stempel darunter, trug den Maßstab ein. Frau Scharping verkürzte uns die Zeit mit einer Kanne Kaffee.

Ich schaute mich derweil in seinem kleinen Büro um. Alles voller Zeichnungsrollen, Fotos, Bücher. »Dies habe ich geschrieben. Wir sind gewissermaßen Kollegen.« Und stolz präsentierte er mir sein gewichtiges Werk über den Selbstbau von Sportschiffen aller Kategorien.

»So – wie gefällt es Ihnen?«

Ich dachte, er meint das Buch und wollte gerade etwas erwidern, als er mir die Zeichnung herumdrehte. »Ihr Boot, Ihr Katamaran. Fertig!«

Ich war völlig perplex. Gleichzeitig kam ein bißchen Bammel auf. Wir hatten noch nicht über den Preis gesprochen.

»Die schenke ich Ihnen!« fuhr er da fort, als hätte er meine Gedanken gelesen. »Mein Beitrag für die Yanomami.«

Dann erklärte er mir noch ausführlich, wie eine solche Zeichnung zu lesen sei und vor allem, wie man den Bau nun angehen müßte.

Während seiner Erklärung schrieb er immer fleißig mit, und so hatte ich auch eine genaue Gebrauchsanweisung mit »Erstens, zweitens, drittens.«

Überglücklich zog ich ab nach Hause. Im Hinterstübchen meines Hirns aber dämmerte mir bereits, daß ich ein solch tolles Schiff nicht alleine bauen könnte. Es erforderte nun viel mehr Zeitaufwand als mein erster Frachtkahn, und ich wurde im eigenen Betrieb gebraucht, denn Rudi hatte Urlaub. Also mußte ich eine Werft finden.

Jakob & Lehmann fehlte die Zeit, denn sie waren mit Terminen bis zum Hals voll. Aber sie hatten zumindest wieder einen guten Tip: »Rufen Sie mal Michael Schmidt in Wedel an. Das ist die ›Yachtwerft Wedel‹. Das ist ein sehr renommiertes Unternehmen. Die bauen sogar Admiral's Cupper, und der hat sicherlich auch Leute genug, um Ihren Kat zügig zu bauen.« Also rief ich die Werft an. »Am besten, Sie kommen gleich mal rum, wenn's so eilt. Ich bin dann zwar nicht da, aber meine Stellvertreter Reiners und Gergs werden sich um Sie kümmern.« Zeichnung untern Arm, rein ins Auto und trotz Rush Hour war ich eine Stunde später im sogenannten Hamburger Yachthafen zu Wedel an der Elbe.

Großer neuer Bau. Hohe geräumige Hallen. Alles voller Schiffe. Alles picobello sauber, so daß es mich interessierte, wo die denn die Polyesterboote bauen. Bis ich mir sagen lassen mußte: »Hier. Wir räumen nur immer auf.«

Willy Reiners und Peter Gergs breiteten die Zeichnung vor sich aus. Und sagten auch im selben Moment bereits: »Kein Problem. Ein normaler Kat. Bis auf den Aufbau.«

Mir fiel ein Stein vom Herzen. Ich mag Leute, für die nicht alles gleich ein Problem darstellt. Oder die lange herumquaken, um den Preis hochzuschrauben.

»Und wann können Sie anfangen?«

Reiners blickte hinter sich auf den Urlaubsplan an der Wand und meinte: »Kommenden Montag. Dann sind Kay Oltmann und Peter Markowitz wieder da und könnten sich gleich an die Arbeit machen.« Ich jubilierte. Blieb noch das Thema Kosten.

»Glasmatten, Aluminiumroh, Hartschaum und Polyester habe ich. Es geht hauptsächlich um die Lohnkosten.«

»Ja, Moment mal«, unterbrach mich Gergs. »Von wem sind die Glasmatten?« »Von Interglas.«

»Das ist okay. Die nehmen wir. Denn Schrott kommt hier weder ins Haus noch geht er aus dem Haus. Für uns steht unser Ruf auf dem Spiel. Und wer liefert das Harz?«

»Das gibt mir Hoechst.«

»Hoechst für hoechste Ansprüche. Das ist ebenfalls bestens und das Aluminium?«

»Das habe ich vom Westdeutschen Metallhandel, seewasserfest. Die erforderlichen Stärken müssen wir noch durchrufen. Und den Hartschaum habe ich von Diab-Barrakuda.«

»Dann ist alles klar. Den Hartschaum verarbeiten wir auch. Da haben Sie ja optimale Firmen gefunden. Hat Sie diesbezüglich jemand beraten?«

»Nein, das war Zufall. Ich kannte nur Diab-Barrakuda.«

»Dann ist ja das Wesentlichste geklärt. Denn über den Preis werden wir uns schon einig.«

Und Gergs hatte recht.

Am folgenden Montag fingen Kai und Peter an.

Als ich nachmittags in der Yachtwerft Wedel aufkreuzte, hatten sie bereits die Form für die Rümpfe fertig. Wir machten uns miteinander bekannt, und sie erklärten mir die Abläufe.

Auf zwei Holzböcken vor mir hatten sie zunächst zwei 6 m lange Kanthölzer gelegt. Und darauf standen im Abstand von 50 cm 12 Spanten. Form und Größe der Spanten waren aus der Zeichnung ersichtlich.

Wenn der Begriff Spanten unklar ist, dem sei es hier simpel erklärt: »Es sind an genau vorgegebenen Stellen des Bootes die Querschnitte. Sie sind also vorn klein, in der Mitte breit und hinten wieder kleiner werdend. Peter konnte es noch besser erklären. Er wollte gerade frühstücken und packte seine Brötchen aus.

»Hier, das ist dein Boot!«, sagte er und legte ein Brötchen vor sich hin. Es war ein längliches Baguettebrötchen. Etwa 15 cm lang. Der Vergleich also gar nicht schlecht. Er nahm sein Taschenmesser zur Hand und schnitt alle 3 cm senkrecht ein Scheibchen aus dem Baguette heraus. »Das wären die Spanten!«

Meine Spanten waren aus 20 mm starker Spanplatte und waren bereits alle 50 cm, mit der Rundung nach oben, auf die Kanthölzer geleimt und geschraubt. Genau vertikal, versteht sich. »Und damit sie oben nicht doch noch um Millimeter hin- und hereiern, passen wir jetzt Zwischenhölzer von Spant zu Spant«, verriet Kay den nächsten Arbeitsgang. »Dann ist alles quarzuhrgenau.« Und Peter ergänzte:

»Wenn hier nämlich irgend etwas schief ist, fährste immer im Kreis und kommst nie am Amazonas an.«

Ich muß es rundheraus sagen: Mit den beiden, mit der Firma zu arbeiten, war von Anfang an eine Freude.

Als nächstes wurde dieser Corpus mit einer doppelten Schicht Folie abgedeckt. Er erinnerte in diesem Stadium an unsere Regendach-Boote am Rio Negro.

Danach kam eine interessante Phase. Jetzt wurden die Divinycell-Hartschaumleisten aufgenagelt: 2 cm dicke und etwa 2–6 cm breite Streifen. Je nachdem, wie sie paßten. Dicht bei dicht und wo sie sich berührten, wurden sie jeweils mit Spachtelmasse aus Harz aneinandergeschweißt.

Damit hatte mein Boot bereits den Kern für einen Rumpf, einen Hartschaum-Kern mit zwei sehr bedeutenden Vorteilen. Der Schaum garantierte mir den nötigen Auftrieb, um nie unterzugehen. Denn wenn auch alles voll Wasser liefe: dieses Divinycell saugt nichts auf und trägt. So war mein Boot auch gleichzeitig meine Rettungsinsel.

Der zweite Grund betrifft die gesteigerte Stabilität. Eingebettet in Glasmatten von innen und außen wirkt er federnd. Boote mit diesem Hartschaumkern sind weit elastischer und belastbarer als solche, die nur aus Harz und Glasfaser bestehen.

Doch zunächst wurde die gesamte Oberfläche gespachtelt und aalglatt geschliffen. Darauf kamen je eine Lage Glasfasergewebe und -geflecht. Nach Durchhärtung im Trockenraum (bis 100 °C) erneutes Schleifen, Abnehmen von der Form und innere Ausschalung mit Spachtel, Faser, Harz. Peter zeigte mir alles.

Je nachdem, wieviel Beschleuniger wir dem Harz zusetzen, dauert es 5–15 Minuten, und das Harz geliert. Kurz danach ist es auch scheinbar voll durchgehärtet. Aber richtig gehärtet wäre es erst nach mehreren Wochen. Um aber sofort eine 100 %-Aushärtung zu haben, werden die Arbeiten über Nacht immer in den Heißluftraum gegeben. Damit ist es auch vorbei mit dem penetranten Geruch.

Nach einigen Tagen waren beide Bootskörper fertig. Sie wurden nun richtigherum aufgebockt, parallel ausgerichtet, mit Zwingen festgesetzt und mittels vier starker Aluminium-Rohre verbunden. Es folgten das Deck und schließlich die Kabine. Reiners rief mich an: »Kommen Sie heute vorbei? Wir sind bei der Kabine.«

Ich also raus. Als ich in die Halle kam, suchte ich als erstes mein Boot.

Aber es war weg. War es noch im Heißluftraum? Nein. Da war es auch nicht. Ich sah Kay und Peter bei irgendeiner Beschäftigung. »He, wo ist mein Boot?«

Die beiden guckten zuerst wie elektrogeschockt sich gegenseitig an, dann drehten sich ihre Köpfe langsam zu mir, als wagten sie gar nicht, mich richtig anzuschauen, weil sie fürchteten, meine völlige Verblödung feststellen zu müssen. »Wieso, dein Boot? Hier steht es doch!«

Ich dachte, die Jungs machen Scherze. Denn das, was ich sah und woran sie heute arbeiteten, war ein Wohnwagen. Da entdeckte ich auf einmal, daß unter dem Wohnwagen die Kufen meines Kats hervorlugten. Klein und grazil. Geradezu bescheiden gegenüber dem Wohnmobil für Großfamilien. Da Kay und Peter es offensichtlich ernst meinten, schaute ich genauer hin und stellte fest: Der Wohnwagen gehörte mir! Er sollte meine Kabine werden.

Da kamen auch schon Reiners und Gergs um die Ecke. Heiter und gutgelaunt, wie immer. »Na – ist das was?« der eine. Und der andere: »Als uns gestern beim Betrachten der Zeichnung die geringe Größe Ihres Lebensraumes klar wurde, haben wir uns gesagt, in so was kann man doch nicht zwei Monate lang leben. Würde man einen Hund da reinsperren, gingen alle Tierschützer auf die Barrikaden.

Und da haben wir sie halt größer gemacht und Sie herausgebeten, um Ihr Okay zu hören.«

»Wie soll ich denn jetzt von vorne nach hinten kommen? Da ist ja rundherum gar kein Platz mehr?«

»Das ist doch kein Problem: vorne und hinten bauen wir Stufen in die Wände. Und das hat ja noch einen Vorteil: Ihr Schiff wird viermal so schnell, weil der Wind viermal so viel Angriffsfläche hat.«

Die beiden mochten Recht haben oder nicht. Als ich das Monster vor mir anstarrte, kriegte ich Angst. Vor allem: Jetzt kann ich ja von meiner Tretanlage aus gar nicht mehr nach vorne gucken, fiel mir noch auf.

Und während beide wieder ins Büro mußten, reichte mir Kay wortlos einen dicken Filzstift. Ich stellte mich zentral vor den Wohnwagen, setzte den Stift an der Innenseite einer Bootskufe an und beschrieb, freihändig, wie ein freischaffender Künstler, einen eleganten Bogen zur Innenkante der anderen Kufe. Links was weg. Rechts was weg. Oben was weg. Nur die Breite war ok. Genau so sollte es werden! Klein, aber fein. Und da stand Peter auch schon mit der Stichsäge – und binnen weniger Augenblicke war aus dem Wohnmobil wieder ein Schiffchen geworden. Aus dem Klops ein Fleischbällchen. Ein 1-Mann-Zelt.

Das Pressebüro

»Zwei Monate sind eine lange Zeit. Dabei besteht die Gefahr, daß deine Aktion in Vergessenheit gerät. Du mußt dich hin und wieder melden, dann erzielst du auch mehr Breitenwirkung. Und das ist ja wichtig in diesem Fall.«

Der mir diesen Rat gab, war Gerhard Wallmeyer von Greenpeace. Er ist zuständig für den illegalen Handel mit Tierpräparationen: Häute, Felle, Elfenbein...

Ich saß in seinem engen Büro an der Hohen Brücke am Hamburger Hafen. Vor ihm türmte sich die Arbeit. Wie schon bei anderen Vorhaben, lag mir auch diesmal an Greenpeaces Rat. Denn sie sind Profis und meine bevorzugte Umweltschutzorganisation. Ich bin dort Mitglied und Förderer. »Das würde bedeuten, ich müßte erstmals auf meinen Touren ein Funkgerät mitnehmen. Irgendwie hat Technik mir immer widerstrebt. Dann schrumpft Abenteuer ja zur Pauschalreise. Es fehlt mir der Reiz des gewissen Risikos.«

»Das mag sein. Aber in diesem Falle muß der Zweck, den du erreichen willst, Vorrang haben. Öffentlichkeit und Medienunterstützung – das sind ja unsere wirksamsten Mittel gegen unverantwortlichen Machtmißbrauch.«

Walli hatte recht. Aber in vier Wochen sollte es losgehen. »Woher so schnell noch Funken lernen? Und mit wem soll ich da in Radio-Kontakt treten? Mit dpa? Die haben bisher in dieser Sache immer gut mitgezogen.«

»Das sollte keine Hürde sein. Da können wir dir auch helfen. Und wegen der Lizenzen mußt du dich ans Fernmeldeamt 6 wenden – hier in Hamburg.«

»Weißt du«, sagte ich dann mit einem Blick auf die viele Arbeit, den immer größer werdenden Mitarbeiterstab, die ständig erweiterten Räumlichkeiten und die vielen unbewältigten Aufgaben. »Euch das noch aufzubürden, wäre eine regelrechte Zumutung. Mir fällt da aber jemand ein, dem ich die journalistische Betreuung bundes- oder gar weltweit zutrauen würde.« Und nach kurzer Pause: »Du könntest mir aber trotzdem helfen, wenn du zur Taufe meines Bootes ein paar ganz kurze Worte sagen würdest.«

Walli sagte zu. Nun fehlte mir nur noch der Hauptredner. Und da hatte ich einen ganz bestimmten im Auge. Wenn das klappte, brachte mich das einen großen Schritt weiter.

Die Idee mit dem Stapellauf war noch ziemlich neu. Sie kam mir, als ich merkte, daß das Schifflein immer schöner wurde, richtig repräsentativ. »Es ist auch eine ungewöhnliche und ideale Gelegenheit, deinen Freunden und allen Sponsoren Lebewohl zu sagen«, hatte Maggy mich bestärkt.

Von Gerhard Wallmeyer ging ich schnurstracks zum NDR. »Ist Axel Lerche da?« fragte ich bei Andrea in der Redaktion der Jugendsendung »Der Club« von NDR 2. »Halloo! Kuchenmensch! Du hast Glück. Er ist nebenan.«

Ein Zimmer weiter wieder großes Hallo. »Was treibt dich her? Hast du was für unsere Sendung?«

»Ich glaube, ja. Hast du 10 Sekunden Zeit?«

Und damit waren wir gleich beim Thema. Ich kannte Axel seit meiner Fahrt mit dem Sperrmüllfloß. 1986 hatte ich zusammen mit sechs Jugendlichen und einem zweietagigen Floß aus Sperrmüll, begleitet vom ZDF, die gesamte westdeutsche Elbe befahren, um auf diese hinguckige Weise die Umweltprobleme des Stromes ins Gespräch zu bringen und den Umweltschutz voranzutreiben.

»Bevor ich andere fragen wollte, kamst du mir in den Kopf.« Ich erläuterte ihm also kurz, um was es ging, und er sagte zu. »Das ist 'ne starke Geschichte! Vor allem schon gut vorbereitet, mit viel Hintergrund. Bleib am besten gleich in meiner heutigen Sendung zu Gast. Da können wir das Vorhaben schon ansprechen. Und wenn du Zeit hast, gehen wir hinterher in unsere Kneipe, um die ganze Chose mit Reinhold Kujawa zu besprechen.« Reinhold ist sein Redaktions-Kollege.

Noch während der Sendung kam Axel so in Form, daß er gleich weiterdachte. »Ich rufe meinen Freund Jens Meyer an! Der ist ein Schreiberling. Mal hören, was der dazu meint.«

Zu diesem Treff nahm ich noch Maggy mit, und so zogen wir nach seiner Sendung um 20 Uhr in eine Kneipe. Das Resultat des gemütlichen Beisammenseins faßte Jens Meyer in knappe Worte.

»Ich wollte immer schon ein eigenes Pressebüro starten. Vielleicht ist das der Anfang. Denn die Geschichte sagt mir zu. Ich übernehme die Pressearbeit, Axel und Reinhard machen den Rundfunk – und das Fernsehen hast du ja sowieso schon unter Dach und Fach.«

Zwei Tage später hatte Jens eine stilvolle passende Parterre-Wohnung gefunden, hatte sich zwei Telefone legen lassen, einen Kopierer gekauft, einen Firmenstempel machen lassen, einen Fotografen engagiert... Und ich meldete mich derweil zu einem Funker-Kursus an. Daß ich den umfangreichen Lehrstoff schnell intus hatte, verdanke ich den Herren Hohorst und Kaun. Sie verstanden es, das Thema so interessant und so prägnant kurz zu fassen – beinahe wie einen Krimi – daß es keine Minute langweilig wurde. Sie hielten sich dabei an ein von ihnen selbst herausgegebenes Lehrbuch.

Nach 14 Tagen wußte ich UKW von Grenz- und Kurzwelle zu unterscheiden, die Geräte zu bedienen und vor allem: den Funksprechverkehr korrekt abzuwickeln und nicht etwa dazwischenzufunken wie jemand, der ohne Führerschein durch den dicksten Verkehr rast.

Ein Besuch bei Norddeich-Radio rundete meinen ersten Eindruck vom neuen Metier ab. Wir vereinbarten, daß man mich an allen Tagen, deren Datum durch drei teilbar ist, um 16.15 Uhr UTC (= Greenwich-Zeit) anrufen würde. So konnte ich Strom sparen und brauchte nicht viertelstundenlang Norddeich-Radio zu rufen. »Denn Senden kostet riesige Mengen Energie, Empfangen vergleichsweise nicht«, hatte mir Herr Indenbirken noch mal klargemacht. Und er versprach, mit akustischen und optischen Signalen seine diensthabenden Leute an die Termine zu erinnern.

Wie sich später herausstellte: Es klappte. Bis...

Der Stapellauf

»Es gibt eine gute Nachricht«, vermeldete Angelika von Woellwarth vom brasilianischen General-Konsulat. »Der Generalkonsul hat zugesagt.«

Donnerwetter! Das war wirklich eine gute Nachricht. Hatte mich meine Menschenkenntnis doch nicht im Stich gelassen. Ich sprang vor Freude an die Decke.

»Die ideale Person, die die Taufe vornehmen könnte, wäre der Generalkonsul. Und gleichzeitig wäre das ein Bekenntnis Brasiliens, sich Problemen zu stellen«, hatte ich sie ein paar Tage vorher auf diese Idee angesprochen.

»Er hat sogar gesagt, er tut es sehr gerne!« ergänzte sie noch. Und nach einer Weile: »Und dann habe ich da noch etwas. Kannst du nicht schnell mal herkommen?«

Angelika konnte einen ganz schön neugierig machen. Ohne weiter zu fragen, flitze ich zum Generalkonsulat von Brasilien. Angelika war nicht allein. Ein junger, sympathischer Brasilianer saß auf dem Sofa. »Das ist José Leal. Du hast ihn schon mal in der ›Fabrik‹ gesehen und gehört. Er ist Leiter der Musikgruppe ›Favela‹. Er hat eigens für diese Aktion ein Yanomami-Lied komponiert und getextet. Was sagst du nun?«

Gar nichts. Ich war baff. Ich zerrte ihn gleich zu Axel Lerche und damit vors Mikro, und auf einem Papierkorb als Trommel mußte er im Club das Lied »welturaufführen«. Poetischer Text, typisch brasilianisch und recht ohrwurmig. Auf diese Weise hatte ich nicht nur ein eigenes Lied, sondern gleichzeitig eine tolle Musikgruppe für die Taufe gefunden, einen bunten Haufen Brasilianer nebst einer hübschen Sängerin namens Ana, die extra aus Kopenhagen anreiste. Die würden meinen Gästen ganz schön Fernweh unter die Klamotten pusten.

So kam eine gute Nachricht zur anderen. Fast war ich geneigt, alles für ein gutes Omen zu halten, da rief Angelika erneut an. Diesmal klang ihre Stimme gar nicht gut. Irgendwie völlig anders. Nicht so direkt heraus. Nicht so heiter. Mehr so: »Wie sag ich's ihm?« Und dann brachte sie's über die Lippen: »Der Konsul darf das Boot nicht taufen.«

Hatte ich's mir doch gedacht. Es wäre ja auch zu schön gewesen.

»Ja, aber die Einladungen sind raus. Auch an die Presse, ans Fernsehen. Wenn die kommen, dann auch seinetwegen. Er verleiht der gesamten Aktion ein gewisses politisches Gewicht. Was machen wir denn jetzt? Und warum überhaupt?«

Angelika hüstelte: »Ich habe es selbst eben erst erfahren, denn er hat es mir erst vor 5 Minuten gesagt. Er ist in diesem Augenblick in Bonn in seiner Botschaft und hat es mir durchgerufen. Ich werde versuchen, es dir zu erklären. Der Konsul hat die Idee der Bootsfahrt in der Botschaft vorgetragen...« »Ich dachte, die wüßten das längst und hätten grünes Licht gegeben...?« rief ich aus.

»Ja. Das war auch alles klar. Aber heute saß auch der Admiral da. Also der für die Seefahrt zuständige Mann. Der hörte sich alles an und fragte dann noch mal nach: ›Habe ich richtig verstanden, Sie wollen das Schiff taufen?‹ Und als der Konsul das bejahte, sprang der Admiral auf und rief: ›Niemals! Das ist unmöglich!‹«

Klar, dachte ich, sonnenklar, aus politischen Gründen. »Und dann, Rüdiger, gab der Admiral eine Erklärung ab«, fuhr Angelika fort, »er sagte, nie darf ein Mann ein Schiff taufen! Das bringt Unglück. Wenn Nehberg auf dem Atlantik umkommt, wird man immer sagen ›das haben die

Brasilianer extra gemacht, um sich den Mann vom Hals zu schaffen.‹ Das können wir unserem Land nicht antun. Und das ist nicht etwa nur brasilianischer Aberglaube, sondern das gilt in der gesamten Seefahrt. International! Der Admiral wußte auch gleich ein paar Beispiele aufzuzählen, wo es schiefgegangen ist...«

Ich lachte erleichtert auf: »Also diese Begründung kann ich akzeptieren. Und die Taufe eines Schiffes muß tatsächlich immer eine Frau vornehmen?«

»Am besten sogar eine Jungfrau«, antwortete Angelika.

»Das ist dann aber völlig verständlich. Wenn es so ist, kann man ihm das auch wirklich nicht zumuten. Könnte es denn nicht seine Frau machen?«

»Das ist es ja, Rüdiger. Er ist Junggeselle und hat gesagt: Ich schätze den Nehberg ja sehr, aber ich kann doch deswegen nicht auch noch heiraten.«

»Nein«, tröstete ich Angelika. »Wenn das alles ist, möchte er doch bitte seine Rede halten, und Maggy tauft das Boot.« Sie ist sogar Jungfrau. Denn am 5. September hat sie ihren Geburtstag.

Und endlich war der große Tag da. Der 25. September 1987. Rüdiger als Eigner eines SEETÜCHTIGEN SCHIFFES! Yanomami Brasil!

Die Werft hatte das ganze Gelände tiptop aufgeräumt und am Eingang die Hamburger, die Werftflagge und die brasilianische Fahne gehißt. Damit sie keinesfalls kleiner war als die Hamburgs, lieh uns Fahnen-Fleck kulanterweise das entsprechende Exemplar. Fahnen-Fleck schenkte mir auch eine Fahne mit dem Emblem der Gesellschaft für bedrohte Völker: ein fischeschießender Indianer auf einem Boot. Und darunter der Name meines Bootes, der Name der Aktion: Yanomami Brasil.

Es war – ehrlich – ein erhebendes, ein etwas feierliches Gefühl.

Es war wohl auch das Bewußtsein, daß der Starttermin

unausweichlich näherrückte. Immer wieder ertappte ich mich dabei, zu sagen: »Diese Arbeit verrichte ich zum letzten Mal vor der Reise.« Ich erledigte sie ganz bewußt, denn ebensooft dachte ich: »Ob es wohl das letzte Mal in deinem Leben ist?« Aber solche Sentimentalitäten wischte ich immer schnell beiseite. Schließlich hatte ich das vor vielen Reisen gedacht und war doch immer zurückgekehrt. Wie formulierte es Maggy mal? »Der kommt sogar noch aus dem Sarg geklettert.« Möge sie recht haben. Das stärkt das Selbstbewußtsein.

Ab 15 Uhr füllte sich der Platz. José Leal und seine »Favela« sorgten für Stimmung, meine Mitarbeiterinnen für das leibliche Wohl. Leute, von denen ich es gar nicht erwartet hatte, weil sie um diese Zeit Dienst gehabt hätten – sie alle hatten sich freigenommen, um sich zu verabschieden. Und sehr viele hatten sich noch ein geistreiches Abschiedsgeschenk einfallen lassen. Die Werft mußte extra einen Tisch herausholen, um alles unterzubringen.

Da war, allen voran, Rudolf Hoppe: »Mensch, Rüdiger, nun ist es fast so weit.« Er drückte mir die Hände, und wir beide zitterten ein wenig. Er aus Fürsorge. Ich aus Unsicherheit. Dabei drückte er mir ein schon lange angekündigtes, ledergebundenes Büchlein in die Hand. Oft schon hatte er davon gesprochen und gesagt: »Da schreibe ich alles rein, was ich für dich für wichtig halte. Unterwegs hast du Zeit, und wenn du das eine oder andere vergessen haben solltest, steht es bestimmt in diesem Buch. Möge es dir helfen, drüben anzukommen.«

In Anbetracht der immer größer werdenden Reihe von Gratulanten, konnte ich dieses Kleinod im Moment gar nicht gebührend würdigen. Aber das erwartete er auch nicht. Ich konnte es nur anblättern und schon da sah ich, mit wieviel Liebe und Sorgfalt er mir da eine regelrechte »Seefahrer-Bibel« zusammengestellt hatte. Ein lockeres Potpourri von Rechenformeln, Verhaltenstips, Gedanken

und Witzen. Rudolf – dafür schreibe ich dir hier und heute
nochmals meinen Dank auf. Du glaubst nicht, wie oft ich
unterwegs hineingeschaut habe.

Dann standen da Walter F. Geyer, Geschäftsführer meiner Einkaufsgenossenschaft Bäko. Schon von weitem hatten seine zu Paddeln umfunktionierten Brotschieber die
Menge überragt.

Da waren Detlef Lerch und Joachim Jessen, meine Verleger, mit einem Rettungsring. »Junge, komm heil wieder«, hatten sie draufgeschrieben. Die treuen Marineflieger waren sogar aus Nordholz angereist und überreichten
mir einen Überlebensgürtel mit vielen Gags und Nützlich-
keiten.

Und ob es große Geschenke waren oder kleine Gags, es
wurde ein Fest wie Weihnachten:

Ulrike mit ihrer Signalpfeife,

Arved Fuchs mit seinem sogenannten Daumen-Kino für
einsame Stunden,

Kay & Peter, die Bootsbauer, mit einer Klingel, um die
Wale zu verscheuchen,

Ute Nathusius mit Medikamenten,

Jürgen Krohn mit dem Riesenschutzkäfig gegen Haie,
aus dem heraus das Team mich bei Unterwasserarbeiten
filmen sollte,

die Firma Dräger mit einem Supertauchgerät,

Margrit Ludwig mit selbstgekochten Konfitüren,

die Werft mit einem von allen unterschriebenen Glück-
wunsch,

Sabine und Hiren mit einer Einladung zum indischen
Essen,

Gaby und Florian Ewald mit einer Quarz-Stoppuhr,
Gummibärchen und einem Polster für den harten Fahrrad-
sattel,

Helga Borchers von Hoechst mit einer großen Flasche
Mateus Rosé,

Klaus Wetzstein mit Brot in Dosen und Eipulver,

Dietrich Kaun, der Funklehrer, mit einem solarbetriebenen Aufladegerät für Batterien,

Hans-Ulrich Pillekamp mit dem DDR-Sextanten,

Ilse Drews mit den Overalls, die ab jetzt meine Erkennungsgarderobe sein würden,

Conny Engel und Carsten Zorn mit einem Buch,

Ute Gesch mit Elektrolyten,

Ulf Kühl mit einer selbstmoderierten Musik-Cassette.

Klaus Denart und Peter Lechhart, meine alten Reisekumpels, die einen Globetrotter-Ausrüstungsladen in Hamburg betreiben, schenkten mir meine gesamte Camping-Ausrüstung, einschließlich eines Treibsegels aus unzerreißbarem Zelttuch,

Ilse Kaun, eine meiner Filialleiterinnen, die mir 14 Tage Urlaub erließ,

die Kinder von Rausdorf mit einer Zeichnung,

Filialleiterin Heike Wehling und Olaf Sattler mit dem Versprechen, die neueste Filiale um 15 % zu steigern und last but not least drückte meine Tochter Kirsten, extra aus London angereist, mir ein Foto und einen Brief in die Hand: »Komm bitte wieder, damit wir noch weiter so viele verrückte Sachen zusammen machen können.«

Freunde, seid nicht böse, aber diese Auflistung ist eine meiner wenigen Möglichkeiten, mich für die erwiesene Zuneigung zu bedanken.

Um 15 Uhr 30 begann der offizielle Teil. Und prompt fing es an zu regnen. Petrus taufte das Boot auf seine Weise.

Werftchef Michael Schmidt erschütterte das nicht. Er eröffnete den Reigen der Redner. »Wir haben – weiß Gott – schon viele Schiffe gebaut. Vom einfachen Kajak bis zum Admiral's-Cupper. Aber dieses Boot wird wohl das Ungewöhnlichste sein und bleiben. Und weil es so besonders war, haben wir es auch sehr gern gebaut. Mit aller Liebe und aller Fachkenntnis. Es wird bestimmt den Belastungen durch den Atlantik standhalten. Aber trotzdem darf ich Ihnen ehrlich sagen: Von *uns* würde damit keiner rüberfahren.«

War das nun ein Kompliment oder wollte er mir Angst machen, damit ich hierbliebe und dem Boot der Härtetest erspart blieb?

Dann kam ich an die Reihe. Ich erzählte kurz die Vorgeschichte und erklärte die Absicht dieser Reise, bedankte mich bei den Sponsoren, ohne deren finanzielle Unterstützung ich mir die Aktion hätte aus dem Kopf schlagen können und kündigte die vier nächsten Redner an. Das mag sich lesen, als sei endlos geredet worden. Aber jeder sprach nur wenige Minuten. So kam keine Langeweile auf.

Nach Gerhard Wallmeyer von Greenpeace sprach Harald Martens vom World Wildlife Fund: »Naturschutz ist für den WWF untrennbar mit der Bewahrung bedrohter Naturvölker verknüpft. Denn ihre Kultur ist Teil des biologischen Ganzen der Regenwälder und anderer schutzbedürftiger Regionen unserer Erde...« Dann verlas Tilman Zülch die Bittschrift. Sie war wertvoll in schwarzen Hochglanzkarton gebunden. Er schloß seine Rede mit den Worten: »In fünf Jahren feiert Amerika seine Entdeckung durch Columbus. 500 Jahre sind das her. Und gerade sind wir dabei, den letzten Ureinwohnern den Garaus zu machen. Lassen Sie uns wenigstens diese letzte Kultur erhalten!«

Und dann kam der Generalkonsul Francisco de Lima e Silva. Er erklomm die Leiter zum Podest der »Favela«-Band und entfaltete seine Rede.

Seit seiner Amtsübernahme vor neun Monaten hatte er Deutsch gelernt und sprach die Einleitung in Deutsch, das weitere dann auf Englisch. »Von Anfang an hat mir die Art imponiert, in der Sie Ihr Anliegen vorgetragen haben. Ich erkläre mich damit solidarisch und wünsche Ihnen als Brasilianer und als Freund, daß Sie Erfolg haben mögen!«

Dann begab sich der Konsul zum Boot. Maggy hatte bereits vorsichtig den Sektkorken gelöst, damit nichts schiefging. Der Generalkonsul stellte sich neben sie, und dann ließ Maggy den Korken knallen, den Sekt schäumen und spritzte ihn über das Boot. Ein paar Helfer rissen das Tuch vom Boot, und erst jetzt bekamen die Anwesenden das schöne rotweiße Schiff zu sehen.

»Ich taufe dich auf den Namen Yanomami Brasil und wünsche dir allzeit gute Fahrt. Mögest du erreichen, wofür du gebaut wurdest.« Und mit einer Träne im Auge fügte sie hinzu: »Kommt mir beide heil wieder!«

Das Boot glitt zu Wasser, die Fahnen flatterten.

Ich duldete – wie es sich gehört – keinerlei Frauen an Bord, verscheuchte sogar die Fliegen und warf meine schönste Mütze ins Heckwasser, als die Schraube es aufwirbelte und das Schiff ein paar Meter Probefahrt machte.

Das war also mein Schiff! Inzwischen hatte es sich sehr zu seinem Vorteil verändert. Und dennoch war es nicht fertig. Es war wie ein Haus beim Richtfest.

Aber es leuchteten die orange-roten und elfenbeinweißen Farben. Die Kufen hatten je drei dekorative Lukendeckel erhalten, auf der halbkugeligen Kabine, wie eine Krone, die Plexikuppel als Ausguck bei Schlechtwetter und hinten die Tret-Prop-Anlage, gebaut und konstruiert von Eberhard Birenheide.

Der Nachmittag verging wie im Fluge und erst als es dunkelte, verabschiedeten sich die letzten Gäste.

Sicherheit an Bord

»Wir dürfen uns rühmen«, erklärte mir Dr. Runge, Geschäftsführer der allbekannten Nico-Pyrotechnik in Trittau mit einem Augenzwinkern, »daß es bei unseren Er-
zeugnissen noch nie eine Reklamation gegeben hat.«
    Er ließ mir ein wenig Zeit zum Staunen, ob soviel deut-
scher Wertarbeit. Dann fuhr er fort: »Das ist nämlich der
Vorteil unserer Ware: Wenn sie nicht funktioniert, hat der
Kunde keine Gelegenheit mehr zur Reklamation!« Allge-
meine Heiterkeit, obwohl der Witz sicher schon älter war.
Aber mir war er neu, und ich kann mich über so was
freuen. Werbechef Clasen wiegelte denn auch gleich ab:
»Aber es gibt genügend andere, die der Wirkung und Zuverlässigkeit unserer Notsignale ihr Leben verdanken.«
    Vor mir auf dem Tisch stand eine ganze Batterie dieser
Notsignale. »Nehmen Sie sich, was Sie für notwendig halten.«
    Natürlich war es verlockend, einfach zuzugreifen und
aus dem Vollen zu schöpfen. Zum Üben. Für die Reise.
Für die Zukunft. Aber ich wollte mich jetzt nur auf die
bevorstehende Fahrt konzentrieren und auch da, nach alter Devise, mit einem Minimum an Aufwand ein Maxi-
mum an Erfolg erreichen. Runge erleichterte mir den Entschluß. »Ich weiß, was Sie vorhaben. Deshalb schlage
ich Ihnen vor: Rote Fallschirm-Leuchtkugeln für die
Nacht...« »Denn bei Tage sind die ziemlich ineffektiv«,
warf Clasen ein. »...und orangefarbene Rauchbomben für
den Tag.«
    Er baute zwei große Stapel vor mir auf und erklärte vor-

sichtshalber noch mal den Gebrauch und den Effekt. Und Clasen riet: »Vielleicht können Sie das bei Ihren Übungen im militärischen Sperrgebiet erproben, denn woanders ist es nicht gestattet.« Aber das war gar nicht nötig. Das hatte ich in Nordholz alles schon gemacht.

Und so, als gäbe es noch einen Rabatt obendrein, packte er zwei Nico-Signale dazu. Das war wirklich eine feine Sache, denn diese Signalabschußgeräte hatte ich bereits auf meiner Sperrmüllfloßfahrt als praktisch, sicher und vor allem schnell kennengelernt. »Eins immer am Mann und eins am Boot«, hämmerten Runge und Clasen mir die Faustregel ins Hirn.

Diese Nico-Signale sind eine Eigenentwicklung des Hauses Nico-Pyrotechnik und erst drei Jahre auf dem Markt.

Man kann aus ihnen sechs rote, grüne oder weiße Leuchtkugeln verschießen. Mit einem einzigen Griff ist die Trommel auswechselbar. »Sie können damit ins Wasser fallen und klatschnaß aus dem Wasser heraus sofort schießen. Die Kugeln gehen 80 Meter hoch und glühen noch, wenn sie auf 40 m wieder abgefallen sind.«

»Inzwischen ist das Gerät auch schon sehr gut eingeführt. Vor allem in Sportbootkreisen«, ergänzte Clasen.

Als Extra-Bonbon hatten sie mir in das eine »R. Nehberg«, in das andere »Sir Vival« gravieren lassen.

»Unterschätzen Sie bloß das Gerät nicht. Auch wenn es waffenscheinfrei ist. Die Leuchtkugel entwickelt eine Hitze von 2000 Grad! Verantwortungsvoller Umgang ist also die Voraussetzung für den Gebrauch. Damit könnten Sie sonstwas in Brand schießen.« Und Runge erklärte abschließend: »Es funktioniert nur bei senkrechter Handhabung. Wenn Sie doch mal nach unten schießen wollen, dann müssen Sie es hochhalten, den Druckpunkt nehmen, ihn halten und dann nach unten feuern. Wenn Sie die Kugel etwa einen Meter über dem Wasser zünden, hat sie ihre –

verminderte – Wirkung als Hitzegeschoß sogar im Wasser! Vielleicht können Sie sich damit mal einen zu aufdringlichen Hai vom Leib halten.«

Sicherheit an Bord. Bei allen Überlegungen hatte sie mit die wichtigste Rolle gespielt. Deswegen war ich auf Divinycell als Bootskern gestoßen. Brächen alle sechs wasserdichten Schotten, dann würde das Divinycell-Hartschaummaterial mich weiterhin tragen. Zwar würde mein Boot dann zum treibenden Floß degradiert. Aber es würde mich mit der Strömung an irgendein Ufer tragen. Auch der Atlantik ist letztlich nur ein großer Teich, der rundherum von Land umgeben ist.

Um einen gewissen Mehrauftrieb zu erreichen, um den empfindlichen Teil meiner Ausrüstung vor Nässe zu schützen, hatte ich mir bei Denart & Lechhart die schon traditionellen wasserdichten und robusten Weithalskanister in verschiedenen Größen besorgt. In ihnen wollte ich auch das Trinkwasser lagern. Damit die Kanister z. B. bei Kollision nicht untergehen, wollte ich überall einen Liter Luftraum lassen.

Die Kanister eines jeden Schotts sollten mit Seilen zu einer losen Einheit verbunden werden, damit ich sie bei Schiffbruch schneller greifen und mit anderen Kanisterketten aneinanderklinken konnte. Deshalb hatte jedes Kollo einen Karabinerhaken.

Hätte ich nur noch die Kanister und kein Boot mehr, könnte ich sie mir wie ein Spinnennetz zusammenfügen und hätte ein Floß.

Für den Fall, daß die Tretanlage ausfällt, hatte ich das Stützsegel und konnte auch die Sonnenschutz- und Regenauffangfolie als Segel umfunktionieren. Wie gesagt, alles aus reißfestem Material.

Ich hatte drei Kompasse mit. Einen im Cockpit, einen bei der Tretanlage und einen im Überlebenskanister. Dabei stellte sich später besonders der finnische Suunto-Kompaß als ideal heraus. Man stellt auf einer Drehskala seinen Kurs auf die Kiellinie ein und bringt in dem Moment, wo man den Kurs auch tatsächlich unterm Kiel hat, zwei deutlich leuchtende Striche zur Deckung. Das empfand ich als eine besonders praktische Hilfe für die nächtlichen Beobachtungen. Ein Blick, und man sah: Punkte in Deckung = alles okay. Oder Punkte divergierten = Kurs korrigieren. Ein Geschenk übrigens von der Firma Hans-Ulrich Pillekamp, Hamburg. Im Gegensatz dazu hatte der Silva-Kompaß zwar auch eine phosphoreszierende Stelle am Ablesestrich. Aber um wirklich ablesen zu können, war eine Taschenlampe erforderlich.

»Soll ich ein Barometer mitnehmen?« hatte ich Rudolf Hoppe gefragt. »Weißt du, viele halten es für wichtig. Bei dir ist es jedoch so: Wenn ein Unwetter kommt, mußt du es hinnehmen. Denn du kannst nicht ausweichen so wie große schnelle Schiffe. Deshalb halte ich es für viel wesentlicher, wenn du dir eine Grundregel merkst, wie sie schon die alten Skipper beherzigten, als es noch gar keine Barometer gab: Sichere alles an deinem Boot so, als käme im nächsten Augenblick ein Sturm. Wenn du erst schläfst und der Wind nimmt an Heftigkeit zu, dann ist bereits die Hälfte verlorengegangen – ehe du den Sturm bemerkst. Das gilt auch für dein Werkzeug. Wenn du an Deck einen Hammer in die Hand nimmst, binde ihn mit einer Schlinge an dir fest. Wenn du ihn zur Seite legst, binde ihn fest. Stell dir vor: du stehst mit deinem Sextanten an Deck, in der anderen Hand die Stoppuhr. Da kommt ein Roller von hinten, du stolperst und dein Sextant ist außenbords. Das können tödliche Fehler sein.« Wenn Rudolf Hoppe in seiner Schatzkiste kramte, kam ich mir vor wie meine Tochter, als sie noch jünger war und ich ihr abends Geschichten erzählte. Kaum konnte sie noch die Augen offenhalten, aber nach jeder bat sie »Ach, noch eine!«

Auch ich konnte mich nicht satthören. Manches kannte ich zwar vom Survival-Training, vieles war auch völlig logisch und selbstverständlich, aber immer wieder kam auch was Neues. Und begierig sammelte ich deshalb jeden brauchbaren Tip für die Reise und mich, und dieses Buch.

»Denk an einen Notausstieg! Du kannst umschlagen und kriegst den Cockpit-Deckel nicht auf. Oder Haie sind unter dir.«

Also, kam auch in den Boden meines Kats eine große Ausstiegsluke. Sie hatte, wie sich später zeigte, noch den nützlichen Nebeneffekt, daß ich unter mir die Schwärme der Fische betrachten konnte oder die großen Einzelgänger. Mein eigenes Fernsehgerät also. Und dazu noch gebührenfrei.

»Dann«, belehrte er mich weiter, »darfst du nie, versprich mir das: nie! unangeseilt an Deck gehen. Weder bei Tag noch bei Windstille. Spann dir vom Antennenmast zum Heck ein Seil. In zwei Meter Höhe. Wie die Bauern das hier auf ihren Höfen haben für die Hunde. Und an dieses Laufseil klinkst du dich jedesmal ein, wenn du aus deiner Kajüte rauswillst.«

Ich schrieb alles mit.

»Ferner muß um dein Boot – über der Wasserlinie – ein umlaufendes Seil befestigt sein. Damit du sofort etwas zum Halten hast, wenn du doch mal hineinfällst. Dein Schiff wartet nicht. Wenn der Wind es treibt, wird das auf 1–5 Knoten (Knoten = Stundengeschwindigkeit. 1 Knoten = 1 Seemeile, 1 Seemeile = 1853 Meter) kommen – und die schwimmst du nicht.

Geh' auch nie unangeleint ins Wasser. Selbst wenn du dich gerade am Umlaufseil festhältst. Ein Fisch kann dich beißen, du kannst eine Portugiesische Galeere (besonders wehrhafte Qualle) streifen – und schon läßt du vor Schmerz los. Dann ist dein Boot weg. Vor allem, weil du

190

eine Windsteueranlage hast. Da hält das Schiff den Kurs und treibt dir fort. Auf Nimmerwiedersehen. Bei Booten, wo jemand ständig die Pinne bedient, ist das was anderes. Da schlägt das Boot sofort aus dem Kurs, wenn du die Pinne losläßt, und es dreht sich möglicherweise in den Wind und verweilt.«

So ging es Schlag auf Schlag. Und da mir all das unmittelbar bevorstand, wirkte es spannend wie ein Krimi.

»Ich liebe die See, aber ich habe auch einen Heidenrespekt vor ihr! Sie gibt dir alles, wenn du dich an ihre Spielregeln hältst, aber sie schlägt auch unerbittlich zu, wenn du dich daran nicht hältst.«

So beschlossen wir, daß ich auch in halber Höhe der Reling ein Seil spannen würde und daß ich – als letzte Rettung, quasi wie Mutters Rockzipfel –, ein 50-Meter-Seil hinterherschleppen würde.

»Das brauchst du, wenn du doch reinfällst, dein allerletzter Strohhalm. Damit du ihn schneller findest, muß er mehrere leuchtende Auftriebskörper haben. Am besten, wenn es ohnehin ein schwimmendes Seil ist. Und mach dir Schlaufen rein. Sonst rutscht es dir durch die Hand. Wenn du bei 4 Kn hinterhergezogen wirst, wirst du nicht mal die Kraft haben, dich ranzuziehen ans Schiff. Du kannst froh sein, dich halten zu können. Deshalb befestige das Seil so am Steuer, daß dieses bei Ruck umschlägt und das Schiff einen Bogen fährt.«

Wir kamen auch auf den Aberglauben zu sprechen. Weil ich nichts davon halte. Aber Rudolf konnte mir das gut erklären. »Weißt du, ich bin genauso wenig abergläubisch wie du. Aber alle diese Ansichten sind uralte Überlieferungen. Sie stammen aus Zeiten, als die Menschen noch ganz andere Vorstellungen von den Zusammenhängen in der Welt hatten. Da glaubte man wirklich an Untiere in der Tiefe, die einen nachts vom Schiff holten – denk nur mal an Loch Ness! –, und an den Klabautermann.«

»Ja, aber der Schnack, daß man an Deck nicht pfeifen darf?«

»Gerade der hat seine gute Erklärung. Wenn da ein Typ am Ruder steht, wie Hans-guck-in-die-Luft, und pfeift einen vor sich hin, womöglich noch 'ne Samba tanzend, dann ist solch ein Mann nicht konzentriert bei der Sache. Und seine Unaufmerksamkeit kann für alle fatal enden, wenn er den Pott auf ein Riff setzt. Dazu kommt, daß früher die Signale zum Kurswechsel per Pfeife gegeben wurden. Da konnte leicht das eine mit dem anderen Pfeifen verwechselt werden. Deshalb ist nicht nur das Pfeifen verboten – es müssen auch alle Löcher verstopft werden, wo sich pfeifende Geräusche bilden.«

Und wirklich – später bin ich mehr als einmal nachts an Deck geeilt, um klappernde oder pfeifende Utensilien nachzubinden, damit sie verstummten. Zum einen, weil diese ständigen Geräusche nerven, zum anderen aber auch, weil sie ablenken und den Beobachtungssinn unnötig blockieren.

Auch andere Wohlgesonnene machten sich um meine Sicherheit Gedanken. Gleich nach dem Stapellauf rief Korvettenkapital Wagner an. »Ich wollte neulich nichts sagen, aber so erscheint mir das Boot noch zu unfertig.«

Nun, das war es ja auch. Reling, Sicherungsseil, Schwerter, Netz – das sollte ja noch folgen.

Oder Harald Schwarzlose, der Chefredakteur der Zeitschrift »Yacht«. Er hatte mein Boot gesehen und ich sollte dringend zurückrufen. Er sprach von »eklatanten Mängeln, die lebensbedrohlich sein könnten«.

Ich war gespannt. Wann hatte er es zuletzt gesehen? Kürzlich bei der Taufe oder gestern in der Werft? Immerhin stand er einer Experten-Zeitschrift vor, die in dieser Hinsicht alle Raffinessen der Sportbooterei kannte und außerdem noch täglich neue erfand. Verständlich, daß ich auf seinen Rat sehr gespannt war.

Um so überraschter war ich, daß er gar nicht den coolen Fachmann heraushängen ließ.

»Das ist ja schön, daß Sie gleich zurückrufen!« begrüßte er mich.

»Wissen Sie, seit ich Ihr Boot gesehen habe, mache ich mir Gedanken darüber. Und heute morgen hielt ich es nicht mehr aus. Ich würde mir sonst ewig Vorwürfe machen.«

»Ja, Sie sprachen meiner Sekretärin gegenüber von eklatanten Mängeln. Wann haben Sie es zuletzt gesehen?«

»Ich habe hier die Fotos von der Taufe vorliegen, die meine Leute gemacht haben. Und da ist noch manches zu verbessern. Darf ich Sie zum Essen einladen, damit wir das mal durchsprechen?«

Wenn ich alles erwartet hatte, einen solch wohlwollenden Rat nebst Essen niemals. Aus terminlichen Gründen mußten wir uns dann aber doch aufs Telefon beschränken.

»Inzwischen hat sich viel getan an dem Boot. Damals – das war mehr oder weniger erst der Rohbau – das Richtfest. Sagen Sie Ihre Bedenken einfach mal. Vielleicht kann ich einige zerstreuen.«

Schwarzlose hatte sich neun Punkte notiert.

»Zunächst fehlt unbedingt eine Reling. Ferner Schwerter. Dann habe ich...«

So zählte er seine Beanstandungen auf. Und ich war richtig ein wenig erleichtert, ihm sagen zu können, daß alle neun Punkte inzwischen abgehakt werden konnten.

»Schließlich hatte ich ja gute Berater«, endete ich.

»So? Wen denn?«

»Zwei Leute aus Ihrem Hause. Joachim Schult und Dieter Scharping, ferner Kapitän Rudolf Hoppe und – nicht zuletzt – die Yachtwerft Wedel.«

»Ach du liebe Zeit«, atmete er hörbar erleichtert auf. »Das hatte ich natürlich nicht gewußt! Aber dann hätte ich mir die schlaflosen Stunden auch sparen können.«

So kriegte ich, zwar hektisch bis chaotisch, aber doch langsam und sicher alles unter Dach und Fach.

Zuletzt waren es nur noch die Routine-Erledigungen. Check der Zähne bei Peter Detering; ein paar Ganzbestrahlungen auf der Sonnenbank, um schon eine gewisse Widerstandsfähigkeit gegen die intensiven UV-Strahlen auf dem Meer anzuzüchten, und die Auffrischung der Impfungen bei meinem Tropenarzt Dr. Herbert Lieske.

Auch Klaus Denart und Peter Lechhart war noch etwas Nützliches eingefallen: eine Gletscherbrille. »Für die ersten Tage auf dem Meer, wenn du das Licht besonders schmerzhaft empfindest. Und hier diese Messingschilder. Schraub sie dir auf deine Kommandobrücke!«

Ich wickelte das Päckchen neugierig aus und las:

> Heute schon Bootscheck gemacht?
> und auf der anderen:
> 1 Hand fürs Schiff
> 1 Hand für Dich!
>
> Komm gesund wieder!
> Peter + Klaus

Peter Lechhart, selbst Superprofi-Segler: »Du glaubst nicht, wie wichtig der tägliche Check an Bord ist. Fühl jede Schraube, jedes Seil, jede Verbindung an, ob sie sich löst, reißt, lockert. Der erste Schaden ist immer der kleinste und meist noch zu beheben. Durch das Schaukeln und Zittern löst sich irgendwann sonst alles.«

Eines Tages kam Maggy und vermeldete: »Hast du schon die Plakate gesehen? Auf dem Heiligengeistfeld ist eine Hai Show. Da kannst du vielleicht deinen Haistock erproben und du siehst gleich, wie ein Hai unter Wasser aussieht. Von Auge zu Auge, wo da doch alles ein Drittel größer wirkt.«

»Mensch«, staunte ich. »Du hast immer gute Ideen. Nichts wie hin.«

Und übers Telefon: »Wolfgang – ist das was für den Film? Dann komm.«

Fast gleichzeitig trafen wir am Schauplatz ein. Schon von weitem hörten wir den Schreier.

»Und in 5 Minuten ist es wieder so weit! Miss Sheila klettert ins Becken zu den drei Haien!«

»Laß uns mal erst gucken«, riet ich.

»Wenn's gut ist, fragen wir, ob ich mit hineindarf.«

Vorbei an Plakaten mit eleganten und riesigen Haien, vorbei auch an der wohlgeformten Miss Sheila betraten wir das Zelt. Verglichen mit dem äußeren Glanz war es innen schmucklos. Um nicht zu sagen trostlos.

In einem 8-Meter-Becken mit mitteltrübem Wasser war zunächst von Haien nichts zu sehen. Bis Maggy sie entdeckte. »Da unten! Sind sie das?«

Ja, das waren sie. Auf dem Boden des Bassins: zwei kleine und ein größerer à 150 cm. Leblos, apathisch, satt. Ganz anders als das tiptoppe Delphinarium bei Hagenbeck.

Hier starben drei Tiere in Einzel- und Dunkelhaft.

»Ich denke, Haie müssen ständig schwimmen, sonst sterben sie?« erinnerte sich Ton-Mann Daniel.

Inzwischen war Sheila zu den Fischen ins Wasser gestiegen. Kein einziger bewegte sich. Sie mußte sie schon anheben, um zu zeigen, daß es sich tatsächlich um lebende Wesen handelte.

»Nee«, sagte Wolfgang entschieden, »das kommt mir vor wie die Käfighaltung von Hühnern. Ich bin dafür, wir hauen ab. Erstens kannst du an solchen Haien nichts lernen und zweitens machen wir für solche Leute keine Reklame.«

»Daß der Tierschutzverein da nicht einschreitet wegen nicht artgerechter Haltung«, wunderte sich Maggy. »Erinnere dich mal, was für 'n Aufstand die mit anderen Liebhabern gemacht haben, als du verlauten ließt, du wolltest eine Katze mit auf See nehmen!«

Genau. Ich hatte es bereits vergessen, weil es schon einige Monate zurücklag. Ich wollte irgend etwas Lebendiges bei mir haben. Und das hatte ich öffentlich erzählt. Ach du liebe Zeit, da hatte ich aber was angezettelt. Von verlockenden Angeboten (mit Foto der Katze »und an Einzelzimmer gewöhnt«) über Bittschriften (Bitte lassen Sie die Katze hier. Wasser und Katze vertragen sich nicht) bis hin zu einem humorlosen Schreiben des Hamburger Tierschutzvereins, der mich eigentlich kennen sollte und wissen, daß auch ein Anruf genügt.

Jedenfalls schlug ich mir das aus dem Kopf. Ich wollte die Fahrt nicht mit unnötigen Emotionen belasten. Das würde dem Ziel schaden. Und das hieß Yanomami.

Und dennoch hatte ich später eine Katze mit. Rotblond getigert, schmusig und stubenrein lag sie meist wohlig ausgestreckt neben meinem Kompaß. Allerdings war sie aus Stoff, und ich bin sicher, die Tierfreunde hatten recht: Für ein lebendiges Tier wäre die Kreuzfahrt tödlich gewesen.

»Aber Hühner und Haie zählen für viele offenbar nicht zu den schützenswerten Wesen«, zog Maggy Bilanz.

»Dann bis morgen beim Test!« verabschiedeten wir uns.

Das war dann auch der wirklich letzte Punkt in Sachen Sicherheit. Bis auf den Überlebenskanister.

Ich hatte mir im Hamburger Hafen eine Barkasse gemietet und Arno Rettig, Hafenkapitän mit Edelstein im Ohr, bugsierte die »Yanomami Brasil« bei Wedel auf die offene Elbe hinaus. Außerhalb des Fahrwassers hatten wir Platz genug, um Stabilität und Kenterfreudigkeit zu erproben.

Um später leichter verladen werden zu können, hatte mein Schiff vier sogenannte Heißaugen. Das sind stabile Metallösen. 15 mm starke Johnnis. Da hindurch zog Arno diverse dicke Tampen und versuchte nun, mit der Kraft seiner Barkasse mein Boot zu stürzen.

Ob mit dem Strom oder dagegen, ob die Seile unterm Boot durchgezogen wurden oder darüber, gnädigenfalls verneigte sich das Schiff Arno zuliebe. Aber mehr war nicht drin. Schließlich gaben wir auf.

Durch den Test in Mitleidenschaft gezogen: ein Heißauge verbogen, eine Schweißnaht an der Reling gebrochen und beide Steuerruder zerfetzt.

So fuhren wir zurück zur Werft.

Am Ufer: Peter Gergs von der Yachtwerft Wedel. Braungebrannt. Gerade zurückgekehrt von einem 14-Tage-Segeltörn. »Das darf nicht wahr sein«, jammerte er und schlug sich vor die Stirn. »Was habt ihr denn mit dem Boot gemacht? Wie kann man nur diese stabilen Heißaugen verbiegen?«

»Wir haben es getestet«, antwortete ich. Einerseits arglos, andererseits glücklich. Denn mich hatte der Test überzeugt. Und ob ich in Brasilien mit einem Kratzer mehr oder weniger ankomme, war für mich viel weniger entscheidend, als daß ich überhaupt ankomme.

Doch Gergs sah das anders. Sein Urlaub schien für die Katz. Für ihn war völlig klar, daß er eine stabile und schöne Wertarbeit geliefert hatte. Für ihn als Fachmann war das Resultat eines jeden Tests von vornherein klar und in unserem Falle unnötig. Denn er lebte mit den Rohstoffen, er hatte sie schon hundert Mal verarbeitet. Fast war er selbst eine Glasfaser.

Jedenfalls war er so sensibel wie eine rohe Glasfaser, eine, die noch nicht mit Polyester gepaart wurde. Er wandte sich wortlos ab. Und ich sah: Er hatte Tränen der Enttäuschung in den Augen.

Nun wurde mir doch ein wenig anders zumute. Ich eilte hinterher, legte ihm den Arm um die Schulter und versuchte, ihn zu trösten.

»Peter, der Test war für mich wichtig. Das Boot ist mehr durchgeknetet worden, als ihm das je in der Praxis bevorstehen wird. Und es hat dennoch gehalten! Erst dieser Test hat mir gezeigt, daß ich da wirklich eine Insel, ein Stück

Festland unterm durchgeradelten Hintern haben werde. Der Test hat mir die letzte Angst genommen.

Und dafür können wir doch ein verbogenes Heißauge hinnehmen?!«

Bei der Fülle der Vorbereitungen, Überlegungen und praktischen Versuche konkretisierte sich auch das diesmalige Überlebenspaket. Ein schlichter, bescheidener Gürtel, so wie bisher alljährlich, würde diesmal nicht ausreichen. Das wurde mir sehr bald klar. Aber der Ozean ist eben ein Gebiet, wo man nichts nachkaufen kann. Entweder man hat's oder man hat's nicht.

Bei mir machte die Überlebensausrüstung diesmal den Inhalt eines 50-Liter-Kanisters aus. »Idiotisch«, dachte ich im ersten Moment. Aber dann entschied ich mich doch dafür, weil ich ihn ja nicht zu tragen brauchte. Selbst wenn ich mit dem Kanister schwimmen (= treiben) müßte, würde er mich nicht belasten, weil er selbst schwimmen und mich notfalls noch tragen konnte.

Überlebenskanister der
PS » Yanomami Brasil«

Alles verstaut im wasserdichten 50-Liter-Weithals-Schraubkanister mit unabtrennbarem Griff (zu erhalten bei Denart & Lechhart, Wiesendamm 1, 2000 Hamburg 60), wasserfest beschriftet (Staedtler Marker 352) mit Heimatadresse und Schiffsnamen.

Am Griff 1. einen Karabiner und ein 2-Meter-Seil zur Befestigung des Kanisters am Körper bzw. Rettungsweste und 2. ein Nico-Signal mit roten Kugeln.

Dazu eine Rettungsweste, die außen mit Kunststoffriemen am Kanister befestigt wird.

Inhalt: Die zunächst unnötigen Dinge, all das, was erst bei einer glücklichen Landung Bedeutung bekommt, habe ich nach unten gepackt. In einen extra Nylonbeutel.

In einem zweiten Beutel (andere Farbe, kleiner) kamen die Medikamente. In die Mitte.

In den dritten schließlich und lose alles, was ich notfalls schnell zur Hand haben mußte. Obenauf. 5 Liter Wasser in PVC-Flasche, 1 kg Müsli in PVC-Flasche.

Erster Beutel

Angelsehne dünn und stark
winzige Haken und größere
Köderteig
Notizheft
wasserfesten Schreibstift (Staedtler)
20 m Perlonschnur, 3 mm
Feuerzeug (in sep. wasserdichtem Schraubgefäß)

Streichhölzer (in separatem Schraubgefäß)
kleine Rolle Isolierband (Tape), auch als Wundpflaster ver-
wendbar, Revolver, V2A und Reservepatronen (mit
Lack gegen Feuchtigkeit geschützt)
Sonnenbrille (faltbare oder Gletscherbrille)
Geld
Paß
Regenauffangtücher (auch als Sonnendächer ideal) je
100 + 100 cm aus unzerreißbarem Zeltstoff (Denart &
Lechhart) mit 4 Schlaufen an den Ecken und je 1
Schlaufe unten mittig, um sie damit bei Wind gegen das
Flattern zu sichern, und um sie schwach trichterförmig
ausspannen zu können.
Impfausweis.

Zweiter Beutel:

Captagon (Psychotonicum zum aufheitern des Gemüts.
Nicht des Wetters, rezeptpflichtig)
Pervitin (sehr starkes Aufputschmittel, rezeptpflichtig)
Schmerztabletten
Antibioticum
Mullbinden
Pflaster
Antisepticum

Dritter Beutel:

Hai-Abwehrstock (zusammenklappbares Foto-Stativ-
bein, max. Länge 130 cm., vorn stumpfe Spitze, hinten
Armschlaufe)
Harpunenaufsatz für Hai-Stock
Messer (Tauchmesser, wird nach Unglück baldmöglichst
ans Bein geschnallt)
Kompaß mit Armband (nach Schiffbruch am Arm tragen)
Brustgurt (ratsam, um mit Kanister und anderem Schwim-

menden eine aneinandergebundene Einheit bilden zu
können oder um sich von außen doch noch an überfüllte
Rettungsboote einklinken zu können)
Treibanker (um möglichst langsam von Unglücksstelle ab-
getrieben zu werden, falls noch eine Mayday-Meldung
abgesetzt werden konnte oder Hoffnung auf Such-
trupps besteht)
Reflektierende Mütze mit Blinkleuchte (Bundeswehr)
Trillerpfeife (Plastik wegen Seewasserfestigkeit)
Metallspiegel mit Zentralloch zum Signalisieren
Taucherbrille
Schnorchel
Flossen
Füßlinge
Taschenlampe (Taucherlampe)
Arterienabbinder (in Außentasche stecken. Zum evtl. Ab-
binden einer Blutung)
Nico-Reservetrommeln mit roten Signalkugeln
Nico – orangefarbener Rauch als deutliches Tages-Notsi-
gnal
Nico-rote Fallschirm-Leuchtkugeln als deutliches Nacht-
Notsignal

Und das wär's. Bliebe noch zu erwähnen die wasserdichte,
leuchtende Armbanduhr; mit Wochentaganzeige und Datum. Die notfalls gleichzeitig als Kompaß herhalten kann.

Ab nach Dakar

»Mit NAVIS immer auf dem richtigen Dampfer!«

Wie oft hatte mir dieser griffige Slogan von den Briefumschlägen entgegengeleuchtet. Und nun war es soweit. Ich war auf dem richtigen Dampfer. Ich war auf der »WOERMANN UBANGI«. Es war der 14. Oktober 1987 23.00 Uhr. Wir legten ab.

Auf die Minute pünktlich. Genau so, wie Remo Stork, Juniorchef der Hamburger Spedition NAVIS, es in seinen vielen Briefen bereits vor 6 Monaten prophezeit hatte: Um circa 14 Uhr 56 – und da schreibt er noch circa – wird die »Woermann Ubangi« von der Norderelbe her am Afrika-Terminal festmachen. Dann werden binnen weniger Stunden die Container gelöscht und neu geladen. Um Punkt 23 Uhr geht es wieder in See. Dein Boot kommt auf die 3. Etage der Decks-Container. Am 25. lauft ihr morgens in Dakar / Senegal ein. Auf Deinen Wunsch hin wirst Du vor Dakar auf offener See abgesetzt.«

Den Brief legte ich sorgfältig in meinem Yanomami-Ordner ab.

»Das ist übrigens für die Beteiligten das Teuerste an deiner ganzen Passage: der Extra-Stopp auf See und das Entladen«, verriet er mir später am Telefon. Und wie es bei Remo Stork so üblich war, bestätigte er diese Worte – wie alles und jedes – anderntags prompt nochmal per Brief. Zuverlässigkeit. Hamburger Kaufmannsadel. Alle seine Mitteilungen strahlten Engagement aus. Er war angetan von dem Gedanken, seinen – für mich kostenlosen – Beitrag in dieser Angelegenheit leisten zu können. Mit Transporten aller Art hatte ich somit keine Sorgen. So nach der Devise: Remo fragen – und draußen steht der Wagen.«

Kennengelernt hatte ich die Storks anläßlich zweier Vorträge, die ich vor ihrer Kundschaft hielt. Auch Vater Stork merkte man an, daß er am liebsten in der Indianersache mitgemischt hätte. Seine Dankesworte nach den Vorträgen fielen mir jedes Mal auf durch ihre begeisterte, spontane, passende und individuelle Note. Wenn wir dann noch auf einen Gedankenaustausch am kalten Büffet beisammenstanden, pflegte er mir mein Honorar zu überreichen. Im Umschlag, versteht sich. Mit seinem Dampfer-Slogan hinten drauf. Und dann legte er noch einen Scheck über 1000 DM obenauf mit den Worten: »Für Ihre Freunde bei Greenpeace. Solche Leute imponieren mir.«

Jetzt stand ich in 22 Metern Höhe neben Kapitän Harald Bauer auf der Brücke. Während er und der Lotse sich voll auf das Manövrieren konzentrierten, stand ich im Dunkel des gemütlichen Raumes und blickte ein letztes Mal auf meine glitzernde Stadt herab. Wie von einem siebenstöckigen Haus.

Da hinten irgendwo wohnten wir. Maggy hatte sich bereits um 21 Uhr davongemacht. Wir mögen keine langen Abschiedsszenen. Und schon gar keine tränenfeuchten.

Meine Verleger Joachim Jessen und Detlef Lerch hatten sich ebenfalls noch mal freigemacht, um tschüs zu sagen. Auch sie waren längst daheim, und als ich sie die Gangway hinunterbegleitete, entdeckte ich auch Susanne Kalweit und Olaf Sattler. Als er mich erblickte, kam er mir langsam entgegen und meinte: »Ich hatte schon Angst, dich nicht mehr zu sehen.« Mehr Worte bekamen wir beide nicht raus. So beließen wir es bei einer langen, herzlichen Umarmung.

Und als ich mich verabschiedete, drückte er mir noch etwas in die Hand. »Das ist mein Surf-Anzug. Aus Faserpelz. Der trocknet schnell und hält gut warm. Paß gut auf dich auf!«

Ich ging die Gangway hoch, da kam noch ein weiterer Abschiedsgast um die Ecke gesaust. Ziemlich außer Puste und kaum zu erkennen, da er auf einem »getarnten« Fahrrad saß. Schwarzgelb getigert. Daniel. »Ich weiß, du gibst nichts darauf, aber sagen wollte ich es dir trotzdem. Vielleicht hilft's dir in der Not. Ich hab 'ne Bekannte. Und die sagt mitunter die Zukunft voraus. Das Besondere an ihr ist, sie hat 'ne ziemlich hohe Trefferquote. Kurz und gut: die meint, du schaffst es!«

Dran glauben oder nicht. Es hat mich jedenfalls zumindest nicht beunruhigt.

Trotz allem war ich »gut drauf«, wie man so sagt. Seit vielen Tagen konnte ich erstmals entspannen und kam zur Ruhe.

»Wenn Sie Kaffee möchten, bedienen Sie sich«, bot Bauer an. Wir glitten inzwischen hinaus aus dem Lichtermeer, vorbei an der Hügelkette der Elbchaussee, Richtung Nordsee.

Da Sturm angedroht war, hatte ich mir ein Scopoderm-Pflaster hinter die Ohren geklebt und sah nun allem gelassen entgegen.

Heute morgen war mir noch ganz anders zumute gewesen.

Mein Boot war gestern auf einen millimetergenau passenden, offenen Container gestellt und sturmsicher festgelascht worden. Dann begann das Packen.

Kapitän Wasser, der die Verladungsgeschäfte der Stauerei Buss auf dem Afrika-Terminal leitete, ging mir mit seinen Leuten dabei hilfreich zur Hand.

»Wenn Sie irgend etwas benötigen, lassen Sie's mich wissen. Wir haben hier alle Sprechfunk. Ich bin sofort zur Stelle.« Das war beruhigend zu wissen. Denn unspürbar wuchs meine Aufregung.

Da stand ich vor dem Berg von Ausrüstung und fragte mich, wo in dem kleinen Boot ich das nun alles lassen sollte. Selbst die Profi-Stauer um mich herum schauten sich ein wenig ratlos an.

»Zunächst brauche ich Trinkwasser«, begann ich schließlich.

»Wo ist ein Wasseranschluß?«

Irgendwo war einer. Logisch. Und mein Container wurde hingerollt. Die Idee mit den Wasser-Plastikkanistern hatte ich ein paar Tage zuvor über Bord geworfen. Jetzt hatte ich vier Wasserschläuche in den Schotten aus stabilem elastischen Material. Der Star-Verkäufer eines See-Ausrüstungshändlers hatte mich davon zu überzeugen verstanden, daß sie besser sind als starre Kanister. »Gerade, weil Ihr Boot ein sogenannter Rundschäfter ist, gewinnen Sie viel Platz mit Wasserreservoires, die sich der Bootsform anpassen.«

Das leuchtete mir ein, und ich nahm vier Stück à 100 l. »Dann kann ich sogar mal duschen«, beliebte ich noch zu scherzen. Als der Top-Verkäufer die Tanks dann vor mich hinlegte, fiel mir sofort auf, wie klein sie waren. »Da sollen 100 Liter hineinpassen?« »Ja, steht hier auch drauf.« Und er wies auf einen großen weißen Aufkleber mit einer wohlgefälligen 100 darauf.

Meine Skepsis blieb, denn für solche Litermengen besitzen Konditoren ein antrainiertes Augenmaß. Das bildet sich im lebenslangen Umgang mit 10-20-Liter-Kannen voller Milch und Sahne.

Als der Mann am Hafen das Wasserventil öffnete, bat ich ihn dennoch, genau auf die Wasseruhr zu schauen. Vertrauen ist gut, Kontrolle ist besser. Und tatsächlich: Bei 65 Litern waren die schwarzen Bälge proppenvoll. Kein Tropfen hatte mehr Platz darin. Ich fluchte. Meine Aufregung nahm zu. Denn außerdem hatte ich erkannt, daß das mit dem angeblichen Platzgewinn nicht stimmte. Die Wassersäcke füllten einen großen Teil der Bodenfläche meiner Schotten aus und nur die halbe Höhe. Aber die wagte ich nicht vollzustapeln mit harten Ausrüstungsteilen. Im Laufe der Reise würden sie sonst, so fürchtete ich, die Wasserbehälter durchscheuern. Dennoch wollte ich's versuchen. Vorsichtshalber schaute ich vorm Zuladen der übrigen Ausrüstung noch einmal *unter* die Wasserbehälter. Denn sie hatten oben den Zulauf und unten seitlich den Auslauf.

Und da sträubten sich meine letzten verbliebenen Haare: Die Anschlüsse waren undicht. Sie leckten. Zwar nur wenig. Aber ich war ja auch noch nicht einmal unterwegs.

Also: Wasser wieder raus, bessere Dichtungen rein, neues Wasser marsch. Resultat: null – immer noch undicht.

Dazu kam eine weitere Warnung von Kapitän Wasser: »Ihr Antennenkabel, das von der Mastspitze zum Cockpit, zum Funkgerät führt – wollen Sie das nicht festlaschen? Ich gebe Ihnen drei bis vier Tage. Dann hat der Wind es an den Kontakten abgewürgt.«

Auch das war so etwas, das mich bereits beunruhigt hatte. Aber der Monteur der Funkgeräte-Firma hatte gemeint: »Keine Bange. Das hält. Wenn ich das Kabel nämlich am Mast befestige, kriegen Sie die erforderliche Leistung nicht raus.« Also glaubte ich ihm und ließ das 6 m lange Kabel flattern und gegen den Mast schlagen.

Dieser Monteur. Ich mißtraute ihm von Anfang an. Denn noch während er so tröstlich daherredete, kam bereits die Peitschenantenne wieder herunter: »Das ist nicht schlimm«, meinte er auch jetzt, »da befindet sich eine handliche Feststellschraube. Die kann man leicht wieder festziehen.«

Als Ed, der Werftschlosser, sich das dann aber anschaute, meinte er noch oben auf der Leiter: »Das wird sich bei Sturm lösen. Und dann können Sie unmöglich auf den schwankenden Mast klettern. Ihre 1½ Zentner Gewicht würden den Schwerpunkt so verlagern, daß Sie womöglich kentern. Ich werde die Antenne festbolzen.«

Weiter ging's mit dem Monteur. Er brachte gerade den kleinen aber leistungsstarken Generator in Schott 4 unter. Ich fragte ihn: »Wieviel Benzin benötigt er die Stunde und wieviel Strom erzeugt er damit?« Ich wollte das wissen, um den Benzinvorrat auszurechnen. Seine Antwort: »Das weiß ich auch nicht.«

Scheiß-Firma, dachte ich. Geldlich voll hinlangen und dann solche lahme Ente von Monteur vorbeischicken. Für 600 Mark pro Tag.

Und diese Mängel am Funksystem waren nicht die letzten, wie die Reise erweisen sollte.

Kapitän Wasser lachte, als ich ihm die Argumente des Monteurs wiedergegeben hatte und zurrte die Antenne kurzerhand 12mal an. Weder der Sendung noch dem Empfang hat es je geschadet.

Während er damit beschäftigt war, faßte ich kurzerhand und notgedrungen einen heroischen Entschluß. Den Wassertanks traute ich keine Sekunde mehr. Daß ich Schussel mich überhaupt darauf eingelassen hatte! Obwohl die Denart- und Lechhart-Kanister seit Jahren mein absolutes Vertrauen hatten. Dazu kam eine andere Überlegung: Im Falle des Kenterns konnte ich die Kanister jederzeit auch aus dem umgestürzten Schiff befreien. Die Schläuche hingegen nicht. Also weg damit.

Hechelhechel zum Telefon. »Maggy, ich brauche dringend alle Kanister, die noch leer auf der Terrasse stehen. Die Tanks sind undicht.« Eine Stunde später war Maggy zur Stelle. Sie half mir, schnell fertig zu werden, denn die Zeit drängte. Wie hatte Remo Stork gesagt? Um cirka 14 Uhr 56 MEZ würde die Woermann Ubangi da vorn um die Ecke biegen.

Gewissenhaft gab Maggy die Micropur-Tabletten in die Behälter. Jeweils eine für fünf Liter, und ich gab das Wasser dazu. Mit aller Kraft verschraubte ich die Deckel, trocknete jeden einzelnen Behälter ab und legte ihn auf eine trockene Stelle des Betons.

Nach 15 Minuten Kontrolle: Nicht ein einziger leckte auch nur einen Tropfen! Alhamdullillah!

Also: ruckzuck rein in die Schotten. Wo etwas scheppern konnte, wurde mit Weichschaumabfällen und Antirutschnetzen (die man normalerweise unter Teppiche legt) gepolstert.

Und da ich nun, auch brutal, auf die Kanister und in jede Lücke irgend etwas stapeln oder quetschen konnte, hatte alles Platz. Wie ganz ursprünglich, beim Entwickeln des Konzepts, errechnet.

Hatte ich morgens vor Aufgewühltheit kaum Worte des Abschieds gegenüber meinen Mitarbeitern herausbekommen, überkam mich nun, als alles verstaut war, eine Riesenerleichterung.

Die Sonne schien, das Schiff bog um die Ecke – ich mußte meine Uhr um eine Minute korrigieren –, und ich war fertig! Ein überwältigendes Gefühl.

Die 21 Besatzungs-Mitglieder waren bereits vorgewarnt vor mir. Spätestens, als sie das filigrane Bötchen da so verloren und klein auf den Container-Stapeln stehen sahen, erfuhren sie, was es damit für eine Bewandtnis hatte. Und fast jeder kam und bot mir seine Hilfe an. »Ich bin hier der II. Ingenieur«, so stellte sich der eine vor. »Ich der Schlosser«, ein anderer, und so ging es über den Koch und die Offiziere bis zum Käpt'n. Alle wollten helfen. Und sie konnten, es mangelte mir noch an manchem.

Die verbleibenden 11 Tage wollte ich z. B. nutzen, um vertrauter zu werden im Umgang mit Sextant und Jahrbuch, mit H. O.-Tafeln und Kursdreieck.

Wie staunte ich da, als ich auf einmal einen alten Bekannten wiedertraf: Fernando Delgado. Er war vor ein paar Jahren mein Banknachbar gewesen im medizinischen

Lehrgang für Schiffsoffiziere im Hafenkrankenhaus zu Hamburg. Schon damals war er mir aufgefallen durch seine Begabung, in alles System zu bringen. Fernando kommt aus Portugal. Hier an Bord fuhr er als III. Offizier. Er erschien mir sofort als der richtige Mann, mir den letzten Schliff am Kartentisch zu verpassen.

»Darüber mach dir keine Sorgen. Das haben wir schnell drin. Und für alle Fälle entwickle ich dir eine Tabelle, in die du später nur der Reihe nach deine Eintragungen zu machen brauchst und abschließend liest du einfach ab, wo du dich befindest.«

So standen wir in den nächsten Tagen während seiner Wache immer wieder auf der Brücke, um unsere Sextanten-Beobachtungen zu vergleichen und dann mit dem ermittelten Wert ins Nautische Jahrbuch zu gehen, um die Position zu errechnen. Fernando war genau der Mann, den Hoppe mir noch gewünscht hatte. »Ich gehöre ja einer anderen Generation an. Vielleicht können die jungen Leute dir noch einfachere Handhabungen und Schemata nennen. Wichtig ist nur, daß du die Zeit auf dem Dampfer nutzt.«

Heute möchte ich wissen, was Kapitän Bauer und seine Mannen wohl gedacht haben, wenn ich in meiner Unsicherheit noch so manchen Unsinn von mir gab.

»Rechne noch mal nach«, mahnte Fernando dann. »Denn schau, wenn das stimmte, wären wir jetzt nicht hier, sondern in der Wüste.« Ich hingegen war der festen Überzeugung, meine Berechnungen waren richtig. Aber die Jungs fuhren falsch! Trotz ihres Satelliten-Navigationsinstruments. Aber keiner glaubte mir. So ist das Leben.

In Dakar

»Wo ist denn der Haikäfig? Hat jemand den Haikäfig gesehen?« Harald Rohmer, der Schlosser, und Michael Seidel, der 2. Offizier, schauten sich an. »Wieso, isser denn da nicht mehr? Den haben wir doch vorhin mit Ihnen zusammen da unten auf die Pier gestellt. Der kann doch nicht weg sein. Wer klaut denn 'nen Haikäfig?«

So fing's in Dakar an. Genau was ich befürchtet hatte und weswegen ich am liebsten gleich auf hoher See verschwunden wäre. Aber das ging nicht. Als wir eintrafen vor Dakar, war es Nacht. Um 7 Uhr wird es hell. Aber dann mußte die »Woermann Ubangi« schon festgemacht haben. Sonst wäre sie eine Schicht später abgefertigt worden. Dazu kam, daß es draußen auf dem Meer sehr bewegt war und mein Boot am Kran ins Schaukeln geraten und Schaden nehmen konnte.

Bei so vielen Komplikationen hatte ich natürlich zugestimmt. Aber es blieb das Unbehagen. Draußen war ich sofort beim Wassern ein freier Mann. Hier in der Stadt nicht. Diebstahl, Behördenprobleme, Laufereien... das alles konnte zu Verzögerungen führen.

Der verschwundene Käfig war für Ulli und Wolfgang gedacht. Er war rundum geschlossen und hatte nur oben einen Einstieg. Schwimmkörper sorgten dafür, daß er nicht unterging. So sollte er hinter mein Boot gekoppelt werden. Ich wollte dann ins Meer und Haie anlocken, und die beiden sollten sich's derweil mit Zigarette und Schnorchel oder sonstwie im Drahtverhau bequem machen. Ich erhoffte mir davon spannende Unterwasseraufnahmen, die den Sehwert des Filmes erhöhen und Zuschauer an den Bildschirm binden sollten.

Damit war es nun nichts mehr. Das Monster aus Stahlgeflecht, das Jürgen Krohn mit soviel Sorgfalt und immer noch einem Winkeleisen gemacht hatte, blieb verschwunden.

»Macht nichts, Rüdiger, wir müssen hier noch soviel anderes drehen. Das hätten wir sowieso kaum geschafft. Denn morgen abend geht bereits unsere Maschine nach Brasilien.« Ich hatte eher das Gefühl, die beiden waren höllisch erleichtert, daß es sich so gefügt hatte.

Also warum trauern? Die Zeit war knapp. Ranklotzen war angesagt. Die Behörden waren kulant. Sie machten keine Schwierigkeiten. Ich hißte die senegalesische Flagge und die Woermann-Crew ließ mich behutsam zu Wasser. Wie ein rohes Ei. Zwei Helfer und ich standen an Deck der »Yanomami Brasil« und auch mit uns ging's abwärts.

Wir setzten auf. Die Stahltrossen wurden aus den Heißaugen gelöst und – mein Boot versank bis auf 5 cm Freibord! »Mensch, Leute, geht schnell zurück auf euer Schiff!« flehte ich die Helfer an, »sonst sauf ich ab.« Ich bin doch keine Personenfähre.

Als sie abgestiegen waren, tauchte ich immerhin schon 10 cm hervor. Aber erleichtert stellte ich fest: Ich lag waagerecht, hatte also – nach Augenmaß – gut gestaut.

Diese kleine Freude währte aber nur Augenblicke. Dann fiel mir auf, daß mein rotes Boot und das saubere Netz toootaaal mit Öl verschmiert waren. Eine klebrige schwarze Schmiere haftete an allem wie Leim. Es war zum Heulen. »Scheiß-Hafen!« fluchte ich.

»Schmeiß dein Seil rüber! Wir ziehen dich aufs Meer.«

Axel Lerche, im luftig-weißen Muselmanen-Dress, war mit einer starken Motoryacht aufgekreuzt. Sie sollte mich rausbringen und hin- und herbugsieren für die Filmer.

Bei den Abschiedsaufnahmen auf dem bewegten, offenen Meer und bei dem vielen Hin und Her meiner drei Leute von einem Boot zum andern drückte mir deren Bug infolge des Seegangs meine Reling vorn zu Bruch. Die »Yanomami Brasil« sah aus wie ein Wrack, bevor sie losfuhr. So etwas deprimiert. »Das mußt du positiv sehen, Rüdiger« schrie Ulli durch den Wind. »Das sind bestimmt sechs Windstärken. Da bist du eher drüben als wir.« Das stimmte, 6 Winde aus Nord. Das war immerhin was. Aber bei meiner anfänglichen Vorsicht und Ängstlichkeit veranlaßte mich das, ständig den Treibanker zu werfen.

Wer den Treibanker nicht kennt, dem sei er kurz erklärt. Er ist ein überaus wichtiger Ausrüstungsgegenstand. Bei zu starkem Wind, wenn man fürchten muß, daß einem das Stützsegel (etwas größer als ein großes Badehandtuch) zerfetzt, wird man es lieber einholen. In diesem Moment treibt das Boot automatisch quer zur Strömung. Damit ist es der vollen Gewalt anrollender Wellen ausgesetzt. Sie schlagen die gesamte Breitseite. Dazu kommt, daß das Schiff nicht vor dem Aufprall davongleiten kann, weil ein Querlieger schwerer zu schieben ist als ein Längslieger. Es liegt wie ein Widerstand im Wasser. Und welche Kraft Wasser hat, ist leicht auszurechnen: Allein 1 cbm wiegt eine Tonne! Trifft sie mit 10 kmh auf das Hindernis, erhöht sich – logo – die Kraft, und die Gefahr zu zerschellen steigt entsprechend.

Dem beugt man vor mit einem Treibanker. Der kann fallschirm- oder kegelartig sein. Beide Ausführungen haben in der Mitte eine Öffnung, durch die ein Teil des einströmenden Wassers schleusenartig entweichen kann. Das, was nicht entweicht, bietet beachtlichen Widerstand. Es steht quasi unter der Wasseroberfläche auf der Stelle und hält das Boot auf Richtung. Das heißt, wenn der Treibanker vorn oder hinten mittschiffs angebracht und gegen den Wind ins Wasser geworfen wird. Er bläht sich sofort auf und wirkt, je nach Größe, stark bremsend. Man gibt

212

nun soviel Leine, daß der Treibanker auf dem nächsten Wellenberg zum Stehen kommt.

Dadurch bleiben Boot, Leine und Anker in einer Linie mit Wind und Wellen.

Treibanker sind also wichtig für jedes Schiff, das sich aufs offene Meer begibt. Oder für Schwimmer und Rettungsinseln, die nicht abdriften wollen. Das kann nach Schiffsunglücken von Bedeutung sein, weil die Suchmannschaften an der Untergangsstelle zuerst suchen.

Haben sich die Wogen gelegt, holt man den Treibanker wieder ein. Ihn über Hand heranzuziehen, ist schwer bis unmöglich. Deshalb klappt man ihn mittels eines Zweitseils, das von außen am Fallschirmloch anfaßt, einfach – klapp – zusammen.

In Ermangelung ordentlicher Treibanker kann man sich behelfen mit dem Auswerfen langer, möglichst dicker und geflochtener Seile. Also solcher Seile, die viel Oberfläche haben und dem Wasser Widerstand entgegensetzen, wenn sie gezogen werden. Die Wirkung erhöht sich, wenn man ans Ende der Seile Ballast anhängt. Zum Beispiel Garderobenbündel oder Plastikkanister voll Wasser oder einen leeren Eimer.

»Rüdiger, und paß dringend auf die Sonne auf! Ich habe mir gestern in wenigen Stunden am Strand alles verbrannt.« Dabei reagierte Ulli als dunkler Typ sonst überhaupt nicht auf UV-Strahlen.

Ich ignorierte die zerdetschte Reling und versuchte das Sonnendach zu spannen. Pustekuchen! Die 6 Windstärken blähten es auf wie ein gewaltiges Segel und rissen es mir aus der Hand. Also schleunigst weg damit und wenigstens erst einmal ein weißes Hemd an, Ärmel runter, Mütze und Brille auf. Und dann Sonnenöl her!

Ich war froh, als ich abends zurück in den Hafen geschleppt wurde und verschnaufen konnte. Jedenfalls dachte ich das. Doch nun ging's wieder durch die Ölfelder.

213

Ganz offensichtlich hat Dakar genau unter seinem Hafen gewaltige Erdölvorkommen. Mir unverständlich, warum das Land sie nicht nutzt. Es brauchte nicht einmal viel Technik aufzuwenden. Man könnte es einfach vom Wasser abschöpfen.

Mein bedauernswerter umfunktionierter Öltanker, die »Yanomami Brasil«, zog vorbei an der »Woermann Ubangi« in einen kleinen Privatbereich des Hafens. Er gehört der staatlichen Angelgesellschaft, die für Touristen Angelsport-Exkursionen durchführt. Ihr gehört auch das Boot, mit dem Axel Lerche aufgetaucht war.

»Hier sollst du heute nacht liegen bleiben«, hatte Wolfgang aufgeschnappt. Abdou, der absolute Topmann der Woermann Line vor Ort hatte das bereits arrangiert. Er hatte sich während der letzten drei Tage, die das Team bereits in Dakar verweilte, um meine Mannen gekümmert und ihnen jeden Kontakt hergestellt. Axel, ganz enthusiastisch: »Der Mann ist einmalig. Es kann nichts Zuverlässigeres geben als Abdou. Wenn Abdou etwas verspricht, kannst du es bereits als ordnungsgemäß erledigt betrachten.« Währenddessen pappte er soeben den etwa 2000. Aufkleber an irgendeine Wand, einen Briefkasten, ein Auto. Er holte sie aus der unergründlichen Tiefe seines arabischen Gewandes. NDR 2, ›Der Club‹ stand darauf. Theoretisch müßte heute ganz Senegal NDR 2 hören.

»Ich hab einen Mordshunger«, knurrte Ullis Magen bereits dazwischen. »Laßt uns wieder bei der Portugiesin ›Chez Luisa‹ essen. Das hat mir gestern gefallen.«

Abdou hatte fürs Boot drei Wärter beschafft, für die er sich verbürgte. Die Gesichter der Wachen strahlten aber alles andere als Seriosität aus. Ich würde ihnen nie über den Weg trauen.

»Wenn sie mir nun den Kompaß klauen oder das Fahrrad demontieren«, jammerte ich, »dann häng ich hier.«

»Glaub uns, Rüdiger, die Typen kommen über Abdou. Die sind sicher!«

Und schon packten und zerrten sie mich ins Auto und ab ging's zu Luisa.

»Bloß jetzt kein Eis, keinen Salat!« erinnerte ich mich an Daniels Tip. »Du holst dir'n Dünnpfiff und versaust dir die Reise.« Aber gottlob hatte Luisa genügend Gekochtes.

Da stürmte Fernando, der 3. Offizier der »Woermann Ubangi« herein. »Hab ich euch doch noch gefunden! Ich hatte schon Angst, daß ich's nicht schaffe. In einer halben Stunde laufen wir aus.« Und völlig außer Atem überbrachte er mir einen letzten Gruß seines Schiffes:

10 Becher Joghurt von Koch Otto Scheffler, 1 Liter Reinigungsmittel für das Öl von den Ingenieuren und einen rührenden Brief des Funkoffiziers Bruno Winkler: »Wenn Sie irgendeinen Rat, einen Trost oder Hilfe brauchen: Ich werde täglich von 15.30 bis 16.00 Uhr UTC auf der Schiff-Schiff-Frequenz 16587,1 Khz hörbereit sein. Im übrigen bedanken sich meine Kameraden noch einmal für den schönen Abschiedsabend bei Wein und Stories.«

Bruno Winkler hatte ich überhaupt viel zu verdanken. Wir haben wiederholt das Funken geprobt.

Fernando stellte alles auf den überfüllten Tisch und jagte davon. Auch mich hielt es nur bis zum abschließenden Mokka. Dann zog es mich zurück zum Boot.

Der erste Tag auf See

Es stank bestialisch. Mein Liegeplatz war ganz offensichtlich auf schierer Kloake und Öl angelegt. Das »Wasser« war nicht flüssig, sondern sämig bis breiig. Ich hatte aber gut geschlafen in meinem Cockpit und erblickte über mir im morgenroten Himmel 200 kreisende Milane. 7 Uhr. Dakar erwachte.

»Hierher werde ich keinesfalls zurückkehren. Heute fahre ich raus.« Mein Entschluß stand fest.

Als erster kam Abdou. Er kontrollierte, ob alles okay war und hatte gleich zwei Schlosser mitgebracht. Aluminium-Schweißer. Zwei Stunden später war meine Reling wieder schön und nützlich.

Gegen Mittag des 27. Oktober 1987 verließen wir den Hafen. Die Angel-Yacht zog mich hinaus bis in die Strömung. Ulli, Wolfgang und Axel machten ihre letzten Aufnahmen.

Wolfgang schraubte mir die wasserdichte TV-Kamera ans Heckgestell; eine zweite für die Hand hatte ich im Schraubbehälter im Cockpit.

Beide Video-Kameras, Super 8, von Blaupunkt. Top-Qualität und, für mich wichtig, mit einer Hand zu bedienen. Ein prachtvoll handliches und vollautomatisches Gerät. »Ich habe das mit Dieter Zimmer abgesprochen. Die Aufnahme-Qualität ist so gut, daß das ZDF keine Einwände erhoben hat.«

Und gegen 17 Uhr hieß es plötzlich: »Ich glaub, wir haben's. Dann woll'n wir mal zurück.«

Das war nun unwiderruflich der Abschied von meinen

Freunden. Zuerst ging Axel, dann Wolfgang und zuletzt Ulli. Sie nahmen mich in den Arm. Wolfgang drückte mir seine lila Faserpelzjacke in die Hand. Nur, weil ich sie so hübsch gefunden hatte. Ulli war scheu über meine Reling geklettert. Da kam er noch einmal zurück. Er zog sein Hemd aus, biß an der unteren Naht hinein und riß es von dort in zwei Teile. Das eine knotete er an meinen Mast, das andere zog er durch seinen Gürtel. »Die nähen wir in Brasilien wieder zusammen. Versprich mir das!«

Antworten konnte ich nicht. Ich war zu sehr beschäftigt. Mit Heulen. Aus tiefster Seele. Aber befreiend. Der Druck der letzten Tage, die heimlichen Ängste – nun würde das vorbei sein. Jetzt würde ich gefordert werden und damit abgelenkt und beschäftigt sein und mich nicht solchen Sentimentalitäten hingeben. Aber jetzt, in diesem Moment, da mußte es so sein.

Als ihr Boot davonrauschte und immer kleiner wurde und schließlich gar nicht mehr zu sehen war, hockte ich noch im Mast und winkte. Und immer noch hatte ich nasse Augen.

Mittlerweile war es 18 Uhr geworden. »In einer Stunde ist es dunkel«, spornte ich mich an. Der Wind pfiff 5-fach aus Nord. Ich trieb nach Süden. Mein Kurs aber sollte möglichst Südwest sein. Also 225 Grad. Da die Mißweisung hier minus 14° betrug, mußte ich 239° steuern. Das tat ich schon mal als erstes. Ich setzte mich auf den Sattel, drehte das Schifflein in die richtige Richtung und versuchte dann, das Ruder festzubinden. Natürlich war ich spätestens nach 5 Minuten völlig außer Kurs. »Nur nicht gleich verrückt machen. Laß den Kahn treiben und setzt dich erst mal eine halbe Stunde ruhig hin.«

Das tat ich. Am östlichen Horizont der Lichterschein von Dakar. Am westlichen verschwand die untergehende Sonne hinter einer Wolkenwand. Und auf einmal fand ich's schön. Ich war allein, ›der Tag‹ war endlich gekommen, ich war frei, wie man freier kaum sein kann, und ich fuhr!

Ab jetzt kam meine Devise zur Geltung: Rettung nur in Südwest oder West. Jede Meile, jede Stunde, jeder Tag und jede Woche würden mich dem einzig erreichbaren Ufer näher bringen. Eine Umkehr war unmöglich. Gegen den Wind, gegen die Strömung hatte ich keine Chance. Das Ziel hieß Amerika. Und wenn's ging: Brasilien. Wiederholt sagte ich mir: »Wie gut, daß du abgelegt hast!« Natürlich war Dakar verlockend. Aber es war nicht mein Ziel. Ich wollte keine Zeit verplempern. Die Reise würde lange genug dauern. Und lieber träumte ich von der Ankunft in Brasilien und einem schönen Aufenthalt dort, als mir hier noch einen und noch einen Tag um die Ohren zu schlagen.

Ich ordnete meine Sachen in der Kabine und redete fleißig mit mir selbst. Das ist gut gegen die Einsamkeit. Die endgültige Ordnung ergab sich im Laufe der nächsten Tage von selbst. Wichtig erschien mir zunächst, daß das Funkgerät gegen unerwartete Spritzer mit einer Plastikfolie abgedeckt war. Oder daß immer alle Kanister fest verschlossen waren. Sollte ich unerwartet kentern, durfte so wenig wie möglich verlorengehen.

Lange hielt ich's in der Kabine nicht aus. Wenn ich vor mich hinschaute und mit irgend etwas beschäftigt war, wenn ich dadurch also keinen Horizont sah, aber das Schaukeln wahrnahm, dann wurde mir schlecht. Dann hieß es: schnell einklinken und an die Reling.

Diese Magenentleerungen waren dermaßen intensiv, daß ich mich über die gymnastischen Fähigkeiten meines Magens wunderte. Tagebuch: »Mein Magen schlägt regelrechte Salti. Zehnmal hintereinander stülpt er das Hinterste zuvorderst. Da bleibt nichts mehr drin. Außer gähnender Leere.«

Hinterher fühlte ich mich aber sofort wieder wohl und

gönnte mir ¼ l Elektrolyte. Nur Appetit verspürte ich nicht.

Wohin ich schaute, sah ich erleuchtete Schiffe. Sie zogen vorüber oder lagen vor Anker. Darunter sehr viele russische Fischer.

»Als nächstes werde ich das Nachschleppseil ausbringen«, entschloß ich mich. Es war selbstschwimmend, 50 m lang und hatte zwei rote Auftriebskörper. Einen ganz am Ende. »In Zukunft sollte ich sie doch leuchtend machen«, notierte ich mir im Tagebuch. Denn ich konnte sie um diese Nachtzeit in den Wellen nicht mehr sehen.

»Nachts möchte ich jedenfalls nicht ins Wasser fallen. Wenn man das Seil nicht sofort zu fassen kriegt, sind 50 m schnell an dir vorbeigerauscht.«

Dieser Horrorgedanke bestärkte mich einmal mehr, NIE unangeleint an Deck zu gehen. Auch nicht bei stiller See und am Tage und auch nicht nach gewisser Gewöhnung. »Selbst einen Tag vor Brasilien darf ich nicht gleichgültig werden«, schwor ich mir.

Von Dakar her stieg ein Flugzeug in den Himmel. Es hielt genau auf mich zu, überflog mein Schiff und hielt Kurs Südwest. Brasilien. »Ob Ulli und Wolfgang wohl runterschauen?« dachte ich. Und schnell, aber viel zu spät schaltete ich mein Blitzlicht im Top ein: Zuck-zuck-zuck... wie mein Herzschlag.

Warum sollten sie auch jetzt schon herausschauen? Wie sollten sie ermessen können, daß ich noch keine einzige Flugminute von Dakar entfernt vor mich dahindümpelte? Sie würden jetzt ein leckeres Essen serviert bekommen und morgen früh in Rio de Janeiro landen. Von dort wollten sie – über Manaus – zu den Yanomami.

Ich schaltete meinen Blitz aus. Solange ich meinen Akku und den Generator nicht kannte, wollte ich sparsam sein. Obwohl der Monteur versichert hatte: »Der hat 140 Ampère-Stunden. Damit können Sie fünf Stunden senden.«

Nach nur einer Stunde hörte ich ihn bereits brummeln: »Oh, jetzt geht der Akku in die Knie.« Und dann lud er ihn nach.

Aber ich schaltete dennoch, verschwenderischerweise, mein Kabinenlicht ein. Es zieht nur 5 Watt. Wie eine mittlere Taschenlampe etwa. Aber – da Hallogen-Leuchte – sie erstrahlte um einiges heller als eine normale 5-Watt-Birne.

Im Lichtschein, der aus den kleinen Seitenfenstern fiel, hockte ich draußen auf einem Kanister und begann das Reisetagebuch. Es fing an mit dem Stauplan. Ganz nüchtern also. Aber es erschien mir wichtig, das schriftlich zu haben und auswendig zu lernen, wo ich was finden würde.

Auch nachts.

Um 23 Uhr (ab jetzt, während der Seefahrt, immer in Weltzeit = UTC = Universal Time co-ordinated = Greenwich-Zeit = 1 Stunde früher als in Deutschland) ging ich schlafen. Abgeschlafft, aber zufrieden.

Gelegenheitspiraten

Es wurde eine unruhige Nacht. Zum einen, weil noch alles neu, und zum anderen, weil es ungewohnt war und meine Kabine von fast jeder Welle erschüttert wurde. Sie schlugen von unten detonationsähnlich gegen den Boden, den Notausstieg. Ich bezweifle ehrlich, daß das Boot solcher Wucht über die vielen Wochen gewachsen sein könnte. Zum Trost wiederholte ich mir die Worte der Bootsbauer: »Rüdiger, der Kat ist seetüchtig, verlaß dich drauf!«

Sobald ich die Kabine verließ und an Deck ging, neigte ich dazu, ihren Worten zu glauben. Denn aus dieser Perspektive war das Dröhnen längst nicht mehr so beängstigend. Sobald ich aber zurückkroch in meinen Hohlraum und wieder mit dem Ohr auf der Isoliermatte lag, begann die Sorge erneut, zunächst unmerklich, dann aber heftiger an mir hochzukriechen. Bis mir klar wurde, warum das so war. Die einzelnen Schotten und auch das Cockpit waren Hohlkörper. Und die verstärkten jeden Schlag der Wogen um ein Mehrfaches. Genau wie eine Trommel. »Es ist also mehr ein akustischer Effekt als ein wirklich materialbelastender«, regte ich mich ab. »Das wird bei großen Schiffen nicht anders sein.« Als ich gegen 7 Uhr aufwachte, ging die Sonne auf. Vom Ufer sah ich nichts mehr. Aber sonderlich weit war es nicht, denn um 4 Uhr hatte ich noch einmal den Lichterschein gesehen. Und jetzt hing rötlich-gelber Wüstenstaub in der Luft, der sich überall am salzigen Boot niederließ. Der Wind blies weiterhin aus Nord und entsprechend trieb ich Süd.

Um den Tag gleich sinnvoll zu beginnen, zog ich mein

Stützsegel hoch. Es war rot, dreieckig und 1,50 m × 2,50 m groß. Also rund 3,75 qm Tuch, das meinem 1,1 Tonnen schweren Katamaran Stabilität im Wind verleihen und ihn so gut es ging beschleunigen sollte.

Das erhoffte ich auch von den Aufbauten. Die Kabine hatte einen quadratischen Grundriß von 180 × 180 cm, lief nach oben hin konisch zu und endete in dem von Plexi-Kopperschmidt eigens für mich geblasenen Kuppelfenster in 120 cm Höhe. Dabei hatte man darauf geachtet, daß es möglichst hoch aufragte und nicht nur eine flache Blase wurde. Bei schlechtem Wetter sollten Kopf und Schultern bequem hineinpassen und mir einen guten Rundblick verschaffen.

Diese Kuppel war aufklappbar und gleichzeitig mein Ein- und Ausstieg. Bei Rückenwind sollte sie, aufgeklappt, ein weiterer viertel qm Segelfläche sein.

Diese Aufbauten also, nebst allem, was von den Schwimmkörpern aus dem Wasser ragte: der Mast, die Tretanlage, die Seile, die Reling und ich selbst – sollten dem Wind Angriffsfläche zum Schieben bieten.

Das Segel aber, so klein es auch in Relation zum Boot und dessen Gewicht war, konnte ich jeweils auf den Wind einstellen, um ihn so bestmöglich zu nutzen.

Dieses Segel also zog ich hoch. Es blähte sich unter dem Druck des Nordwindes und übertrug die Kraft aufs Boot.

Dann schwang ich mich in den Sattel und trat in die Pedale. Meinen Allerwertesten hatte ich gleich nach der Morgentoilette dick mit Hirschtalg gegen Wundscheuern eingecremt. Hirschtalg ist ein sehr hartes Fett, das sich nicht gleich bei Körpertemperatur auflöst und in die Haut einzieht und futsch ist. Dieses Fett sitzt da auch noch nach Stunden und tut seine Pflicht. Ich kannte es seit meinen Radtouren um die halbe Welt. Seit meiner Jugend also.

»So willst du die nächsten Monate verbringen?« fragte ich mich ein wenig zweifelnd. Man sieht zwar ein gewisses Kielwasser als Zeichen des Vorankommens, aber weder seitlich noch am Horizont kommt einem irgend etwas entgegen. Kein Baum, kein Strauch, kein Erfolgserlebnis. Immer nur Wasser und Horizont und der stiere Blick auf den Kompaß. »Wenn der Horizont doch wenigstens Erkennungszeichen hätte. Dann könnte ich die abhaken und wüßte: Jetzt ist es schon mal einer weniger«, klagte ich der Schöpfung. Nach vier Stunden auf dem ›Fahrrad‹ fühlte ich mich schlapp. »In ein paar Tagen läuft das besser«, erinnerte ich mich meiner Radtouren. »Die Muskeln müssen sich erst darauf einstellen.«

Nebenbei versuchte ich die Selbststeueranlage einzustellen. Sie war neben dem Sattel am Heck montiert. Ich konnte sie bequem mit der Hand erreichen.

Sehr bald merkte ich, daß ich mit ihrer Anschaffung etwas ungeahnt Wertvolles erworben hatte.

Heute, im nachherein, wüßte ich nicht, um wie viele Wochen ich länger gebraucht hätte, wenn ich dieses Patent nicht zufällig bei einem Trödler gesehen und erstanden hätte. Es entband mich von der Notwendigkeit, Tag und Nacht am Ruder zu stehen. Zumindest nachts beim Schlafen hätte ich mich nur treiben lassen können. Jetzt aber steuerte ich den Kat auf den rechten Kurs, bis das Ruder der Windanlage genau in Kiellinie verlief. Die Windfahne wehte dann in irgendeine andere Richtung. Je nachdem, woher er blies. In diesem Moment verband man mittels einer Hebelbewegung Windfahne und Ruder und sie waren in einem festen Winkel miteinander verbunden.

Solange der Wind aus derselben Richtung blies, hielt einen diese Anlage auf Kurs. Durch sie fand ich viel Freizeit an Bord, durch sie fuhr ich sogar nachts und konnte auf langsameres Treiben völlig verzichten. Nur wenn plötzliche Regen herankamen und die Winde durcheinanderwirbelten, spielte die Anlage verrückt. Dann mußte ich ihr von Hand zur Seite stehen, bis sich der Hauptwind wieder durchgesetzt hatte.

Erste wohlverdiente Pause also. Inzwischen war es Mittag. 30 °C im Schatten. Der Wind wirkte um so kühlender, je nasser ich den orangefarbenen Overall hielt. Den Kopf schützte ich während der ganzen Reise mit einer weißen Mütze. Über die Augen spannte ich die Gletscherbrille. Das erübrigte sich bereits nach einer Woche. Da hatten sich die Augen an das gleißende Licht gewöhnt. Zum Schutz gegen die UV-Strahlen hatte ich mich mit Sonnencreme und die Lippen mit Glycerin-Salbe dick eingerieben.

Ich sank auf meine Lagerstatt und gönnte mir eine dicke Backpflaume. Ein echter Genuß. Noch eine. Und eine dritte.

Doch kaum waren sie inhaliert, revoltierte mein Magen erneut, und ich spie sie als Wegzoll in Neptuns große Sammeldose. »Macht nichts. Du wolltest sowieso abnehmen. Die Reise wird die beste Kur werden.«

So getröstet, kroch ich zurück und streckte mich aus. »Schade um die tollen Pflaumen!« Aber den guten Geschmack hatte ich ja genossen. Und ob sie nun meinem Körper oder Neptun zugute kamen, interessierte mich schon nicht mehr. Das Bombardement des Wassers unter meinem Schiff dröhnte mich in den Schlaf. Selbst die besonders heftigen Detonationen ignorierte ich. Von Deck her alles halb so wild! Ich lasse mich nicht verrückt machen.

Doch plötzlich schreckte ich hoch. Da war ein anderes Geräusch gewesen, was mein Ohr vernommen hatte! War etwas zerbrochen? Hatte ich Treibgut gerammt? Ich hatte etwas poltern gehört und gefühlt und entschloß mich, nachzuschauen.

Ich steckte mein Gesicht aus der Plexikuppel und war zutiefst erschrocken. Sowohl steuer- als auch backbords hatten je ein etwa 8 m langer Einbaum festgemacht. Einen einzigen Meter vor mir – auf meinem Deck – ein junger

Senegalese in gelbem Ölzeug. In seinem Boot drei weitere Personen: ein Jugendlicher und zwei Männer. Einer von ihnen versuchte, mit dem Außenborder den Einbaum parallel zu halten. Er tat das sehr geschickt, denn wir hatten etwa Seegang 6. Irgendwie hatte er mich wohl dennoch gerammt, und das hatte mich geweckt.

Der Junge hatte bereits mein Nachschleppseil abgeknotet, die Axt und ein Paddel, denn der Mann im Boot schoß es soeben fachmännisch auf. Über Daumen und Ellenbogen.

Jetzt war der Junge damit zugange, mein dickes Tau mit dem Treibanker zu lösen.

»Qu'y a-t-il?«

»Was ist denn mit dir los?« rief ich ihn an. Ich spürte, er war über mein Auftauchen genauso erschrocken wie ich über seinen Fleiß.

Was mich besonders beunruhigte, war das zweite Boot im Rücken, das gerade klarmachte zum Entern. Instinktiv versicherte ich mich des Revolvers. Er lag neben dem Funkgerät, 80 cm von mir entfernt. Ich bückte mich, zog ihn aus dem Holster. Die Leute konnten nur sehen, daß ich innen etwas vorbereitete. Es blieb ihnen verborgen, was es war. Aber sie waren verunsichert. »Gib sofort mein Seil wieder«, rief ich dem Mann zu und zum zweiten: »Laß sofort mein Boot los!« Damit klar war, was ich meinte, unterstrich ich alles mit Handbewegungen.

Als sie sofort meinen Anordnungen nachkamen, gewann ich merklich Oberwasser. Die einen legten ab, der Seiler reichte dem Jungen mein Tau zurück. Auch er war sofort wieder zurückgestiegen auf seinen Einbaum, hielt sich aber noch an meiner Reling fest und versuchte nun, das Seil wieder da zu befestigen, wo er es gelöst hatte. »He, auch die roten Bälle.« Denn ich sah, daß sie die bereits abgetrennt und zwischen ihren Fischen liegen hatten.

Da war das andere Boot aber bereits wieder sehr nah

heran. Vielleicht war es Taktik, vielleicht war es noch Unentschlossenheit, vielleicht lag es aber auch nur an den Wellen, daß sie wieder bedrohlich nahe waren. Das Unheimliche wurde verstärkt durch die scheinbare Lautlosigkeit. Ich hörte ihre Motoren nicht, und doch liefen sie. Denn wenn es darauf ankam, glitten sie sehr schnell vor- oder rückwärts.

Aber noch etwas hatte mich beunruhigt. Vorn, am Brustgurt, hatte ich ja mein Signalgerät! Im Notfall eine echte Waffe. Ich höre Dr. Runge bei Nico noch sagen: »Die Leuchtkugeln entwickeln eine Temperatur von 2000 Grad.« Damit könnte ich den Leuten ihren geangelten Frischfisch, der die Böden der Boote bedeckte, leicht in Bratfisch verwandeln.

Aber dann hatte ich die Idee!

Ich nahm den Hörer vom Funkgerät und tat, als setzte ich nach irgendwo eine Meldung dieses Vorfalls ab. Ich zählte die Leute mit dem Finger: »un, deux, trois, quatre, cinq, six, sept, huit!« Und rief dann noch zweimal laut in die Muschel: »Huit personnes, Monsieur le Commandant.« Da zogen sie sich zurück. Lautlos im spitzen Winkel raus aus dem Wellental, über den nächsten Wellenberg. Aber nicht etwa völlig fort. Sondern nur 100 Meter. Da trafen sie sich und diskutierten eifrig.

Würden sie wiederkommen? Vorsichtshalber schaltete ich Grenzwelle, die Notruffrequenz, ein und vergegenwärtigte mir schnell den Ablauf einer PAN-PAN-Meldung, einer Dringlichkeitsmeldung. Hoffentlich hörte mich jemand, denn ich hatte sie noch nie erprobt.

Vorsichtshalber legte ich mir auch die Schiff-Schiff-Frequenzen sichtbereit aufs Funkgerät.

Noch während ihres unentschlossenen Ablegens hatte ich sie in aller Hektik gefilmt. Ich kannte die Boote nämlich. Gestern abend beim Auslaufen waren sie uns begegnet. Da kamen sie von See und hatten auf unserer Höhe verhalten, um zu ergründen, was es mit meinem Ufo-Fahrzeug wohl auf sich haben könnte. Und Ulli war es, der sofort schaltete und meinte: »Zwei Tage würde ich hier an der Küste noch gut aufpassen. Aber weiter können die mit den Einbäumen nicht raus.«

Die Einbäume waren insofern leicht wiederzuerkennen, weil sie arabisch beschriftet waren.

»Schams er-gharb«, »Sonne des Westens«, stand auf dem einen. Und weil alle acht Insassen gelbes Ölzeug anhatten. Sie waren ganz offensichtlich Küstenfischer. Keine Piraten wie in Fernost, vor Nigeria oder in der Karibik. Sondern allenfalls Gelegenheitspiraten.

»Verdammt«, dachte ich, »hatte Ulli doch recht.« Und für den Fall, daß sie zurückkämen, womöglich mit Verstärkung, überlegte ich mir meine Verteidigungsmöglichkeiten.

Auch Kapitän Bauer und der zweite Offizier Seidel hatten mir viel über das Piratentum von heute erzählen können. »Auf unserer Afrika-Route ist das Schlimmste Lagos. Sowohl im Hafen wie auf Reede als sogar bei voller Fahrt kommen die mit ihren Einbäumen, entern die Schiffswände und knacken Container.«

»Setzen Sie sich dagegen zur Wehr?«

»Nein, meistens bemerkt man die Leute erst, wenn sie ablegen. Dann ist eh schon alles zu spät. Dazu kommt, daß wir das Risiko nicht eingehen können, das mit einer bewaffneten Verteidigung verbunden wäre. Denn diese Leute arbeiten eng zusammen mit der Polizei und dem Zoll. Anders ist es nicht zu erklären, daß sie oft gezielt an ganz bestimmte Container herangehen. Wenn es bei solcher Verteidigung auch nur einen einzigen Toten gibt, brauchen wir in Lagos nicht mehr anzulanden.« Seidel stellte aber klar: »Sie können Lagos nicht mit Senegal vergleichen. Hier in Dakar wird gestohlen, aber Berufspiratentum kann man das nicht nennen. Das haben Sie schon an den Hafen-Beamten sehen können, die zur Begrüßung an Bord kamen. Hier waren es bescheidene vier. In Lagos sieht das anders aus. Da kommt ein Trupp von 40 Mann und mehr. Und wehe, Sie haben keine guten Geschenke bereitliegen. Dann häufen sich die bürokratischen Schwierigkeiten. Sehen Sie also zu, daß die Strömung Sie nicht an die Elfenbeinküste treibt.«

Diese Möglichkeit war gar nicht so ausgeschlossen. Denn die Strömungen des Südost- wie des Nordost-Passats treffen am Äquator aufeinander und fließen dann gemeinsam nach Westen. Genau wie beim bergab strömenden Fluß bilden sich dabei auch hier in den Reibezonen Gegenströmungen. Eine davon fließt zur Elfenbeinküste. Sie war mir von Anfang an nicht geheuer. Würde ich in sie hineingeraten und könnte das mit meinen Mitteln nicht aussteuern, wäre das womöglich das Ende meiner Reise oder zumindest ein gewaltiger Zeitverlust.

Warum fuhr ich dann überhaupt durch dieses unsichere Gebiet? Das hatte einen wesentlichen Grund: Dakar–Receife, das ist die kürzeste Afrika-Brasilien-Verbindung.

Als die Leute aus meinem Gesichtskreis entschwunden waren, versuchte ich, den unterbrochenen Schlaf nachzuholen. Das mit dem Telefon war bestimmt eindrucksvoll, dazu die Raumkapsel-Form des Bootes, mein Flieger-Overall, das Brustgeschirr mit Signalgerät und Messer... Da mußten sie einfach davon ausgehen, daß ein paar Momente später eine ganze Hubschrauber-Staffel über sie hinwegdonnern und ihnen Ärger bereiten würde!

Und genauso würde ich es wieder machen. In der Karibik oder vor Brasilien. Je nachdem, wo ich antrieb.

Aber so lange brauchte ich nicht erst zu warten. Schon fünf Stunden später kam die nächste Gelegenheit.

Diesmal saß ich im Sattel. Und diesmal war es ein größeres Boot. Zwar auch eine Art Einbaum, aber er war mit Brettern aufgestockt und hatte somit viel mehr Fassungsvermögen. An Bord waren acht Personen und viel Gepäck. Es waren ganz offensichtlich Reisende, die von irgendwo nach irgendwo wollten. Der Steuermann fuhr aber dermaßen auf mich zu, daß ich zunächst eine Kollision befürchtete. Aber er verstand es, wie seine Kollegen vorhin, sehr geschickt mit seinem Schiff umzugehen und kam längsseits. »Erst mal die Lage peilen«, dachte er wohl.

Längst war ich ins Cockpit geklettert und hatte den Hörer in der Hand. Ich sprach angespannt hinein. Dann zählte ich wieder die Personen mit dem Zeigefinger ab und rief laut und vernehmlich in die Muschel: »Es sind acht Personen.« Und als zwei Männer meine Reling ergriffen, um eine Reibung zu vermeiden, gebot ich barsch: »Entrezpas. C'est un projet militaire. Allez!« Aber die beiden, die den Fender spielten, hielten meine Reling weiter umklammert wie Liebhaber ihre Frauen beim Abschiedskuß. »Eine gekonnte Flanke, und sie sind bei mir«, dachte ich. Ich umklammerte mein Signalgerät. In derselben Weise wie die beiden meine Reling. Allein der Knall des Raketengeräts würde sie verscheuchen. Vorsichtshalber legte ich mir auch den Revolver bereit. Immerhin waren sie acht.

Um ihn aus dem Holster ziehen zu können, mußte ich mich etwas bücken. Meinen Kopf ließ ich unverwandt draußen, um vor allem die zwei Hauptenterer im Auge zu behalten.

Da bückte sich auch der Steuermann und zog zwischen zwei Kisten ein Gewehr hervor! Das ging sehr schnell, und er holte es nicht ganz heraus, sondern legte es nur griffbereit hin. Doch der Schaft lugte deutlich hervor. Eine falsche Reaktion, ein Mißverständnis – fatal. Und vielleicht hatte der andere ebensolche guten Absichten wie ich. Klar, daß mein Boot neugierig macht. Aber ich bin ein gebranntes Kind und will mich nicht unnötig überraschen lassen. Ich legte sofort beide Hände wieder leer und flach aufs Cockpit und sprach dabei ständig in den Telefonhörer, den ich zwischen Kopf und Hals eingeklemmt hielt. Augenblicke höchster Alarmbereitschaft. Da rief der Steuermann etwas zu den Männern und gab ein Zeichen.

Die beiden Schiffshalter ließen meine Reling los, und rückwärts zog sich das Boot aus der Affäre. Während sie dann im Vorwärtsgang ihre alte Richtung wieder aufnahmen, filmte ich ihren Abgang.

Der Entschluß

»Entweder stimmen meine Berechnungen nicht, oder aber ich bin unerwartet langsam.«

Zu dieser Erkenntnis kam ich immer mehr. Eine Woche war ich bereits unterwegs und schipperte immer noch in der Kapverdischen Bucht herum. Mit Südtendenz. »Wenn ich so weitermache, treibe ich garantiert an die Elfenbeinküste. Ich bin zu langsam, um eine Strömung von 1–2 kn mit meinen Mitteln ausgleichen zu können.« Das war's, was mir immer wieder durch den Kopf ging. Auch acht Stunden ununterbrochenes Treten brachten da nichts an Hoffnung. Besonders deutlich wurde mir das zweimal, als ich via Radio Norddeich mit dem NDR telefonierte. »Wie ist deine Position?« wollten die natürlich jedesmal wissen. Und dann mußte ich sagen: »Ich hänge immer noch vor Afrika herum.« »Und wie fühlst du dich? Ist alles okay?« »Ja – es geht mir gut. Nur behalte ich kein Essen bei mir.« Meine ständige Magenverstimmung war ein weiterer ärgerlicher Punkt. Seit einer Woche hatte ich nichts gegessen. Ich litt immer noch an Seekrankheit. Sie drückte nicht etwa auf meine Stimmung, nein, nach jeder Entleerung fühlte ich mich gut, aber es ließ sich nicht leugnen, daß ich stark abmagerte und Kondition und Unternehmungsgeist geschwächt wurden.

»So geht es nicht weiter!« sagte ich mir dann. »Es muß etwas passieren.« Es war mir nur nicht recht klar, was das sein sollte.

Warum war ich so lahm, wo ich doch fast Rückenwind hatte? Warum waren Lindemann und Bombard so gut weggekommen? War es, weil sie nördlicher gestartet waren? Und dann wußte ich es. Wie ein Keulenschlag kam mir die Erleuchtung. Ich lag gerade in meiner Badewanne, dem Netz am Bug. Nie zu lange. Wegen möglicher Haie, aber immer so viele Sekunden, daß ich rundherum erfrischt war. Das ging schnell, denn das Meer hatte kühle 28 °C, während es an Deck im Schatten 32 °C war. Ich aber radelte in der Sonne. Nur 15 Minuten brauchte mein Overall, um wieder trocken zu werden! Dann hieß es erneut: »Ab in die Wanne«, oder ich überschüttete mich von oben bis unten mit dem Ösfaß (Schöpfkelle).

Es war also genau beim Bad, als mir auffiel, daß die Grundfläche meiner Kabine zu weit im Wasser lag. Sie wirkte demnach wie ein Querbalken, der die Schnittigkeit der Kufen aufhob und sie zunichte machte.

Treibt man einen Fluß hinunter, ist das nicht sehr von Belang. Da wird selbst das primitivste Floß mitgerissen. Aber wollte man schneller sein, mußte man schlüpfrigschnittig sein.

Augenblicklich begann ich zu reagieren. »Ich muß leichter werden! Aber was kann ich entbehren?«

Das einzige, das echt Entlastung bewirken würde, war mein Trinkwasser. 350 Liter hatte ich gebunkert. Mehr als ich kalkuliert hatte.

Ich rechnete hin und überschlug her und kam zu dem Entschluß, 150 Liter Wasser können weg! Dann verblieben mir noch 200 Liter für meine max. veranschlagten 100 Tage. Also 2 Liter pro Tag. Zu Hause wäre mir das als zuwenig erschienen. Äquator, Wind, Durst – das wollte ich lieber nicht zu knapp bemessen. Aber 2 Liter mußten für Getränke *und* Speisen ausreichen.

Aber bereits seit Beginn meines Seetörns hatte ich festgestellt: 2 Liter sind gut bemessen. Mit Disziplin genügte ein Liter, und ohne Schwierigkeiten pendelte ich mich auf 1½ Liter ein.

150 Liter also. Das waren 150 Kilo. Soviel wie zwei erwachsene Personen. Und wieviel diese zwei Personen mein Boot gedrückt hatten, war mir beim Zuwasserlassen in Dakar klargeworden.

»Dann wirf auch gleich noch 35 Liter Benzin hinterher!« Denn auch der Generator hatte mir inzwischen bewiesen, daß er viel genügsamer war, als ich angenommen hatte. 5 Liter hatte er im Tank, und 10 Liter verblieben mir als Reserve. Das reichte allemal. Und sonst war eben kurz vorm Ziel Sendeschluß. Schließlich war auch Columbus ohne diese Technik rübergefahren. Glaube ich jedenfalls. Machte also 185 Kilo Entlastung!

Sich vom Allerwichtigsten, nämlich dem Wasser, zu trennen, kommt einem heroischen Entschluß gleich. »Oder bin ich geistesgestört?« fragte ich mich.

Bevor ich die Tanks öffnete, setzte ich mich noch einmal in aller Ruhe hin und vergewisserte mich, daß ich da keinen tödlichen Rechenfehler begangen hatte.

Dann stellte ich die Kamera an – und schüttete das kostbare Naß ins Meer. Wenn der Salzgehalt der Meere nun andere Werte aufweist, ist es meine Schuld.

Die Benzinkanister ließ ich natürlich verschlossen. Da würden sich demnächst ein paar Strandgutsammler freuen können.

Ich hatte das Freibord vorher und nachher gemessen. Ich war jetzt um 5 cm weiter aufgetaucht. Das Mittschiff war frei! Auch von meiner Seele war einiges an Ballast außenbords gegangen. Ich geriet in einen Trimm-Rausch. Was die Fahrt hemmte, wurde geändert.

Ich spannte das Netz nach, damit es nicht mehr durchhing. Ich hängte das dicke Schleppankerseil an die Reling, denn auch dieser 10-Kilo-Tampen hatte mehr unter Wasser als über Wasser gehangen, und – selbstmörderischer Entschluß No. 2 – ich holte die Nachschlepp-Leine ein.

Auch sie war inzwischen doppelt so schwer geworden.

Rundum hatten sich Entenmuscheln angesetzt. Mehr noch als ihr Gewicht störte ihre Bremswirkung. Wieviel Zug mein Boot anwenden mußte, um die Leine hinterherzubefördern, merkte ich beim Einholen. Als würde ich einen 15-kg-Anker reinhieven. Selbst die beiden Jakobsleitern, die ich hinter den Rümpfen herzog, wurden als überflüssig eingestuft und hochgeholt. Mein Schiff war flach genug. Da brauchte ich keine Leitern, um es besteigen zu können.

Und das alles zusammen bewirkte ein Wunder.

Plötzlich war ich beweglich geworden! Ich kam von der Stelle! Der Wind konnte mir ganz anders helfen. Mein Floß hatte sich in ein Boot zurückverwandelt. Jetzt *sah* ich regelrecht, wie mein Einfluß auf das Boot sich verändert hatte. Es gehorchte mir.

»Dann laß uns gleich Nägel mit Köpfen machen«, entschied ich euphorisch. »Ich fahre West und umgehe die Rückströmung! Wenn ich den 30. Längengrad erreiche und das Risiko ausgeschaltet ist – dann steuere ich Südwest, dann fahre ich Brasilien an.«

Ich stellte das Stützsegel so gut ich konnte auf den Nordwind ein, dann das Windsteuer – und ab ging's nach Amerika. Ich sah's am Kielwasser: ab jetzt machte ich Meilen.

Diese einschneidenden Entschlüsse (erfahrene Seebären mögen darüber schmunzeln, aber ich war und bin eine Landratte) reduzierten meine Sicherheit. Das war mir völlig klar. Nun brauchten nur das Wasser in einem größeren Tank zu faulen oder der Mast zu brechen – und meine Situation würde sich von einer Sekunde auf die andere verschlechtern. In die eines Schiffbrüchigen.

Andererseits aber stieg dadurch, daß ich wendiger geworden war, die Sicherheit. Ich würde schneller in der Neuen Welt ankommen. Das Risiko, krank zu werden, verringerte sich. Und das Trinkwasser hatte weniger Zeit, zu faulen, der Mast weniger Zeit, zu brechen.

Ich mußte lediglich erhöhte Disziplin wahren: Kein

Wasser vergeuden und nicht ins Meer fallen! Das war meine vorrangige Devise. Ich redete mir sogar ein: »So 'n Nachschleppseil *verführt* ja geradezu zum Nichtanleinen an Bord. Fällt man wirklich in den Bach, was soll's – man hat ja die Rettungsleine.«

Die Gefahr, überfahren
zu werden

Was war das denn nun wieder? Hatte da jemand gesungen, oder hatte ich schon Halluzinationen? Oder war ich aus einem der intensiven Träume erwacht?

Noch lauschend hörte ich es wieder. Ein Blick auf die Uhr: halb vier nachts. Wie vom Elektro-Aal gepolt sprang ich hoch, bumste mir den Kopf am Dach meiner Behausung und starrte vor mir auf das orangeerleuchtete Hochhaus. In nur 50 Metern Entfernung fuhr ich daran vorbei.

Mein Kopf brummte immer noch. Ich rieb ihn kräftig, zwackte mich ins Ohr und fragte mich, in welcher Stadt ich wohl jetzt angetrieben sei.

Bis ich zwei Sekunden später merkte, daß nicht ich an der Erscheinung vorbeifuhr, sondern sie an mir. Und zwar mit einem Affenzahn. Und daß das Hochhaus plötzlich die Formen eines großen Schiffes angenommen hatte. Musik drang aus einer offenen Tür! Volle Pulle!

Jetzt noch meinen Blitz anzuwerfen, war sinnlos. Ich stand da, bewunderte die fahrende Stadt und dachte: »Meine Fresse, Glück gehabt!«

Das war die hautnaheste Begegnung, die ich mit der großen Schiffahrt hatte. Oder ich habe die anderen nicht mitbekommen. Zu tief war gerade anfangs der Schlaf der Erschöpfung infolge Tretens und Unwohlseins. Aber ich hatte auch sehr bald herausgefunden, daß ich, auf dem Ohr und flachen Boden liegend, sehr wohl Schiffsschrauben schon von weitem hören konnte. Sie unterscheiden sich durch ihr regelmäßiges Dröhnen und Brummen von dem völlig wirren Wassergepolter unter meinem Schiff.

Nachdem ich das mehrfach festgestellt hatte, verließ ich mich darauf und jedesmal, wenn das Brummen ertönte – und das war im Kapverdischen Meer vor Senegal häufig –, schaltete ich meinen Blitz ein. Jedenfalls dann, wenn die Schiffe in etwa auf mich zuhielten.

Meist sprach ich die Wachhabenden auch über UKW an. Auf Kanal 16 muß immer jemand hörbereit sein. Dieses kleine Handsprechfunkgerät hatte mir die DEBEG noch spendiert und ein zweites Gerät für Wolfgang und Ulli. Sollte ich Brasilien erreichen, wollten sie mir entgegenkommen und die Ankunft filmen. Und damit sie, mitten im entfernten Urwald, auch wußten, wann ich mich wo befand, hatte Wolfgang außerdem einen Kurzwellenempfänger mit. Auf ihm hatte er die Sendefrequenz von Norddeich Radio eingetippt und konnte so zu den vereinbarten Zeiten in unsere Gespräche hineinhören. Wäre ich also schneller als errechnet, mußten sie sich mehr beeilen, ansonsten konnten sie sich entsprechend mehr Zeit lassen. Unterwegs habe ich oft an die beiden gedacht, wenn ich auf Sendung war. Ich sah sie dann bei den Yanomami vorm großen Kübel Bananenbrei hocken und meinen Berichten lauschen. Sie im prallen Urwald, in einer Kultur, die 1000 Jahre zurückliegt, und ich auf dem Ozean, dessen einzige Abwechslung verschieden starke Wetter, Fische und Vögel waren.

Trotz dieser nächtlichen Beinahe-Berührung mit jenem Schiff hatte ich fortan nicht etwa ein gesteigertes Angstgefühl vorm Crash. Dafür hatte ich immer noch zu deutlich die Worte des II. Offiziers Michael Seibel von der ›Woermann Ubangi‹ in den Ohren: »Die Chance, richtig gemangelt zu werden, ist wie die mit dem Auffinden der Stecknadel im Heuhaufen. Nicht, weil du nachher auf einem völlig einsamen Meer fährst, sondern weil der Bugschwall der Schiffe dich links oder rechts vorbeidrückt. Daß dich wirklich jemand auf den Punkt in der Mitte des

Kats erwischt und dein Boot nicht weiß, ob es sich nun für links oder rechts entscheiden soll, ist ungewöhnlich gering.« Und nach kurzem Nachdenken: »Außer vielleicht im Englischen Kanal, wo sich ein Dampfer an den anderen reiht.«

Das hatten mir übrigens auch Arved Fuchs und Rainer Neuber gesagt. Bei ihrer Nordseeüberquerung mit den Paddelbooten war das hohe Verkehrsaufkommen in diesem Gebiet ihr zweitgrößtes Problem nach jenem des Schlafmangels. »Und das Treibgut, das da umherschwimmt! Du glaubst es nicht! Und laß mal einen Baumstamm mit der Kraft der Wellen auf dein Boot treffen, dann ist Land unter. Dabei können sogar große Schiffe leckschlagen.«

An das alles mußte ich denken, als der ›Musikdampfer‹ wieder am Horizont verschwand. Sollte ich das Toplicht doch ständig anlassen? Würde das meine Batterie verkraften? Oder sollte ich mir das aufsparen für die Zeit vor Südamerika, wenn ich die Batterie besser kannte und ich die stark frequentierte Nord-Süd-Route kreuzte? Und Treibgut? Na ja – Risiko. Deshalb würde ich ja immer noch schwimmfähig bleiben. »Und wenn's 'n wertvoller Palisanderstamm ist, kannst du dir etwas Taschengeld nebenbei machen«, hatte Arved gemeint.

Vor allem, als Seibel zu berichten wußte, wie schwer es ist, ein kleines Boot so zu rammen, daß es zerbricht, entschied ich mich für die ›Aktion Sparflamme‹.

»Mit einem anderen Dampfer hatten wir im Südchinesischen Meer Boatpeople, Flüchtlinge aus Kambodscha, an Bord genommen und wollten deren Schiffchen hinterher versenken. Wir hielten genau draufzu, aber jedesmal erhob es sich auf die Bugwelle und glitt dann steuerbord oder backbord an uns vorbei. Bis wir es schließlich aufgegeben haben.«

Das Zusammenraufen

Zwei Probleme bestimmten meine ersten beiden Wochen. Der Kontinent entließ mich nicht aus seinem Griff, und ich war seekrank. Nicht etwa, daß ich nur über der Reling gehangen und gejammert hätte! Aber was ich aß, wollte wieder raus. Also gab ich notgedrungen nach, zahlte meinen Tribut ans Meer und hoffte irgendwann auf Rasmus' und Neptuns Güte und freie Passage.

Doch was ihnen zugute kam, fehlte mir. Ich magerte ab und hatte nicht mal mehr Appetit. Die kostbare Nahrung, das wertvolle Wasser – alles kam in des Ozeans unfüllbaren Klingelbeutel. Dennoch war ich nicht beunruhigt. Wußte ich doch vom Deutschland-Marsch, wieviel ein Mensch an Körpergewicht verlieren kann, ohne gefährlichen Leistungsabfall. Damals hatte ich ¼ Zentner abgezehrt. Nach 14 Tagen auf See hatte ich diesen Zustand fast auch erreicht. Regelrecht leid tat es mir nur ums ausgespiene Wasser. Bis ich nach wenigen Tagen auch das ungerührt in Kauf nahm. Ich hatte gemerkt, daß ich selbst bei praller Sonne mit 1¼ Liter pro Tag auskomme. Für Essenszubereitung und Trinken. Und beim Wegschütten der 150 Liter Übermenge war ich von zwei Litern und 100 Tagen ausgegangen. Also konnte ich hier durchaus etwas zur Atlantik-Entsalzung beitragen. Irgendwann würde ich bestimmt auch Regen auffangen können, und um wenigstens etwas Gutes für die Kondition zu tun, trank ich Elektrolyte. Ehe die ausgespien waren, hatte der Körper sie sich längst gekrallt.

Als weit bedrückender empfand ich hingegen das Auf-der-Stelle-Treten. Zunächst dachte ich, meine Positions-

Berechnungen seien völlig daneben. Eine Tagesleistung von 6 sm war mir nicht anders erklärbar. Doch wenn ich vorüberziehende Schiffe um die Positionsdaten bat, bestätigten sie mir, einmal sogar genau auf die Meile (stolzstolz), daß ich eine Waldweg-Schnecke und kein Hochseeschiff war.

So kam es zum erwähnten Umtrimmen und Kursändern. Aber auch das brachte nicht gleich die Siebenmeilenstiefel-Leistungen. Am 2.11. – dem sechsten Fahrtag – war ich ganze schlampige 90 sm von Dakar fort! Wie war das möglich, wo die nautischen Handbücher von 1 kn allein Strömungsgeschwindigkeit zu parlieren wußten? Die allein hätten mich bereits 144 sm befördern müssen! Und wo blieb da das Plus des Windes?

So war ich nach einer Woche nicht weiter als von Hamburg nach Hannover gelangt! Das hätte ich zu Hause auf Schusters Rappen locker in drei Tagen runtergerissen. Wenn der Törn sooo weiterging, war ich ja erst Ostern in Amerika!

Demgegenüber standen die Leistungen des Hannes Lindemann. Er war diese Strecke 1956 im Serienfaltboot mit Segel gefahren. Auch er hatte Gegenwinde und Flauten und war dennoch in 72 Tagen in der Karibik gelandet. Und Bombard, der Salzwasser-Prophet, hatte von Tanger aus mit einem Schlauchboot und Segel abgelegt und hat etwa dieselbe Zeit benötigt. Dann war da der Brasilianer Emyr Klink mit seinem Ruderboot. Er hatte den Südostpassat genutzt und war in Namibia (!) gestartet. Trotz der gewaltigen Distanz hatte er Brasilien nach 100 Tagen erreicht.

Ich mußte demnach rein in die richtige Strömung. Das hier in der »Gambia Ebene« war alles Spielkram. Weder das Meer noch ich wußten so recht, was wir wollten, und so steuerte ich unverdrossen West. Auch wenn ich noch nicht über Hannover hinaus war. Sturheit siegt.

Am 8. November wollte ich mir erneut von einem Con-

tainer-Schiff meinen Standort sagen lassen. Doch der Not-
und Ansprechkanal 16, UKW, war gerade belegt. Ich wartete, wie es sich gehört. Und was hörte ich?

»Dakar-Pilot. Radio Dakar-Pilot, Radio-Dakar. Dakar
Pilot-Radio. Here is« – es folgten der Name und das Ruf-
zeichen. »We are ready to enter the port.«

Und des Lotsen verkürzte Antwort:

»Well, no problem. Are your papers ready?«

Für die Strecke, die mich 2 Wochen gekostet hatte,
brauchte der alte Eisen-Frachter nur noch geschlagene 6
Stunden und war am Ziel! Ich brach beinahe zusammen.
Wie kommt es zu solchen Ungerechtigkeiten? Aber es
schien unabänderlich, und ich fand mich drein. Was hatte
ich mir beim autogenen Vortraining auf diese Reise immer
eingetrichtert? »Kurs Südwest, Geduld und Beschäftigung. Der Atlantik hat rundherum Ufer.«

Also keine Panik aufkommen lassen! Zumindest war erkennbar, daß der Kat mir gehorchte und zaghaft West
trieb. Und so leistete ich meinen persönlichen Beitrag und
unterstützte ihn nach besten Kräften mit der Pedale.

Mehr als einen Knoten brachte das Unterfangen wohl
nicht. Denn auf Dauer konnte man nicht schneller treten.
Nur wenn's für Momente darauf ankam, dann entwickelte
der Propeller beachtlichen Schub. Auch die beiden Ruder-
blätter, die ich mit dem Lenker vor mir bediente, wirkten
ökonomisch. Bei starken und schnellen Kurskorrekturen
brachten sie das dreifache des Windsteuerruders. Hatte ich
jedoch die gewünschte Richtung, blockierte ich den Lenker mit zwei Seilen und überließ den Rest der Selbststeueranlage. Wollte ich meine Füße ausruhen, konnte ich sie
unterm Lenker auf zwei Gummipolstern abstellen. Birenheide, der Konstrukteur der Tretanlage, hatte an alles gedacht: »Weil Sie keinen Freilauf haben.« Trotz Halbkondi-
tion erspürte ich täglich mehr die Wechselwirkungen von
Boot, Segel, Wind und Strömung.

Die allergrößte Entlastung brachte einwandfrei die Selbststeueranlage. Ihr verdanke ich, daß ich bei steten Winden nachts schlafen konnte und trotzdem vorankam. Damit entfiel für mich auch die Gefahr, ins Delirium mangels Schlaf zu geraten, und ich konnte mein Unwohlsein besser auskurieren.

Dennoch brauchte ich weitere vier Tage, bis zum 12. 11. – da hatte ich die Schwierigkeiten gemeistert. »Hurra! Ich befinde mich eindeutig 140 sm südlich der Kapverdischen Inseln und habe den Wind (mit leichter Nordtendenz) genau im Rücken. Der Atlantik hat sich plötzlich in einen gigantischen Strom verwandelt, der mich und meine Insel mit sich reißt.« Das schrieb ich ins Tagebuch: Das Segel übt einen gewaltigen Zug aus. Die Schoten zittern vor Erregung, der Mast singt und sprudelndes Heckwasser belohnt mich für mehr als zwei Wochen Geduld.

Neugierig warf ich mein Log aus und maß 4 kn Geschwindigkeit. Die Pedalen der Tretanlage rotierten wie wild. Nur infolge des durchströmenden Wassers.

»Wir haben 7–8 Windstärken – genau wie Maggy es mir gewünscht hat!«

Von hinten rasten gewaltige Wassergebirge auf mich zu. Ich kam mir vor wie mit einem fragilen Zelt inmitten eines gigantischen Gebirgskessels: klein und unbedeutend. Aber so wie die Gebirge nicht einstürzen und das Zelt begraben würden, so war ich inzwischen von der Unzerstörbarkeit meines Schiffchens überzeugt. Zu Beginn der Reise hätte ich bei solchem Wind sogleich das Segel gerefft und den Treibanker geworfen – heute dachte ich nicht mal im Traum daran!

Das Tempo war fantastisch. Wenn die Wasserberge mich erreichten, hatten sie mich längst zu sich auf den Kamm gehoben. Und selbst als der dann unter Zischen und Donnern sich überschlug und seine weißen Zähne ins Boot schlagen wollte, waren Boot und ich schon längst so weit obenauf, daß uns nur die Krone des Gegurgels erreichte und mich allenfalls erfrischte. Wenn dann die Woge unterm Kat hindurchrauschte, so daß er sich erst hinten, dann vorne aufbäumte, viel schneller, als ich Fahrt hatte, entstand ein Bremseffekt, sobald das Heck eintauchte. Dann überholte mich auch schon gelegentlich der zweite Brecher. Aber die Yanomami Brasil lag unumstößlich – wie auf vier Beinen, auf den zwei Kufen und den beiden Schwertern. Eine Katze, die immer auf die Füße fällt.

Würden mich dieselben Brecher vor eine Wand drükken, auf ein Riff setzen oder gegen eine Felsenküste donnern, würde alles zerbersten. Soviel Gewalt geht von den Tonnen und Abertonnen Wasser aus. Doch ich war auf offener See. Sie ist elastisch. Sie bildet kein Hindernis. Das elegante Boot wird einfach ein paar Meter vorgepuscht. Der Druck verpufft. Als spränge ich vom Schrank in einen Schaumstoffberg oder vom 5-m-Turm ins Wasser. Wehe, statt des Schaumstoffes oder des Wassers wäre unten Beton! Aber wem sage ich das?

Voller Freude stülpte ich mir den Walkman über, wie schon so oft beim Treten – aber da streikte er. Versalzen. Kein Ton kam mehr heraus, obwohl das Bandwerk lief, die Spulen sich drehten. Da halfen weder neue Batterien noch Klopfen oder das Reinigen der Tonköpfe. Die 50 Cassetten mußte ich ein anderes Mal hören. Bestimmt dann, wenn ich sie nicht so benötigte. Wenn mein Alltag wieder prall voller Ereignisse und Eindrücke sein würde. Dabei hatte ich gerade mein »Laufband« gehört. Jene Cassette, die ich mir oft beim Joggen im Trittauer Forst reingezogen hatte. Wie oft hatte sie mich unterhalten und aufgepeitscht, wenn die müden Knochen mal nicht mehr so wollten! Auch jetzt hatte ich da gehockt und an die üppige Waldnatur gedacht, an Blaubeeren, Pilze, Kamille, Tannennadeln, Baumharz – all diese Impressionen, die ich hier so entbehrte. Bis auf die Kamille: Maggy hatte mir ein Glas mitgegeben. Selbstgesammelt auf eigenen Gefilden. Jedesmal, wenn ich den Schraubdeckel öffnete und die Augen schloß und eine tiefe Nase davon nahm – atmete ich Heimatduft. »Es kann mir noch so kotzig sein – ein paar Krümel lasse ich mir übrig zum Mutmachen, wenn es je erforderlich werden sollte«, notierte ich.

Die Kamille half, genau wie die Fotos der Familie in meinem Cockpit. Jetzt, wo mein Kahn auf Automatik geschaltet war, hatte ich Zeit, Ordnung in meine Kabine zu bringen. Und das tat ich auch.

Und dann war da noch der Notausstieg. Er war 60 × 60 cm groß und befand sich – als Fenster – im Boden meiner Unterkunft. Wenn ich ihn auch als Notausstieg nie brauchte, so lohnte er sich zumindest als »Fernseh-Apparat«. Ich brauchte nur meine Unterlagen, eine Isoliermatte und eine Luftmatratze, hochzuheben und hatte den Blick frei in die Unterwasserwelt. Je nach Wetter – herrlich blau oder beängstigend düster. Wie Farbfernsehen oder Schwarz-weiß. Zwar war das Programm immer gleich. Ein Film über Fische – aber die Nuancen machten es. Und in der sonstigen Eintönigkeit genoß ich da in Ruhe und bei einer Tasse Tee die stille Welt unter mir.

Da zogen mitunter gewaltige Schwärme unter mir vorbei. In Reih und Glied und langen Formationen. An der Intensität ihrer Schwimmbewegungen konnte ich allmählich gut mein Tempo ablesen.

Mehrfach am Tag fanden sich auch die großen Goldmakrelen ein. Sie wirkten mit ihren 1,50 m Länge immens groß und kraftvoll. Mitunter zischten sie wie eine Bildstörung unterm Boot hindurch, manchmal verschnauften sie und blieben ruhig auf Richtung, mal höher, mal tiefer, und dann wieder, in der Sportsendung, zeigten sie die tollsten Kapriolen. Dann schossen sie wild durcheinander, legten sich flach auf die Seite und rieben sich unter den Schwimmkörpern ihre juckenden Stellen.

Hatten sie genug vom Aufenthalt im Schutzbereich des Bootes, gingen sie auf die Jagd. Fliegende Fische erbeuten. Ihre Spezialität. Da mußte ich sie allerdings von Deck aus betrachten. Ihre phosphoreszierenden Brustflossen, ihre türkisfarbenen Körper, die gelben Schwalbenschwänze – man sah sie überall durch die Wogen schießen. Der Schwanz ragte dabei häufig heraus und zerschnitt das Wasser wie ein Skalpell. Und sah ich sie einmal nicht, hatte ich sie aus den Augen verloren oder stand die Sonne im ungünstigen Winkel, dann brauchte ich nur rundum zu blicken, wo gerade wieder, einem Vogelschwarm gleich, die filigranen, silbrigen Fliegenden Fische aus dem Meer herausschossen und mit dem Wind zwischen den Wasserkämmen durch die Täler wirbelten.

Aber oft nutzte ihnen auch diese ausgefeilte Flugkunst nicht viel. Dort, wo sie landeten, brodelte es im selben Moment und die Goldmakrelen hatten sie längst eingeholt und machten ihrer Fliegerei für immer ein Ende.

Auf Fliegende Fische waren offensichtlich alle erpicht. Meine Begleiter genauso wie ich auch. Fliegende Fische sind dermaßen zart und lecker, daß sie roh wie gekocht eine Delikatesse sind.

Ihre Flugkunst verdanken sie ihren flügelartig ausgebildeten Brustflossen. Damit können sie sowohl »schlagen« als auch gleiten und Höhen regulieren – wie Segelflieger.

Wenn ich mich flach auf den Boden legte, sah ich noch anderes aus der verzauberten Welt. Da sah ich meine Kufen, die über und über mit Entenmuscheln besetzt waren. Als stecknadelgroße Larven hatten sie sich geschickt dort angekrallt, und nun wuchsen sie zusehends. Wie ein üppiger Korallengarten. Je nach Wasserbewegung wogten sie hin und her und versuchten, dem Wasser Nahrung aus dem Plankton zu entziehen.

Entenmuscheln sind in Wirklichkeit kleine Krebstiere, die sich im Kopfstand an irgendein Treibgut heften. Ihren

Körper haben sie mit einer harten Schale geschützt. Daraus kommen unermüdlich die vielen kleinen Fanghaare hervor und versorgen sich mit Nahrung.

Das ist die optisch reizvolle Seite dieser Tiere. Ihr Nachteil: Sie wachsen binnen 6 Wochen auf 12 cm an und vergrößern die Oberfläche des Rumpfes um ein Vielfaches.

»Warum geben sich Bootsbauer soviel Mühe mit aalglatten Schiffsrümpfen, wenn die Muscheln und Algen das binnen Tagen zunichte machen?« notierte ich. Man mußte kein Fachmann sein, um einzusehen, daß sie mich manchen Knoten Fahrt kosteten.

Die, die ich von Deck aus erreichen konnte, spachtelte ich ständig ab. So blieben meine Außenwände sauber. Aber den Plagegeistern unterschiffs mußte ich in einer Sonderaktion zuleibe rücken. Dann mußte ich mit dem Schnorchel hinunter. Das ging bei ruhiger See mit dem Kurzschnorchel, weil das Freibord unter der Kabine nicht mehr als ca. 5 cm betrug. Bei unruhigem Wetter war mir das Schiff zum einen zu schnell und des weiteren zu nervös. Es würde mir ständig auf den Schnorchel schlingern und mich beim Atmen behindern. Das würde mit Sicherheit Unruhe bei mir auslösen. Womöglich würde ich Wasser schlucken und hektisch reagieren. Und das würde wiederum die großen Kameraden, die Haie, neugierig machen.

Eines Tages war es dann soweit. »Wenn du dieses Jahr noch nach Brasilien willst, mußt du runter!«

Es kostete, vor allem beim ersten Mal, schon einige Überwindung. Der gewaltige, unheimliche Atlantik, kein Helfer, bestimmt würde ich Geräusche verursachen und damit die Haie anlocken. Ich legte mir Flossen, Maske, Schnorchel und Messer und den Spachtel an, steckte den Haistock in den Gürtel und klinkte mich ans Außenseil. Das Boot stand auf der Stelle. Es dümpelte vor sich hin.

»Welch prachtvoller Anblick!« ging es mir durch den Kopf. Azurblaues klares Wasser, da unten in 20 m Tiefe

Goldmakrelen, die sich sofort in Scharen um mich versammelten, der gesamte, neugierige Begleittroß. Sie kamen bis auf Hautfühlung heran, nippelten an mir herum. Aus dieser Position hätte ich mir mühelos ein paar herausharpunieren können. Aber deswegen war ich ja nicht hinabgestiegen.

Ich vergewisserte mich rundum meines Alleinseins und rekapitulierte gleichzeitig, wie ich mich verhalten mußte, wenn ich unerwünschten Besuch bekäme. Wichtig erschien mir, die Leine stets klar zu haben und keine Angst zu zeigen. Lieber scheinbar unbekümmert draufzu schwimmen. Bluffen.

Dann begann ich zu spachteln, daß die Muscheln flogen! Wie Glitzerregen rieselten sie, von der Sonne bestrahlt, in die Tiefe. Und mein Begleitschwarm stob erfreut dazwischen, um Brauchbares für den Eigenbedarf zu entnehmen. »Bei anderer Gelegenheit mußt du davon unbedingt Fotos machen«, sagte ich mir und ließ einen Teil des kleinen Paradieses stehen für Brasilien. »Mal sehen, wie lang die in zwei Monaten werden.«

Das verbliebene Idyll nahm ich dann näher in Augenschein. Ich kam mir vor wie ein Kleingärtner, der seinen Garten von lästigem Unkraut befreit hatte und einem winzigen Restbiotop gestattete, zu bleiben wie er ist.

Und da entdeckte ich zwei fingergroße Pilotfische. Mit ihrer Saugfläche am Oberschädel hafteten sie fest am Boot und schauten mich mit freundlichen Augen an. Als ich sie greifen wollte, hüpften sie gleichsam ein Stück weiter. Aber vom Boot ließen sie sich nicht fortnehmen.

Und schließlich tapsten noch zwei Drücker in meinem Garten herum. Sie zupften hier und da an den Muscheln und waren offenbar die einzigen, denen sie schmeckten. Verwendete ich sie nämlich als Köder, biß kein einziger Fisch an. Wir paar Individuen lebten also in einer Art Symbiose. Ich bot den Fischen Schatten und Zuflucht wie ein großer

Fisch in der unendlichen Wasserwüste. Die waren zudem aufeinander abgestimmt, warnten einander vor Gefahren, befreiten sich von Parasiten, und ich konnte gelegentlich einige von ihnen essen. So konnte man miteinander auskommen.

Doch diese Symbiose war augenblicksbedingt. Nachdem die Makrelen mir nachts dreimal in das Taschenlampenlicht und damit vor die Harpune geraten waren, hatte ich bei ihnen keine Chance mehr. Die hatte ich erst wieder, wenn neue Trupps dieser Tiere aufkreuzten.

Oder: Zweimal an derselben Stelle des Bootes einen Kleinfisch an den Haken zu kriegen, war ebenso unmöglich. Wir lernten gegenseitig viel voneinander. Und auch unter ihresgleichen war all die Eintracht sofort hin, wenn jemand verletzt war. Dann kamen sie schußartig von allen Seiten, und man wußte nie, wollen sie ihm helfen oder ihn fressen.

Die Goldmakrelen entschieden sich dann meist fürs Fressen. Schnapp und weg und Ruhe. Und nach Momenten weiterer Hektik formierte sich alles zur alten Gemeinschaft.

Nach meinen Fernsehabenden bei frisch gerösteten Sonnenblumenkernen und Roggenkörnern – knabber-mampf – zog ich die Isoliermatte und die Luftmatratze wieder über den Bildschirm und machte mich fertig zum Schlafen. Das war gar nicht so leicht. Jeder Winkel meiner besseren Hundehütte war mit irgend etwas belegt.

Zunächst einmal verlief links, vorn und rechts in halber Höhe ein Bord. Darauf lagerte die Werkzeugtasche, Waschzeug, Sextant, Uhr, Kompaß, Revolver. Es folgte das Sendegerät und der Antennenkoppler sowie ein paar Grundnahrungsmittel.

Und eine Etage tiefer, mit mir auf dem Fußboden, da reihten sich aneinander: links die wasserdichten Schraubkanister mit Medizin, Foto, Seekarten, Video und dem Essensvorrat für eine Woche. Es folgten in Kielrichtung mein Liegeplatz und rechts dann die Batterie für das Funkgerät, Töpfe und Lesematerial.

Verständlich, daß ich mir bei der Enge nicht den Luxus erlauben konnte, die Luftmatratze aufzublasen. Dann fehlten mir 10 cm Höhe und ich konnte die Füße nie senkrecht stellen. Deshalb spürte ich auch – und mit zunehmender Abmagerung immer deutlicher – die beiden Fensterverschlüsse im Kreuz. Aber das würde ja bald ein Ende haben. In Brasilien. Ich schaute zur Pinnwand hoch und betrachtete die Strichliste. Hatte ich mein heutiges Kreuz schon gemacht? War ich wirklich bald da? Und immer wieder mußte ich aufwallende Euphorie drosseln. »Nur weil ich heute zwei Stunden lang Wind 7 hatte, komme ich bestimmt nicht vor Weihnachten an.« Lieber pessimistisch rechnen und sich angenehm überraschen lassen, als mich unnötig Enttäuschungen auszusetzen.

Also: Strichlein für heute gemacht, das Mundharmonika-Potpourri abgeleistet, und mit der untergehenden Sonne schlummerte ich dann ein.

Ich schlief meist unbekleidet. Die laue Luft, die durchs offene Dach hereinströmte, war Zudecke genug. Nur bei starkem Wind legte ich mir eine Jacke über den Oberkörper oder setzte eine Pudelmütze auf. Das reichte, um den Wärmeverlust gering zu halten.

Das offene Luk hatte noch einen sehr wesentlichen Vorteil. Ich hörte sofort, wenn das Segel seine Geräusche veränderte. Aber auch ohne das Alarmzeichen schaute ich stündlich nach, ob alles okay war. Mitunter hielt die Selbststeueranlage ohne Korrektur 24 Stunden lang den Kurs. Dann wieder, bei kabbeligen Winden, im Grenzbereich des Nordost- und des Südost-Passats war es zum Schnaufen: dann konnte man danebenstehen und das Schiff war dennoch nicht zu bändigen.

Steuerbord, am Heck, war mein Balkon. Einer der Ka-

249

nister diente als Bank. Da saß ich bei allen erträglichen Wettern und verbrachte meine Freizeit. Ich schrieb mein Tagebuch, beobachtete das Meer, angelte, harpunierte, lernte Portugiesisch, schrieb an diesem Buch oder döste einfach vor mich hin.

Die Steuerbordseite war die Leeseite, die windabgewandte. Da kriegte ich das Spritzwasser nicht mehr mit, das am Luvbord ständig hochplatschte.

Rund um die Tretanlage hatte sich im Laufe der Wochen ein zweiter Garten gebildet. Wie unterm Schiff. Doch hier oben war er weniger bizarr. Er wirkte eher wie ein kleiner Rasen. Denn es waren grüne Fadenalgen, von denen einige über 20 cm lang wurden. Bei jedem überrollenden Wasser wogten sie hin und her, wie langes Haar im leichten Wind.

Zunächst hatte ich das Grünzeug wachsen lassen, um einen Farbklecks zu besitzen. Als ich dann aber meine Vitamin-C-Tabletten vermißte und mich schon alle meine Zähne wackeln und verlieren sah, erntete ich täglich einen Eßlöffel davon. Wie Schnittsalat aus dem Hausgarten – in der Hoffnung, dadurch den Bedarf an Vitamin C zu dekken. Mein körpereigenes Depot mußte nach sechs Wochen aufgezehrt sein, und dann würde meine Anfälligkeit gegen Krankheiten zunehmen. Ärgerlich, wo das nächste Krankenhaus so weit entfernt war. Doch dann entdeckte ich die Tabletten in meiner Speisekammer. Unter dem täglichen Bedarf. Neben Vitamin B für den Magen-Darm-Trakt.

Und dann besaß ich neben all diesem Komfort noch einen weiteren. Und das war mein Badezimmer. Es war jener Bereich am Bug, der mit einem Netz überspannt war. Vorn besaß ich kein Zwischendeck. Ebenso wie am äußersten Heckteil. Das hatte den Sinn, daß Brecher, die mich von der Seite überrollten, gleich durchplumpsen sollten, ohne das Boot zu belasten. Damit ich die freie Fläche dennoch nutzen konnte, hatte ich mir ein leichtes, aber unzerreißbares Netz anfertigen lassen. »Genau so etwas brauche ich auch als Hängematte. Nicht zu schwer, nicht zu klein und ewig haltbar« merkte ich mir bereits vor. Denn die üblichen Hängematten aus Stoff waren mir zu voluminös und nach Regenfällen viel zu schwer. Und die sogenannten Leicht- und Mini-Matten des Handels waren Spielkram. Mehr etwas für die halbe Stunde Nachmittagsschlaf unterm Kirschbaum. Weniger geeignet für drei Monate im Urwald.

Normalerweise, spätestens seit ich die Yanomami Brasil zu einem feinen Hochseemädchen aufpoliert hatte, war das Netz sauber und straff gespannt. Wie unterm Trapez im Zirkus. Wenn ich dann meine 65–75 Kilo Menschenfleisch darauflegte, gab es nach und hing ein paar Zentimeter ins Wasser hinein. Schlingerte das Schiff, wurde ich völlig überspült und angenehm erfrischt. Trotz der konstanten 28 °C Wassertemperatur. Aber sie wirkten kühl gegen die Mittagshitze von 32 °C im Schatten, und den wiederum gab's nur in der Kabine.

Am liebsten hätte ich mich dort im Netz hin- und hergeräkelt und die Stunden verschlafen. Aber ich blieb jeweils nur Augenblicke. Seit sich mehrfach Haie hatten blicken lassen, wollte ich es lieber nicht darauf ankommen lassen. Aus seiner Sicht würde da ein Verletzter im Wasser herumzappeln. Das kostbare Netz würde er gar nicht als Hindernis wahrnehmen und es gleich als Salz zum Fleisch dazunehmen.

Positionsbestimmungen

Was hatte Rudolf Hoppe mir nur alles in meine Navigationskiste gepackt!

»Rüdiger, du weißt ja nicht, ob du wirklich in Brasilien landest. Also benötigst du auch die Karten von Zentralamerika in unterschiedlichen Maßstäben. Du brauchst eine Gesamtübersicht, den sogenannten ›Übersegler‹ und Plotting Sheets.«

»Was ist das denn nun schon wieder?« Mir wurde Himmelangst, mich ›überauszurüsten‹. Aber Rudolf Hoppe blieb hart: »Außerdem ein Stechzirkel, Bleistift, Anspitzer, Radiergummi, zwei Kursdreiecke, das Nautische Jahrbuch und die H.O.249-Tafeln. Und natürlich Kompaß, Sextant, Quarzuhr.«

Ich hatte meine Bedenken.

»Wenn ich ständig West oder Südwest steuere, kann ich Amerika doch gar nicht verfehlen. Es sei denn, ich durchpflüge wirklich nachts im Tiefschlaf durch das Nadelöhr den Panama-Kanal, und erwache im Pazifik!«

»Das ist noch nicht alles. Du benötigst auch die beiden Nautischen Handbücher des Hydrographischen Instituts. Eins von der westafrikanischen und eins von der südamerikanischen Ostküste. Und Notizpapier und Logbuch.«

Summa summarum: eine große Aluminium-Kiste war sauber und prall gefüllt. Ich wurde das Gefühl nicht los, daß Rudolf mich für ein Handelsschiff auf großer Fahrt ausrüstete.

Und mit dieser Schatztruhe im Hintergrund stand ich später mittags an Deck auf schaukelndem Untergrund und versuchte herauszufinden, wo ich denn überhaupt war: ob nicht womöglich doch schon im Pazifik.

Und da ich immer schon ein Wanderer war, der lieber mit wenigen Hilfsmitteln viel erreichen wollte statt Überfluß und Technik für sich denken zu lassen, stellte ich auch auf dieser Reise fest: Es genügte in meinem Falle ein Bruchteil. Von allem, weil ich sehr langsam war und zum zweiten, weil ich nicht in einem bestimmten Hafen ankommen mußte.

Da ich aber nun einmal alles besaß, schaute ich auch in die Handbücher. Sie lasen sich plötzlich interessant. Da erfuhr ich von Wind- und Strömungsgeschwindigkeiten vor Brasiliens Küste und davon, daß ich an manchen Stellen durch eine Riffbarriere mußte, die der Küste vorgelagert war. Als Trost schwoll das Meer bei Flut jedoch um 2,5 m an. »Das muß ich abpassen und dann drüberhinweghüpfen. Sofern das Wetter ruhig ist«, entwickelte ich meine Landungstechnik. »Oder ich fahre so lange parallel zum schäumenden Riff, bis irgendwo ein kleiner Hafen auftaucht.«

Im übrigen beschränkte sich meine Bestandsaufnahme auf folgendes Ritual: »Was haben wir heute für'n Datum? Sind schon wieder 5 Tage rum?« Denn im Laufe der Fahrt begnügte ich mich mit einer Positions-Bestimmung alle 5 Tage. Zu oft war ich nach den anfangs täglichen Messungen enttäuscht gewesen.

Damit hatte ich den Kampf gegen das schwankende Deck, Hitze, verschwindende, wiederauftauchende Kimm und Seekrankheit endlich gewonnen. Denn was stellte ich sonst fest? Du bist statt in Hannover nun in Rinteln. Dein linker Fuß ist heute einen Meter vor deinem rechten. Das frustrierte nur. Mehr war eben nicht drin. Und was sind solche Zwergen-Distanzen bei einer Gesamtstrecke vom Ural bis Gibraltar? Nichts als Frust.

Ich brauchte Erfolgserlebnisse. Und die bescherte ich

mir durch Messungen an nur jedem fünften Tag. Schien an jenem Tage keine Sonne, so kam es auch vor, daß ich erst am achten die Arbeit nachholen konnte. Und das war dann schon wieder ein runder Zentimeter mehr auf dem Übersegler.

Meine Uhren waren alles Quarzuhren. Die am Arm, die große im Cockpit und die Stoppuhr. Sie kosteten nur zwischen neun und fünfundvierzig Mark. Aber dafür waren sie genau. Ich hatte sie auf der »Woermann Ubangi« auf Greenwich-Zeit eingestellt und seitdem gab es für mich nur noch diese Zeit an Bord. So kam es nie zu Verwechslungen.

Fuhr ich beispielsweise exakt von Ost nach West und hatte cirka 60 sm in 24 Stunden geschafft, dann war ich um 4 Längengrade nach Westen vorangekommen. Denn in einer vollen Stunde bewältigt die Sonne ihrer 15. Fünfzehn Längengrade pro Stunde. Das bedeutete auch: stand die Sonne gestern bei mir um 13 Uhr im Zenith (= Süden), dann würde sie sich heute um 13 Uhr 04 UTC dort aufhalten. Vier Minuten später.

Um genau zu erfahren, wann mein Ortsmittag war, die Sonne also ihren höchsten Stand erreicht hatte, nahm ich cirka 20 Minuten vor Mittag mit dem Sextanten den Winkel zwischen Horizont, mir und der Sonne. Ich notierte ihn und die sekundengenaue Zeit der Messung.

Dann stellte ich den größten Winkel fest, der sich genau des Mittags ergab und notierte ihn ebenfalls.

War das geschehen, stellte ich am Sextanten wieder den zuerst gemessenen Winkel ein und wartete, bis die Sonne cirka 20 Minuten nach Mittag, beim Absinken, genau diesen Winkel wieder erreicht hatte und notierte abermals die genaue Zeit.

Und mit diesen einfachen Feststellungen konnte ich nun genau meine Position bestimmen.

Die beiden Winkelmessungen vor und nach Mittag verraten dem Seefahrer: Genau dazwischen ist der exakte Mittag. Nur so läßt er sich auf die Sekunde genau errechnen. Und nur dann weiß ich auf die Meile genau, auf welcher Länge ich mich befinde.

Hatte ich den Mittag errechnet, schaute ich ins Nautische Jahrbuch oder ich bediente mich der Formeln und wußte: In Greenwich kulminierte die Sonne heute um 12 Uhr. Bei mir um 13 Uhr 04. Also war ich 16 Grad westlicher. Ich befand mich 16 Grad westlicher Länge von Greenwich.

Ich hätte den Mittag auch ausrechnen können bei der Messung des größten Winkels und gleichzeitiger Zeitfeststellung. Das hat jedoch einen Nachteil. Das menschliche Auge auf schwankendem Schiff scheint zu sehen, daß die Sonne im höchsten Punkt etwa vier Minuten verharrt. Das tut sie nicht wirklich, denn für solche Sperenzchen hat sie gar keine Zeit. Sie soll ja ebenso pünktlich in Washington oder Moskau aufgehen. Sonst gibt's womöglich Krieg. Aber es erscheint dem Betrachter jedenfalls so, und die Mitte zwischen den vier Minuten als Mittagszeit festlegt, ist ungenau.

Nun fehlt uns nur der Breitengrad. Zunächst muß man zum gemessenen Winkel ein paar Minuten hinzugeben. Weil man sich beim Messen nicht flach aufs Meer gelegt hat, sondern aus etwa 2 Meter Höhe die Sonne gepeilt hat. Wie viele Minuten das sind, steht im Jahrbuch. Bei Winkeln über 40 Grad – wie bei mir immer – waren das konstant 13 Minuten.

Hatte ich demnach 60 Grad 37 Minuten gemessen, so betrug der wahre, korrigierte Winkel 60°50′. Und da die Sonne nicht senkrecht über mir, sondern im Süden gestanden hat, (deshalb ja auch nicht 90°, sondern 60°50′) muß ich mir noch das sogenannte »Delta« aus dem Jahrbuch heraussuchen. Es steht unter dem jeweiligen Datum.

Nehmen wir an, das Delta sei mit 28°10′ angegeben, dann habe ich lediglich diese beiden Winkelangaben von 90° abzuziehen: 90° − 60°50′ − 28°10′ = 1°

Diese Subtraktion ist dann relevant, wenn ich weiß, daß ich noch auf der nördlichen Halbkugel bin und die Sonne im Süden ihren Höhepunkt erreichte. Das eine schätzt man und das andere steht ebenfalls im Jahrbuch.

Jedenfalls weiß ich nach dieser Einfachstmethode, wo ich jeweils bin. Wer sich damit näher auseinandersetzen will, kann das am besten mit dem sehr verständlichen Büchlein »Astronavigation« von Bobby Schenk. Oder er macht den Kursus bei Rudolf Hoppe mit.

Nach getaner Arbeit trug ich Länge und Breite in meine Karte ein, feierte den Fortschritt oder begriesgrämte meine Langsamkeit. Je nachdem.

Möchte man sich gern selbst einen unters Hemd jubeln, um sich vorzumachen »Teifi, sei mer heit wieda doahüngejettet!«, dann mißt man täglich und trägt diese Fortschritte in die Plotting Sheets ein.

Das sind leere große Karten, auf denen jeder Breiten- und Längengrad in sehr großem Maßstab projiziert ist. Da zeigt eine simple Meile schon sehr viel her. Und 60 Meilen sind bereits das halbe Blatt. Nur – eher bis du deshalb nicht am Ziel.

Einfach war natürlich die Positionsabfrage bei anderen Schiffen. Doch der rege Schiffsverkehr war längst verstummt. Hatte ich zwischen Afrika und den Kapverdischen Inseln noch tägliche Begegnungen, so war ich jetzt, westlich der Inseln, völlig allein. Das letzte Schiff, das mir begegnete, war schließlich die MONTE ROSA der Hamburg-Süd-Reederei. Es befand sich auf der Rückreise von Santos nach Hamburg, und ich nutzte die Gelegenheit nicht nur zur Positionskontrolle, sondern auch, um Maggy einen Gruß bestellen zu lassen. Der wurde ein paar Tage später in Hamburg auch prompt ausgerichtet.

Allein

Die Tage und Wochen dehnen sich endlos.

Eng geht's zu in der 1,80 x 1,80 m großen Kabine.
(Foto Norbert Schulz)

Der Hai liegt in den letzten Zuckungen.

Mehr Fleisch als eine Makrele – aber leider nicht sehr schmackhaft.

*Die tägliche Tretmühle.
(Foto Norbert Schulz)*

Endlich an Land . . .
(Foto Norbert Schulz)

Nachholbedarf.

Pannen und Probleme

Plötzlich ein knallharter Schlag aufs Deck. Steuerbord. Ich stand gerade backbord, um das Segel zu reffen. Es zitterte. Das Stag, die Leine, an der das Segel hochgezogen wird, vibrierte, der Mast sang – und zum ersten Male hörte ich ihn stöhnen.

»Bloß keinen Mastbruch!« flehte ich laut. Und wie ein Ziegel vom Dach fielen mir Michael Schmidts mahnende Worte ein: »Denken Sie daran, das ist kein Segelmast. Er hält zwar die Fock, aber Sie können nicht unbegrenzt weitere Segel anhängen.« Er kenne das, meinte er dann des weiteren: »Zuerst findet man das Tempo, das man läuft, gut. Aber nach ein paar Stunden kommt unvermeidlich der stille Wunsch, ›legen wir doch noch einen Knoten zu!‹ Und schon sitzt man zwischen allen verfügbaren Segeln. Wie Muttern unter der vollen Wäscheleine mit all ihren Weißer-geht's-nicht-Laken. Und keiner fragt, ob Leine oder Mast der Beanspruchung überhaupt gewachsen sind.«

Ich hatte ihn dann noch beruhigt.

»Ein Großsegel kann ich schon deshalb nicht hochziehen, weil meine Kabine dem Baum im Wege wäre.«

Und nun hatte der Mast geächzt. Schon 10 Minuten vorher hatte ich besorgt durch meinen geschlossenen Plexihelm nach Osten geschaut. Der eben noch augenblaue Himmel veränderte sich schlagartig. Es war, als würde vor einem Laden die blaue Eisenjalousie hochgezogen, weil der Laden gleich geöffnet werden soll und dahinter käme – von unten nach oben – der noch völlig dunkle Eingang zum Vorschein.

Das ging so schnell, daß es mir sofort auffiel. Hatte das

was zu bedeuten? Würden die vorangehenden Böen stärker sein als das, was ich bereits kannte?

Sie waren stärker. Ich schätzte sie maximal auf 9 Beaufort. Und entsprechend schnell waren sie.

Die Farbe des Wassers paßte sich der des Himmels sofort an. Wie Speichellecker dem Chef. Wie ein Chamäleon dem Strauch. Und so war alles schwuppdiwupp schwarz. Oder hatte einfach jemand das Licht ausgeschaltet?

Als dann fast im gleichen Moment die weißen Schaumkronen auftauchten, denen lange Gischtfahnen vorauswehten, war ich sprungbereit an Deck: Öljacke an, Kapuze über, Brustgeschirr umgeschnallt. Wenn das Boot umschlüge, brauchte ich mich nicht erst aus der Kabine zu befreien.

Und dann knallte es unvermittelt los. Breitseiten, hart wie Stein, hämmerten auf mein kleines Schiff ein. Ich änderte sofort den Kurs und legte mich vor den Wind. So trafen mich die Kracher nur noch an den kleinen Heckflächen. Aber um so mehr wirkten die Böen nun aufs Segel. Der Regen peitschte und die Sichtweite reduzierte sich auf wenige 100 Meter.

Zwischen Backbord-Reling und Kabine, eingeklinkt ins Laufseil, zog ich mich nach vorn (Devise: eine Hand für dich, eine Hand fürs Schiff!), um das Segel zumindest halb runterzuholen. Dabei warf ich ständig ängstliche Blicke zum Mast und dem Mastschuh, der Halterung am Bootskörper. Aber das schien alles okay. Auch die vier Drahtseile, die von den Bootsecken zur Mastspitze verliefen und dem Mast seinen eigentlichen Halt verliehen, schienen in Ordnung zu sein. Wie immer.

Dennoch reffte ich das Segel zur Hälfte. Ganz wegnehmen durfte ich es nicht, dann hätte ich keine Fahrt gemacht, und die Wogen hätten mich sofort wieder quergelegt. Die Gefahr des Bruches oder des Umschlagens wären unnötig vergrößert worden.

Dabei hatte ich bisher immer wieder festgestellt, daß mein Kat so gut wie gar nicht umzuwerfen war. Aber jedes Mal, wenn ärgere Wetter mich testeten, krochen zunächst Zweifel der Vorsicht an meinen Beinen hoch. Wie schnell konnte der Wind sogar noch an Gewalt zunehmen? Und hier – an dieser Stelle des Atlantiks – war ich von allen Küsten noch runde sechs Wochen entfernt. Die wollte ich nicht dadurch verdoppeln oder verdreifachen, daß ich ohne Mast oder kieloben weiterreisen mußte.

Und in genau diesem Moment, als das Segel beim Reffen zu flattern anfing, da hörte und spürte ich den harten Schlag aufs Deck. Um so deutlicher, als ich barfuß ging.

Ich weiß es heute nicht mehr genau. Aber bestimmt galt mein allererster Blick dem Mast. War er nun doch gebrochen? Nein, er stand wie ein Denkmal. Hatte mich dann ein Schwertfisch aufgespießt?

Doch da sah ich die Ursache. Die 2½ m lange Peitschenantenne war vom Topp heruntergekommen, aufs Deck geschlagen, ins Meer gehüpft. Gott sei Dank nach schräg voraus.

Die Reaktion darauf lief unbewußt ab. Ich stürzte mich auf die andere Bootsseite. Nach Steuerbord. Die Antenne trieb bereits mittschiffs. Nur einen Meter von der Bootswand entfernt. Sie war aus Glasfaser, wohl teils hohl, denn sie schwamm.

Gerade hatte ich die Bootskante erreicht, um mit den Beinen oder den Händen das wertvolle Stück zu angeln, da riß mich mein Sicherheitsgurt energisch zurück. Er war so bemessen, daß ich nie über die Reling hinwegstürzen konnte, oder ich mußte ihn umklinken. In diesem Falle war das meine Rettung und mein Verhängnis zugleich.

Meine Rettung, weil ich heute nicht mehr zu sagen vermag, ob ich wegen der geringen Distanz nicht doch hineingesprungen wäre, und mein Verhängnis, weil damit mein Funkgerät außer Funktion war. Die 2½-m-Peitsche, das

259

hatten alle Funker gesagt, auch die von Norddeich-Radio, war sehr wichtig. Mit ihr und dem Mast erreichte ich eine Höhe von 7½ Metern. Und die mußte ich mindestens haben.

Doch in diesem Moment war alles anders. Da schwamm meine Antenne, und die war im Moment wichtiger als ein – was weiß ich –, als ein Wasserkanister. Die war so wichtig, als wäre mein bester Freund über Bord gefallen.

Also – den Ruck spüren, auf der Hacke kehrtmachen, zwei Meter nur, zur mittschiffs verlaufenden Führungsleine, mein Halteseil ausklinken, in das Relingseil einhaken und rein in den Bach – das war Augenblickssache.

Die Antenne war bereits etwas übers Heck hinaus. Trieb sie schneller oder hatte ich zu langsam umgekoppelt?

Nein – das Segel hatte sich irgendwie gefangen und stand wieder unter Zug. Das Boot machte Fahrt. Die Antenne trieb entgegengesetzt. Ich wollte sie gerade greifen!! Da ruckte es erneut. Das Halteseil war straff. Mehr war nicht drin. Zwanzig Zentimeter trennten mich von ihr. Zwei Dezimeter trennten mich vom Rest der Welt.

Das Boot riß mich mit sich. Die Brecher überschlugen sich. Ich zog mich an Deck, dem Heulen nahe. »Ich hätte sie gekriegt, wenn ich mich im ersten Hineilen bereits umgeklinkt hätte!« Ich ärgerte mich über mich selbst.

Deutlich hatte ich sie unmittelbar vor mir gehabt. Das dicke, offene Ende mir zugewandt. »Sie ist nicht mal gebrochen!« entdeckte ich gleich. »Mein Genie von Monteur hatte sie demnach nur über einen Stutzen gestülpt und den Rest Gott überlassen.«

Ich war erneut empört über sein Pfuschwerk. Was nutzen die besten Geräte, wenn Tagträumer ohne Verantwortungsgefühl sie montieren?

Der Verlust der Antenne war mein gravierendster Schaden. Ein anderes Fiasko hatte ich gleich zu Anfang mit dem Generator erlebt.

Als ich zum ersten Male meine Batterie nachladen wollte
– es herrschte Flaute –, öffnete ich das Steuerbord-Bug-
schott, wo das Aggregat stand. Ich warf es an, und es lief.
Aber nur fünf Minuten. Dann ging es aus.

»Sch..., was habe ich falsch gemacht?« Mit einem Satz
war ich zur Stelle. Schalter auf EIN, Benzinventil AUF,
Choker OFFEN. Kabel richtig aufgesteckt, Benzinvorrat
ausreichend. War der Motor naß geworden? Das konnte
sein, denn im Schott stand fausthoch Seewasser. Das
konnte aber dem Motor eigentlich nicht viel anhaben,
denn er stand auf einem 20 cm hohen Podest und war dort
mit Kunststoffriemen gegen jegliches Verrutschen gesichert.

Und das Wasser konnte auch nicht geschwappt haben,
weil der Kielbereich mit Schaumstoffresten ausgelegt war.

Ich zog erneut an der Anlasserschnur. Resultat: Pött-
pött-pött. Tot.

Versuche ich's morgen wieder! Beim Schließen des Lu-
kendeckels fiel mir auf, daß der Motor überraschend heiß
war. Also ließ ich ihn zunächst auskühlen.

»Am besten, ich bitte beim nächsten Funkkontakt
Maggy, sich beim betreffenden Händler zu erkundigen.«

So wollte ich es handhaben. Aus Stromgründen – und
weil die Tage eh' ziemlich gleich verliefen – hatten wir inzwischen unsere Funkerei von jedem dritten auf jeden
fünften Tag, 16 Uhr 15 UTC, reduziert.

Ehe ich von Maggy etwas hören konnte, versuchte ich
erneut mein Glück. Mein Voltmeter zeigte einen Batterie-
stand von 12.24 Volt an. Im Moment des Sendens, des akti-
ven Sprechens, rutschte die Leistung jedoch bis auf 11 Volt
ab. Nach den Anrufen pendelte sie sich dann wieder bei
12.24 Volt ein.

Und heute? Dasselbe Resultat! Nach 5 Minuten Ersterben des Motors und starke Hitzeentwicklung.

Bis mir ein Licht aufging! Das Gerät erhielt in seinem

Loch zuwenig Sauerstoff! Wofür war sonst ein Choker vorhanden? Wie sollte das Benzin verbrennen, wenn nicht mit Sauerstoff?

Ich, als Untechniker, war richtig stolz auf diese Erkenntnis und schnell, wie ich in solchen Fällen sein kann, entschloß ich mich, das Aggregat aus seinem Loch zu befreien und an Deck zu stellen. Das ging gut.

Doch mit dem Herauslösen war es gar nicht so einfach. Nicht etwa: Verschluß öffnen, Gurte beiseiteklappen, rausnehmen. Beileibe nicht.

Das Monteur-Genie hatte ihn per Gurt festgeschraubt! Mein Fachmann hatte ihn also nie für das Herausholen vorgesehen. Es ist ihm offensichtlich nie die Idee gekommen, daß der Generator mangels Luft dort gar nicht funktionieren konnte.« »Scheiß-Firma«, fluchte ich, nahm meinen Dolch, kappte den Gurt und holte das Aggregat an Deck.

Und dort lief es einwandfrei. Nach 3 Stunden stellte ich es ab. Neugieriger Blick auf das Voltmeter. Nanu? Was war denn das schon wieder? Keine Anzeige mehr. Null. Blind.

Mir kam keine Idee, woran es liegen konnte. So ließ ich alles, wie es war, telefonierte noch ein paarmal mit Hamburg und wunderte mich über deren zunehmende Klagen: schwache Verständigung. Da sie oft aber wieder optimal war, wenn ich es eine Stunde später versuchte, hielten wir das für atmosphärische Störungen. Hörte ich nämlich während der Wartezeiten bei Norddeich-Radio und anderen Stationen mit in die laufenden Gespräche hinein, erfuhr ich, daß viele diese Probleme hatten. Auch auf der »Woermann Ubangi« hatte ich das erlebt, obwohl die eine starke Anlage besaß.

Also maß ich dem keine besondere Bedeutung bei. Ich freute mich, daß die Verbindungen überhaupt klappten. Die schlechte Qualität störte allenfalls den NDR. Ich war froh, die Stimmen daheim zu vernehmen, und jene waren überrascht, das Wellengepolter unter meinem Schiff zu hören. Und da mir Norddeich-Radio mit seinem freundlichen Service und Rat und Tat stets erneut so prompt und zuverlässig half, versprach ich ihnen: Bei Rückkehr gibt es eine dicke Torte.

Nach dem Verlust meiner Antenne und dem daraus folgendem Zusammenbruch meiner Sendefähigkeit konnte ich zumindest noch hören. Und so vernahm ich, wie die Jungs aus Norddeich mich immer wieder vergeblich riefen. Wie eine Mutter ihr verirrtes Kind. »Delta Foxtrott 7-9-9-9. Hier ist Norddeich-Radio. Bitte kommen.«

Und ich hielt die Hände abschirmend über die Sprechmuschel meines Telefons und schrie, aber in Norddeich kam davon kein Pieps rüber. Ich kam mir vor, wie ein Scheintoter, der gerade beerdigt wird. »Ob die nun wohl um ihre Torte fürchten?« fragte ich mich. Denn sie mußten ja auch das Schlimmste, nämlich Schiffbruch, mit einkalkulieren.

Nach einiger Zeit hatte ich mich, wenn auch nur schwer, in die neue Situation gefügt. Vielleicht reicht Antennschaft und ›Saft‹ ja noch für die Grenzwellenbereiche? Doch auch da: keine Antwort.

»Wahrscheinlich zur Zeit kein Schiff im Umkreis von 250 sm«, tröstete ich mich. Und zu aller, aller guter Letzt würde mein Debeg-UKW-Handsprechfunkgerät zu mir halten.

Es funktionierte zwar nur bis zum Horizont, aber es hatte eine eigene Antenne. Sobald ein fremder Dampfer in Sichtweite aufkreuzen würde, könnte ich über ihn Maggy und Freunden sagen lassen, daß es mir gut ging.

Doch dann kam auch das Aus für die Grenzwellenidee. Nachdem ich die Antenne verloren hatte, kam sich mein Radio unnütz vor, röhrte noch einmal auf und gab seinen Geist auf.

Jetzt war wohl der totale Stromausfall?! Ich kroch unter

das Bord neben die Batterie und begann mit dem Auswechseln der Sicherung. In dem Moment sprang mein Voltmeter an! Trotz funktionierender Geräte hatte das also an der Sicherung gelegen! Ich konnte es kaum fassen. Aber ich war richtig stolz, den Fehler selbst gefunden zu haben, und schrieb abends in mein Tagebuch: »Ich hätte auch Talent zum Astrophysiker!« Weil ich das für etwas Großes halte.

Doch, wie häufig, auf die Freude folgte die Enttäuschung. Zwar lief das Voltmeter wieder, aber es zeigte mir auch die rauhe Wirklichkeit. Restspannung 11.50 Volt.

Inzwischen hatte ich den Generator längst in meine Kabine geholt. Ich setzte ihn nach Lee, geschützt aufs Deck, und ließ ihn 5 Stunden laufen. Benzinverbrauch 4 Liter. Erfolg ¼ Volt Spannung mehr. Also nur ein Anstieg von 11.50 auf 11.75 Volt!

Da war mir klar, daß die Batterie im Eimer war, zumal das gewonnene Plus nach zwei Tagen wieder abfiel, ohne daß ich ein einziges Gerät angeschaltet hatte. Außer dem Voltmeter. Und als das wieder Kurzschluß verriet, kabelte ich alles von der Batterie ab.

Vielleicht schaffte ich den UKW-Funk auch mit 11.50 Volt?! Bestimmt müßte es klappen, wenn ich gleichzeitig den Motor laufen ließ, denn dann war das Voltmeter immer um ¾ Volt hochgesprungen. Also auf 12,25 Volt in diesem Falle.

Für alle Fälle bastelte ich mir noch einen Reserveakku aus Monozellen-Batterien. Ich koppelte 8 Stück á 1,5 Volt hintereinander und konnte die beiden Pole mittels eines von Debeg vorsorglich mitgegebenen Zangen-Kabels anzapfen.

So konnte ich wenigstens mit dem Handfunk arbeiten, der nicht solch einen hohen Verbrauch hatte.

Aber auch andere Schäden traten im Verlaufe der Reise auf. Da waren die äußeren vier Lukendeckel undicht. Zwar drangen keine übermäßigen Wassermengen in die Schotten, pro Tag vielleicht 2 Liter. Aber alles was dort lag, moderte, schimmelte und rostete.

Dann brach die Scharnierachse des mittleren Steuerborddeckels. Das Wasser hatte freien Eintritt. Und gerade die Mittelschotts faßten eine Tonne (!) Wasser. Wenn es dazu käme, läge ich tief wie ein nasses Floß und hätte Schlagseite.

Die Kunststoffachsen waren gleich in mehrere Teile zerbröselt und auch nicht mit 2-Komponenten-Kleber reparabel.

Ich konnte den Defekt dann aber mit zwei Imbusschlüsseln beheben, die ich als Ersatzachse durch die Scharnieröffnungen schob. So konnte der Deckel auf jeden Fall nicht mehr aufspringen, und um den Einfall von Wasser so gering wie möglich zu halten, verklebte ich den Deckel mit Isolierband.

Als nächstes riß eines der Steuerseile der Tret-Anlage. Da man mir jedoch ein paar Ersatzteile mitgegeben hatte, konnte ich es mit den Ersatzteilen und Reepschnur reparieren.

Momente, in denen einem bewußt wird, wie wichtig jedes Detail ist und wie abhängig man davon ist.

Auch bei meinen Lebensmitteln ergaben sich Fehlplanungen.

Ein Kanister Wasser war offenbar nicht ausreichend sauber gewesen. So hatten sich darin schwarze, mulschige ›Wattebäuschchen‹ gebildet. Ich verarbeitete es sofort als erstes und kochte es vorher gut ab. So konnte ich den Verlust vermeiden.

Mein Speiseöl hingegen mußte ich nach 40 Tagen fortwerfen. Es war ranzig geworden. Statt es in den Original-Flaschen zu lassen und eine gewisse Sterilität zu sichern, hatte ich sie geöffnet und den Inhalt in unzerbrechliche PVC-Flaschen umgefüllt. Damit war die Konservierung

265

aufgehoben und der Prozeß des Verderbens begann. »Immerhin konnte ich mir sieben Wochen lang damit Mehl- und Kartoffelpfannkuchen backen« versuchte ich den Verlust zu bagatellisieren. Dabei übersah ich die Folgen. Was nutzten mir nun das Mehl und das Kartoffelpuffer-Fertigprodukt? Sollte ich jetzt von Mehl-Wasser-Suppe leben? Okay. Das ging. Mit Milchpulver und Zucker.

Und die Reibekuchen könnte man ebenfalls umfunktionieren: zu Kartoffelsuppe und Knödeln mit dem Rest Backobst. Na, immerhin.

Als alter Bäckersmann kam mir aber auch der Ausweg in den Sinn. Einfache Mehl-Salz-Wasser-Fladen aufs Cockpit in die Sonne zu kleben. Dort sollten sie trocknen, und über der Gasflamme könnte ich ihnen durch Röstung Verdaulichkeit und Geschmack beibringen. Was sich als ganz praktikabel erwies.

Ins Tagebuch schrieb ich: »In Zukunft bei allen Lebensmitteln darauf achten, daß sie auch ohne Kochen und Braten verwendbar sind.«

So wie mein Müsli. Das war Vollwertkost. Sie ließ sich trocken, roh, mit kaltem Wasser oder zur Suppe verkocht dem Körper zuführen.

Doch die Praxis? Sie lehrte mich, daß ich auch hier die warme Zone nicht genügend berücksichtigt hatte. Auch im Müsli war etwas ranzig geworden. Die Sesamkörner? Die Nüsse? Jedenfalls war es nur noch in kleinen Mengen genießbar. Die Lehre, die ich daraus zog: Solche Nahrung entmischt mitnehmen und erst bei Bedarf vermengen. Dann läßt sich eine verdorbene Zutat leicht ausrangieren und der Rest nimmt keinen Schaden.

Solche Entdeckungen versetzen einem zunächst einen herben Stich. Doch wenn man sich erst mit der Unabänderlichkeit abgefunden hat, werden Erfindungsgeist und Improvisationstalent gefordert und finden meist einen passablen Ausweg: »Lieber das Öl als der Mast.« Mit diesem

Trost fand ich mich mit diesen vergleichsweise kleinen Einschränkungen meist schnell ab.

Und nach dem Zusammenbruch der Funkstation dachte ich sogar: »So hatte ich ja ursprünglich immer reisen wollen. Nur auf mich gestellt. Und entweder man kommt durch oder nicht.« Etwas Riskantes zu unternehmen, um mich dann, mamawimmernd, von anderen herauspauken zu lassen, war nie der Sinn meiner Reisen gewesen.

Fische lehren mich das Fischen

Das würde mir nicht wieder passieren! Diesmal hatte ich alles doppelt und vierfach abgesichert. Zwei von den unaufbiegbaren Haken, zwei Antennendrahtvorfächer, zwei Reepschnurvorfächer und daran 20 m Reepschnur, 3 mm im Durchmesser. Die, mit der sich Wolfgang angeblich sogar abseilen konnte.

Als Köder der Kopf eines kleinen Fisches. Ich hatte seinen Besitzer heute morgen mit der selbstgebastelten Harpune erlegt. Gleich beim Aufstehen, als ich ihn und seine Kameraden – wie immer bei Flaute am Morgen – unmittelbar an der Oberfläche neben dem Boot spielen gehört hatte. Er hatte, obwohl doppelt durchbohrt und von den Widerhaken gehalten, gezappelt wie meine brasilianische Flagge bei Sturm. Aber diesmal hatte ich den Fehler nicht wiederholt und ihn sich im Wasser beruhigen lassen. Denn dadurch hatte ich bereits kostbare Mahlzeiten verloren. Ihr Zappelreflex war derart stark, daß sie sich unweigerlich lösten, wenn die Harpunenspitzen nach unten zeigten. Wenn also ihr Eigengewicht dem Zappeln zu Hilfe kam. Dabei war es ihnen offensichtlich egal, ob sie sich dabei selbst zerfleischten.

Ich war auf Zack gewesen. Stechen, Treffer spüren und im Bogen raus an Deck! Und auch dort nur dann aufs Deck geworfen, wenn ich ihn gleich fassen konnte. Sonst endete der Bogen ohne Unterbrechung in der Kabine. Da konnte er sich gern lösen. Von dort gab es für ihn kein Entrinnen.

Es war ein stattlicher Bursche. Etwa 1 kg schwer. Das waren zwei Köder, nämlich der Kopf und der Schwanz, und eine edle Mahlzeit. Kurz in Seewasser aufgekocht: weißes, festes Fleisch.

Diesen Kopf, topfrisch demnach, band ich vorsichtshalber noch mit einem Stück feinem Kupferdraht fest. Zu oft war mir auch das passiert: Die Räuber nähern sich von hinten und saugen ihn zu sich rein. Das funktionierte vor allem bei den zarten Fliegenden Fischen oder bei Ködern, die schon einen Tag alt waren und mürbe wurden.

Heute wollte ich eine Goldmakrele (Dorado) fangen. Davon besaß ich zur Zeit ein Dutzend unter meinem Schiff. Die größte mochte 180 cm lang sein.

Bisher hatte ich erst eine bis in den Topf bekommen. Alle anderen hatten mir Lektionen erteilt und gezeigt, daß See- und Teichfischerei zwei verschiedene Kunstfertigkeiten sind.

So hatten sie alle Blinker ignoriert, sie hatten die künstlichen Köder gemieden, kleinere Haken abgerissen oder einfach aufgebogen, Perlonschnur durchgerissen, sich von der großen Harpune losgestrampelt...

Sechs hätte ich schon haben können. Eine aber war es nur geworden. Und die hatte mich auf den Geschmack gebracht. Ein Traumfleisch! Selbst am anderen Tag, kalt genossen, schmeckten sie mir wie Putenbrust.

Verständlich also mein Verlangen nach einer neuen Mahlzeit. Zudem war Freitag.

Zu der Doppelhaken-Methode hatte ich mich entschlossen, als sie zweimal vom großen Haken freikamen. Sie rissen ihn sich einfach aus ihrem Fleisch heraus. Doppelt, rechnete ich, hält besser. Dorados zählen zu den schnellsten Fischen. Wenn sie den Haken und die Leine im Fleisch spürten, rasten sie einfach damit los. In die Luft, zum Horizont, nach unten. Und wenn man nicht dabeistand, um einen scharfen Ruck und die Möglichkeit des Losreißens vorher abzufangen, war sie fort. Rausgerissen oder mit Haken und mit der Leine im Schlepp.

Jetzt besaß ich noch vier der stabilen Haken. 8 cm lang, 6 mm stark. Daran könnte ich mich aufhängen und der Haken würde nicht einmal stöhnen.

Unter keinen Umständen wollte ich davon noch einen einbüßen, und es sollte mir auch kein Dorado mehr entkommen.

Langsam rollte die Leine ab. Nach 30 Metern war sie ausgelaufen. An Bord hatte ich sie um den stabilen Griff eines leeren 10-l-Wasserkanisters geknotet. Mit sauberem Palstek, versteht sich. Und vorher hatte ich die Leine durch eine meiner Treppenstufen gezogen. Von dort verlief sie zum besagten Kanister.

Diesen wiederum plazierte ich in meiner Kabine. Sobald ein Fisch anbiß, zog die Leine den Behälter aus meiner Kabine heraus, und er verfing sich in der Treppenstufe.

Jetzt wollte ich mir erst einmal einen Kaffee machen. Da sauste der Kanister schon an meinem Kopf vorbei zur Treppe. »Na ja, heute ist mehr Seegang. Vielleicht ist zuviel Zug auf der Leine. Am besten, ich füllte zwei Liter Salzwasser rein. Dann hatte die Erfindung Hand und Fuß.« Ich stellte den Gaskocher beiseite, bückte mich über meinen Ausstieg zur Treppenstufe hin, zog den Fang-Indikator erneut zu mir in die gute Stube und – saus! – da war er bereits wieder an der Treppe.

Jetzt war ich hellwach! Das war ein Biß! Und sofort kam Leben in Geist und Beine. Nur jetzt nichts falsch machen! Ruhe bewahren! Den Fisch ermüden! Scharfe Rucke verhindern!

Ich hockte mich ans Heck und zog. Noch sah ich nichts. Aber am anderen Ende wurde der Zug erwidert. Nicht so kämpferisch wie sonst, aber doch stark. Die Leine ließ sich Hand für Hand ranholen. Aber nur fünf Meter weit. Dann holte sich der Fisch die Leine zurück. Noch war er nicht gesprungen, noch war er nicht kreuz- und quergerast.

»Ach so! Den Colt!« fiel es mir ein. Nach den schlechten

Erfahrungen war ich ab jetzt entschlossen, die Fische zu erschießen, sobald sie einmal nah genug heran waren. Erst dann konnte ich sie, mit größerer Sicherheit auf Erfolg, mit der schweren Harpune oder am Schwanz an Deck heben. Denn zappeln taten sie auch noch nach dem Tod. Quasi noch bis zum Kochtopf.

Ich hängte den Colt an die Tretanlage zum Dolch und zum Hammer. Sie hingen da bereits vorsorglich seit Tagen, um den Fängen per Schlag auf den Kopf und Stich ins Hirn einen qualvollen Tod zu ersparen. Und dann schaltete ich die Kamera ein.

Ich war aufgeregt. Eben hatte ich den dicken Knoten gesehen, an dem die vier Vorfächer zusammenliefen. Bestimmt war es eine der ganz ausgewachsenen Goldmakrelen, tippte ich. 1,80 m also.

Und dann traf mich der Schlag!

Es war ein Hai! Und nicht irgendeiner. Es war ein großer Blauhai. Doppelt so groß wie die Goldmakrele. Ich sah den Kopf, die Rücken- und die Schwanzflosse.

Zentimeter um Zentimeter holte ich ihn näher. Immer gegenwärtig, daß er plötzlich anfing zu toben.

Stand ich nirgends auf der Leine? War sie nicht um meinen Fuß gewickelt? Denn ich war barfuß und er würde mir das mühelos abreißen, was in die Schlingen der Leine geriet.

»Besser wäre es, schnell die Turnschuhe anzuziehen«, ging es mir durch den Kopf. Aber dafür war die Zeit jetzt nicht vorhanden.

Die Erkenntnis, daß es ein Hai war, löste bei mir sehr gemischte Gefühle aus. Denn alles wollte ich, nur keinen Wal, Delphin, Tümmler oder Hai. Was sollte ich mit so viel Fleisch? Okay, verfüttern. Es bliebe dem Atlantik erhalten. Auch der Hai hatte ja schon viel auf dem Kerbholz. Um so groß zu werden, mußte er einiges an anderem Getier vernascht haben.

Sollte ich ihn losschneiden?

Dann besaß ich nur noch ganze zwei wirkungsvolle Haken. Und ich war noch drei Wochen vor Brasilien. Sofern alles glatt verlief. Das war mir, aus Egoismus, zu riskant.

Angeblich sollen Fische abgerissene Haken nach einigen Wochen schadensfrei auseitern. Dennoch. Ich entschied mich für die Haken und gegen den Hai.

Drei-, viermal wiederholte er sein Spiel ›Ran und weg‹, aber nie mit Urgewalt. Ich konnte ihn jedes Mal gut per Hand abfangen. Langsam, Flossen aus dem Wasser, kam er näher. Gelassen schlängelte sein Körper an der Leine. Offenbar nicht nervös. Zuviel Zeit wollte ich ihm auch nicht lassen. Ich fürchtete, seine stoische Ruhe könnte Gründe haben. Zum Beispiel den, daß er dabei war, ratsch-säg, mit seinen weltbekannten Schneidewerkzeugen meine Seile zu erledigen.

Dann hatte ich ihn auf zwei Meter heran. Jetzt hatte er mich gesehen. Er kippte ein wenig zur Seite und eins seiner kleinen runden Augen musterte mich. Dann peitschte sein Schwanz und er verschwand unterm Boot.

Ich gab schnell Leine nach. Wehe, sie verfing sich im Ruder oder im Propeller, und er würde dann anziehen!

Aber da schwamm er bereits seitwärts parallel zur Bordwand, und die Leinen waren frei.

In diesem Moment schoß ich zweimal in sein Rückgrat. Er gab nur einen Stöhner von sich und war tot.

Ich holte ihn nach achtern. »Am besten, ich fasse ihn vor seinem Schwanz. Da hat er eine schmale Stelle«, überlegte ich.

Dazu kam, daß ich sie mir griffig vorstellte, denn Haie haben ja bekanntlich eine rauhe Haut. Wie feinstes Schmirgelpapier.

Oder ungeputzte Zähne. Doch andererseits bezeugte ich dem Schwanz Respekt. Noch immer schlängelte der

Körper. Die Augen waren normal geöffnet. Die Kiefer klappten.

Ich würde ihn mit der Harpune herausholen! Ich steckte sie auf den Stiel und vergewisserte mich, ob das Sicherungsseil des Dreizacks fest mit dem Schiff verknotet war. Das war der Fall.

In diesem Moment gab der Hai sich einen erneuten Ruck. Sein Kopf, nur noch einen Meter vor mir, schnellte plötzlich vor, der Mund geöffnet. Ich sprang zurück wie jemand, der unerwartet sein eigenes Grab entdeckt hat. Die Harpune verheddert sich sonstwo, ich rutschte aus, schlug lang hin, riß die Beine zu mir – und da sah ich, was geschehen war: Eine achterliche Woge hatte den Fisch hochgehoben und mir »vor die Füße« geworfen. 30 cm weit aufs Deck. Über die Draht-Steuerseile hinweg.

Beim Zurückgleiten ins Wasser verhakten sich prompt die oberen Zähne in dem Doppelseil der Steueranlage und blieben daran hängen. Das sah genauso aus, als hätte er im letzten Todeskampf ins Boot beißen wollen.

Schon vorher, als der Hai noch nicht tot war, begann sich das Wasser um ihn herum zu beleben. Seine Begleitfische, sonst immer devot und zu Diensten um ihn herum, wie bei uns die Schmarotzer um einen führenden Politiker, fielen in Scharen und hysterisch über alles her, was der Hai von sich gab. Das waren das Blut aus den Schußwunden, das war seine gewaltige Blase, die sich unerwartet nach außen stülpte, und das waren Exkremente. Ein Schwanzschlag – und eins der Ruder war in seinen Angeln verbogen.

Auch als ich ihn an Deck hatte, blieb die Unruhe im Wasser. Ein leichtes, mir jetzt einen ›Nachtisch‹ herauszupicken! Und hätte ich gewußt, wie übel das Haifleisch schmeckte – ich hätte es getan!

Vorsichtshalber vertäute ich den Kopf und den Schwanz. Sie sollten mich nicht noch überraschen. Und dann passierte es dennoch. Das Boot schlingerte, ich kam zu Fall und ratschte mir an vier Zähnen meine linke Hacke auf. Ich hatte sie nur gestreift und doch blutete ich heftig. Aber wenigstens spülte so auch etwaiger Schmutz mit heraus. So allein, da denkt man gleich an Blutvergiftung oder sonst was.

Für diesen kleinen Schreck wurde ich sogleich entschädigt. Denn auf dem weißen Deck kringelten sich drei kleine Fischlein. Fingergroß und dunkel. Pilotfische. Sie haben auf dem Kopf eine Saugplatte, mit der sie sich blitzschnell an glatte Flächen heften können. Wie ein Magnet. Wie die kleinen, die ich bereits unterm Schiff entdeckt hatte, hatten sich diese drei den Hai als Spediteur auserkoren.

Ich wollte sie aufnehmen und zurückwerfen, aber sie hingen fest und ließen nicht locker. Ohne ihnen wehzutun, war da nichts zu machen. Bis mir die Idee kam, sie zur Bootskante weiterzuschieben, damit Luft unter den Saugnapf kam. Und das klappte. Aber auch nur in einer Richtung! Als ich den zweiten in der gleichen Weise fortbewegen wollte, funktionierte das nicht. Er »hielt« sich wie verschraubt. Bis ich spitzkriegte, daß sie sich nur rückwärts schieben lassen. Im Vorwärtsgang blockiert der Saugapparat, »verschraubt« sich noch mehr.

Den dritten gab ich zunächst in einen Eimer mit Meereswasser. Ich wollte ihn später filmen. Da entdeckte ich, daß der kleine Däumling noch mehr konnte. Er hüpfte am Eimerrand hoch und saugte sich sofort oberhalb des Wassers, am Eimerrand, fest.

Nach kurzen Verschnaufpausen schob er sich Stück für Stück voran und erreichte tatsächlich den Eimerrand, 20 cm über ihm. Das mochte 15 Minuten gedauert haben, während der er ohne Unterbrechung an der Luft blieb.

Von oben sprang er aufs feuchte Deck und schlängelte sich zurück ins Meer. Ich ließ ihn schwimmen. Die Freiheit hatte er sich mutig erkämpft.

Beeindruckt stand ich vor meinem großen Fang. Ein schönes und elegantes Tier. Genau 2,95 m lang. So lang wie meine Backstube hoch ist. Und etwa 60 kg schwer. Der stromlinienförmige Körper erinnerte mich sofort an ein modernes Düsenflugzeug. Der dynamische Rumpf, die große Heckflosse. Lediglich seine Brustflossen waren erheblich kleiner als die Tragflächen des Jumbo. »Bestimmt«, so folgerte ich, »hatte irgendein Konstrukteur für den Entwurf des Flugzeugtyps einen Kunstpreis abgestaubt. Dabei hatte er ihn schlicht und einfach beim Hai abgeguckt.« So ist die Welt.

Würde ich den Leib ausgestreckt hinlegen und »Lufthansa« auf den Schwanz schreiben, würde man den Hai aus 100 m Höhe für ein abgestürztes Flugzeug halten. Dessen war ich mir sicher.

Als erstes schnitt ich die Blase ab. Fünf helle Eingeweidewürmer hatten sich mit ihrem Saugnapf daran niedergelassen. Ich warf sie mit der Blase zurück ins Meer. Da hatten sie, was sie wollten. Eine ganze Blase für sich allein.

Einen Moment lang mußte ich an den Vorschlag einiger Sea Survival-Ratgeber denken, die Blase zum Aufbewahren von Regenwasser zu benutzen. Das mag auch recht praktikabel klingen. Bis man solch Ding in der Hand gehabt hat. Es ist schleimig und stinkig. Absolut widerwärtig.

Inzwischen merkte ich, daß auch der Hai einen unangenehmen Geruch absonderte. Zunächst hielt ich das noch für Nachwirkungen der Blase. Aber es war der gesamte Haileib, der Penetranz abstrahlte.

Der Geruch potenzierte sich mit dem Öffnen des Bauches. Hatte ich das Tier schon gefangen, wollte ich auch die Gelegenheit nutzen, es genauer anzuschauen. Ich wollte mir Köder auf Reserve trocknen und das Gros des Fleisches hinterherziehen, um zu beobachten, was sich dann alles an Getier bei mir einfinden würde.

Den Plan verwarf ich, je weiter ich den Hai zerlegt hatte. Fettiges, übelriechendes, aber wohl sehr zartes Fleisch ließ sich mühelos von der Wirbelsäule trennen. Auffallend war lediglich seine stabile, einen Zentimeter dicke Lederhaut. Sie fühlte sich außen angenehm rauh an. Haihaut wird noch heute in Asien von Möbeltischlern als feine Polierfeile benutzt. Aber sonst, wie ich später erfuhr, schätzt man, ebenfalls in Asien, lediglich die Flossen und die Leber wegen des hohen Fettgehaltes.

Und aus der zunächst noch elastischen Wirbelsäule fertigten sich Seeleute gern Spazierstöcke.

Ich ließ Kopf, Wirbelsäule und Schwanz beieinander und hängte sie mir an die Bug-Reling.

Am beeindruckendsten war das Gebiß: Die Sägeblätter im Oberkiefer ebenso wie die Reihen spitzer Nadeln unten, die in verschiedene Richtungen ragen. Wie eine Mischung aus Häckselmaschine und Stacheldraht. Davon könnte sich die Industrie, die fleischverarbeitende Maschinen herstellt, bestimmt einiges abgucken.

Und ich hätte mir vorher lieber ein paar Tips bei den Hochseeanglern holen sollen. Da hatte ich von A wie Autogenes Training über Portugiesisch bis hin zu Z wie Zenithmessung alles mögliche beschnuppert – aber einen Tag auf hoher See zu angeln, ist mir nicht in den Sinn gekommen. Ich werde es nachholen. So zahlte ich halt Lehrgeld. Es begann mit meiner Harpune. Die Harpunengewehre sind inzwischen, gottlob, verboten. Dagegen hat der Fisch zu wenige Chancen. Aber handgeschleuderte Geräte sind legitim und waidmännisch. So kaufte ich mir einen 3-zahnigen Kultivator (Gartengerät), den mir Norbert Walther aus Rausdorf umschmiedete zu einem robusten Dreizack. Gleichzeitig hatte er eine Metallöse angeschweißt für das Sicherungsseil.

Im Falle eines Treffers löste sich der Metallaufsatz. Ich

behielt nur den Stiel in der Hand zurück. Und dann konnte ich das Tier am Sicherungsseil der Metallforke zu mir heranziehen.

Graue Theorie!

Der erste Dorado, den ich traf, ließ die Harpune an seinem Rückgrat abprallen. Der zweite zappelte seine 1½ Meter Fischkörper ein paarmal in alle Richtungen, und die stabile Harpune war verbogen. Ich hatte Mühe, sie von Hand in ihre alte Form zurückzubiegen.

Einen weiteren Dorado hatte ich fest an der Angel. Ehe das so weit war, hatten mich die anderen gelehrt, was sie mit kleinen Angelhaken machen. Sie bogen sie auf – und fort waren sie. Und außerdem – kein Fisch biß ein zweites Mal!

So war ich dann bei meinen vielen Versuchen beim letzten Kaliber in Sachen Haken angelangt. Von der Sorte, der sogar den Hai gehalten hatte. Davon hatte ich ursprünglich fünf Stück, und der erste verwendete bewies mir sofort, daß er hält, was er versprach. Nach rasendem Kampf hatte ich die Goldmakrele unmittelbar am Boot. Ich wagte nicht, sie an der Reepschnur hochzuziehen. Vielleicht löste sich der Haken dann doch noch im letzten Moment.

So nahm ich sie mit der Harpune und hievte den Fisch hoch. Seine Nerven zuckten weiterhin, als dächte er gar nicht ans Aufgeben. Und er hatte Glück damit! Ich hatte nicht bemerkt, daß der Haken sich inzwischen gelöst hatte, vermutete ihn immer noch auf dem Dreizack und holte das Messer. Das dauerte Sekunden. Als ich ihm den Gnadenstoß geben wollte, kam ich um zwei Handgriffe zu spät. Er hatte sich – über die 3 Widerhaken hinweg – vom Speer befreit und rutschte gerade ins Wasser.

Und dort, das war das Ärgerliche, bewegte er sich überhaupt nicht mehr, sondern versank still und klanglos in der Tiefe, während mein Boot weitertrieb.

Erst einen weiteren Dorado brachte ich, wie schon vorher erwähnt, heil über den Kochtopf bis in meinen Magen. Ich habe selten etwas Edleres gegessen!

Die gleichen Lektionen erteilten mir die kleinen Fische. Sie verschmähten die Kunstköder und das Entenmuschelfleisch. Einmal erwischte ich einen mit einer gekochten Nudel, einen anderen mit Corned beef. Aber die großen Fänge, die runden Abendbrote, blieben aus. Dafür hätte ich Insekten haben müssen, Würmer oder Krabben. Deshalb bastelte ich eine Paste aus Penatencreme und Mehl, kaschierte damit nur die Hakenspitzen und wippte die Kügelchen wie hüpfende Insekten über die Oberfläche. Das brachte ein paar Erfolge mehr.

Unübertroffen aber blieben frische Fischköder. Mitunter fand ich winzige Fliegende Fische auf dem Deck. Sie wurden von allen Räubern gern genommen. Leider war mein Deck glatt. Ich möchte nicht wissen, wie viele – vor allem große – sich nachts dahin verirrten und gleich wieder ins Wasser zurückrutschten.

Um die Schlüpfrigkeit einzudämmen, legte ich abends überflüssiges Tauwerk wahllos aus. Wie einen Teppich. Und in dessen Schlingen fand ich tatsächlich mitunter des Morgens ein Köderfischlein.

Ich versuchte es natürlich auch mit der Taschenlampe. Resultat: Zero. Nicht einmal die sonst so neugierige und unerfahrene Brut interessierte sich dafür. Wenn ich das am Amazonas praktizierte, entstand sofort ein regelrechter Fischauflauf im Lichtkegel.

So baute ich mir den kleinen Fischspeer. Und der zeitigte die besten Erfolge. Aber auch wiederum nur bei Flaute. Bei fullspeed hatten die Fische andere Probleme. Da mußten sie Schritt halten.

Für die kleine Harpune hatte ich meine spitze Bartschere geopfert. Bis Brasilien wollte ich die Haare sowieso wachsen lassen. Also konnte ich sie entbehren.

Mit Draht und Isolierband befestigte ich je eine Scherenhälfte links und rechts am ungenutzten Ende des Stiels der großen Harpune. Die Widerhaken machte ich mir aus Angelhaken und Nägeln. Die Befestigung erreichte ich mit feinem Kupferdraht und 2-Komponenten-Kleber.

Wenn ich dann mit diesem handwerklichen Meisterstück reglos an der Reling auf der Lauer stand, dachte ich oft: Wie geschickt oder untalentiert ein Schiffbrüchiger auch sein mag – irgendwann wird es ihm gelingen, einen Fisch zu erbeuten. Es ist nur eine Frage der Zeit und des Hungers und der sich daraus verfeinernden Jagdmethoden.

Oder Neptun ist ihm gnädig und schmeißt ihm ein paar ins Boot. Da steht man möglicherweise vor der Frage: Wat nu? Ist der überhaupt eßbar? Schließlich ist es eine Art, die man noch nie gesehen hat. Und Fische, die man noch nie gesehen hat – sind häufig. Davon gibt's nämlich eine ganze Menge. Selbst Fischkundler hätten da ihre Bestimmungsprobleme.

Um Interessierte davor zu bewahren, alle zigtausend Fische auswendig zu lernen, schrumpfen wir die Vielfalt auf eine Faustregel zusammen.

Meide Fische, die nicht wie typische Fische aussehen! (Fachleuten werden sich die Haare sträuben. Was ist schon ein typischer Fisch bei all der Vielfalt?)

Mit typischen Fischen meine ich in diesem Zusammenhang solche, die man aus seinem Fischladen kennt. Dann weiß man sicher, einen Aal von einer Schlange zu unterscheiden und wirft den kostbaren Fang nicht zurück ins Meer. Auch den grimmigen Barsch wird man einzuordnen wissen und die flache Scholle ebenfalls.

Wenn da aber solch stachelige, dornige, kugelige Gesellen am Haken hängen, die schon vom Blick her nichts Gutes ahnen lassen (wie der Rotfeuerfisch), dann – und in jedem Zweifelsfalle – zurück mit ihm!

Größte Vorsicht aber ist beim Lösen vom Haken geboten! Die Stacheln stechen nicht nur, sondern injizieren auch tödliche Gifte!

Zur Beruhigung kann man jedoch auch sagen: Die Fische, die das langsame Boot an der Oberfläche begleiten, sind überwiegend eßbare Tiere.

Nun gibt es aber nicht nur Pechvögel unter den Anglern, sondern auch solche, die Petris Wohlwollen genießen. Sie fangen Fisch auf Fisch. Die Bäuche sind längst voll, Köderfleisch für die nächsten Fänge ist abgezweigt worden (und natürlich feucht und schattig = kühl gelagert), da fragt man sich: aufhören? Oder der Beschäftigung wegen weiter angeln? Oder Vorräte anlegen?

Nun, ich wäre erst einmal für einen kleinen Vorrat. Bei eiskaltem Wetter sorgt die Kälte für die Konservierung. Bei Hitze und Wind hat man nur die Möglichkeit zu trocknen. Je schneller, desto qualitativ besser. Und schneller hängt davon ab, in wie dünne Streifen ich den Fisch zerteile.

Zunächst löst man die Tiere vom Skelett. Flossen, Gräten, Kopf, Schwanz, Innereien sind entweder Köder oder Abfall. Nur die Haut kann man dranlassen, weil sie dem zarten Filet mehr Halt verleiht. Das verbleibende Fischfleisch wird in möglichst dünne Lappen geschnitten und in Sonne und Wind zum Trocknen gehängt oder auf dem Boot ausgelegt. Zusätzliches Salzen verdirbt den Geschmack, erhöht aber die Haltbarkeit.

Von Zeit zu Zeit ist es zu wenden und vor Regen und Spritzwasser zu bewahren. Man kann beinahe zusehen, wie es dörrt und auf etwa 30 % seines Volumens schrumpelt.

Wenn man es für trocken hält, muß es wassergeschützt weggestaut werden. Fleisch, das durch Regen wieder »aufgetaut« wurde, sollte man fortwerfen.

Die edelste Methode, Fisch zu konservieren, ist das Räuchern. Das setzt natürlich einigen Komfort voraus, den ich bei Schiffbrüchigen nicht vermute. Diese Zubereitung könnte aber relevant werden, sobald man eine kleine Insel gefunden hat, wo sich das Räuchern improvisieren läßt.

Dem Angler auf dem Rettungsfloß bleibt, hochgepokert, das Kochen. Es geht – sofern man das Zubehör hat – schnell, und der Fisch ist lecker und optimal verdaulich. Beim Kochen sollte man sich daran erinnern, Meerwasser zu nehmen und nicht etwa, nach Hausfrauenart, kostbares Trinkwasser unter Zusatz von Salz!

Wem aber auch das Kochen versagt ist, dem bleibt nur eins: der Genuß des rohen oder getrockneten Fleisches. In der Not läßt sich jedoch beides ganz gut schlucken. Als Trost: man lernt gut zubereitete Gerichte wieder so richtig schätzen.

Haie und andere gefährliche Tiere

»Es war schlimmer, als die Fantasie es sich ausmalen könnte. Mengen von Haien wüteten zwischen den Schiffbrüchigen. Sie rissen sich um Arme und Beine. Das Meer war rot vor Blut, und die Luft hallte wider von den Angst- und Todesschreien der Menschen.« Das berichteten die zu Hilfe gekommenen Mannschaften der Boote und Hubschrauber, die schon bald nach dem Unglück vor Ort eintrafen.

Bei dem untergegangenen Schiff handelte es sich um ein kleines offenes, vollbesetztes Boot, das zwischen den karibischen Inseln den Personenverkehr abwickelte. Der Motor war explodiert, hatte die Heckwand herausgesprengt und viele Passagiere verletzt. »Sofort waren Unmengen Haie um uns und griffen wahllos an«, sagte einer der Geretteten. »Es war wie in einem brodelnden Kochtopf.«

So und ähnlich ging ein paar Wochen vor meiner Abreise die Meldung um die Welt. Den Anhängern tierverteufelnder Berichte war sie ein gefundenes Fressen. Eine weitere Fortsetzung von »Der WEISSE HAI« wird somit bald fällig sein.

Und weil wir einerseits gern Horrorgeschichten hören, haben wir andererseits eine hochgezüchtete Angst davor, je selbst in solche Situationen zu geraten, insbesondere in solche mit Haien. Denn von allen noch lebenden gefährlichen Tieren zählen die Haie wohl zu den gefürchtetsten, und deshalb will ich auf sie etwas näher eingehen. Als Versuch, Wahrheit und Dichtung auseinanderzufiltern und daraus ein optimales Vorbeuge- und Abwehrverhalten abzuleiten.

Das eben zitierte Unglück mag voll der Wahrheit entsprechen. Aber hier traf auch so ziemlich alles zusammen, was Haie zum Angriff stimuliert: Warmes Wasser, blutende Menschen, Geschrei, Gezappel, Panik, Fluchtversuche und dergleichen mehr.

Wer tatsächlich in solchen Hexenkessel geraten sollte, der kann – ähnlich wie bei Schiffsuntergang und Panik – nur noch eines tun: schnellstmöglich, in sauberem Schwimmstil das Unglücksgebiet verlassen. Weder darf seine Flucht Angst verraten, noch darf etwas daran hektisch wirken. Wie ein gesundes, starkes Lebewesen muß er sich auf Abstand vom Unglücksort bringen. Möglichst gegen die Strömung, wenngleich es mit ihr viel schneller ginge. Aber mit ihr treiben auch die Blutgerüche, und gerade sie sind es, neben den Zappelgeräuschen, die den Hai völlig um seinen Verstand bringen. Wie von Sinnen beißt er dann in alles, was ihm eßbar erscheint. Selbst in Boote und eigene Artgenossen.

Deshalb: 100 Meter gegen den Strom sind sicherer als 1000 Meter mit ihm.

Doch ein solch extremes Beispiel wird die Ausnahme bleiben. Häufiger wird der Fall so liegen, daß man allein oder in kleinen Gruppen durch ein Unglück ins Wasser geraten ist und nicht blutet. Oder daß man als Taucher zu solchen Begegnungen kommt. Und dann hat man gute Chancen, am Leben zu bleiben.

Auch hier ist wieder das A und O, sich als intaktes, selbstbewußtes Wesen zu geben. Wahlloses, hektisches Hin- und Herschwimmen zeigt den Meeresbewohnern Schwäche oder Krankheit an. Dann halten sie es geradezu für ihren Job, hier klaren Tisch zu machen. Im harten Unterwasser-Überlebenskampf ist für Schwache kein Platz.

Daß der Hai sich selbst unsicher fühlt, beweist der Umstand, daß viele der Menschen, die einem begegneten, noch leben. Wäre er sich seiner Kraft bewußt – was sollte ihn davon abhalten, gleich zuzupacken? Aber besonders aus der eigenen Jugendzeit weiß er, daß auch Haie Feinde haben. Das können Kraken sein, andere Hai-Arten, ja selbst die eigenen Eltern.

Dadurch hat sich bei ihm eine gewisse Vorsicht gegenüber allem Unbekannten gebildet, die lebenslänglich währt. Erst wenn er Menschen als schmackhaft kennengelernt hat, mag seine Hemmschwelle herabgemindert sein. Wie man es manchen weißen Haien vor Australiens Küste nachsagt: »Regelrechte Menschenfresser.« Ähnlich den man-eater-Tigern. Aber das sind Ausnahmen.

Im Normalfall umkreist der Hai den Schiffbrüchigen oder Taucher, um sich einen Eindruck zu verschaffen. Das sollte dann dem Betroffenen eigentlich ein wenig Mut machen. Wenn es nicht leichter gesagt als getan wäre! Oft wird man nicht einmal wissen, daß man umkreist wird, denn nicht jeder Hai kommt nur tagsüber und streckt zum Beweis seines Interesses die Flossen aus dem Wasser. Damit verhält es sich ähnlich wie mit Eisbergen. Nur 10% sind sichtbar. Und weil das so ist, verhält man sich als schiffbrüchiger Schwimmer stets so, als seien Haie zugegen.

Da Haie ihre Normalnahrung – Fische – vorzugsweise von hinten anpirschen, sichert man sich wiederholt auch nach dort ab.

Von unbezahlbarem Nutzen wären jetzt 4 Hilfsgeräte. Deshalb sollten sie in keiner Sea Survival-Ausrüstung fehlen:

- Maske
- Schnorchel
- Flossen
- Hai-Abwehrstock.

Wer das zur Verfügung hat, ist beinahe so sicher wie vor der Scheibe eines Aquariums oder im Banksafe.

Denn erst mit der Brille kann er wirklich unter Wasser um sich schauen und einen wahren Eindruck seiner Situation gewinnen und entsprechend besser reagieren.

Er wird sehen, wie viele Haie vorhanden sind, um das später in seinen Memoiren erwähnen zu können. Praktisch gar nichts hingegen nutzen die sogenannten Shark Chaser. Das sind Hai-Abwehrmittel, die den Schwimmer in dunkle, blaue Wolken hüllen, wie die Tinte der Kraken. Sie helfen dem Betroffenen allenfalls psychologisch, was ein bißchen was wert sein kann. Aber letztlich stoßen die Haie auch in diesen blauen Dunst vor, wenn sie darin etwas Gutes vermuten. Und wer zählt sich nicht zu dem Guten?

Mit seiner Brille wird er beobachten, ob die Tiere dreister werden. Das heißt, ob sie ihre Kreise bereits enger ziehen. Denn genau das ist ihre Art: das Opfer beobachten, und sich ihm allmählich nähern. »Mal gucken, wie weit ich noch gehen kann.« Man sollte auch keinesfalls der mitunter zu lesenden Ansicht Glauben schenken, ein an der Oberfläche schwimmender Hai sei ungefährlich, weil er durch sein »zum Hals hin« sitzendes Maul nicht zupacken könnte, und er sich erst auf den Rücken legen müßte.

Der Hai braucht nur seine Nasenspitze um wenige Grade zu heben, sich um einen Schwanzschlag zu beschleunigen – und schon präsentiert sich ihm jeder Oberflächenschwimmer mundgerecht. Darüber hinaus kann er sein Gebiß vorschieben! Bei Freßorgien – wenn Haie beispielsweise wie die Geier um die Walfänger kreisen und sich nicht länger beherrschen können – schieben sie sogar ihre halben Körper aus dem Wasser, um sich ihre Anteile aus den Walkörpern herauszusägen. Genauer gesagt, ist es ein Zupacken und Schütteln, bis das Wunderwerk von Sägegebiß sich seinen Anteil herausgelöst hat.

Dabei sollen sie mühelos Knochen und Bretter durch-
schlagen können. Das behauptet jedenfalls die amerikanische Wissenschaftlerin Clarice Prang aus San Diego, die
den Kieferdruck der (besonders aggressiven) Mako-Haie
untersucht hat. Demgegenüber bezweifelte das der Verfas-
ser einer kritischen Studie über die »Hai-Stories«, F. A.
Lucas vom American Museum of Natural History.

Er behauptet, daß Haie selbst dann Mühe haben, ihren
Batzen aus dem Opfer zu reißen, wenn dieses bereits ein
paar Tage angegammelt, d. h. mürbe ist.

Solche Experten-Kontroversen nutzen dem Schwimmer
natürlich wenig. Die Jungs aus der Wissenschaft müssen
einfach so etwas behaupten, um ihre Existenzberechtigung
nachzuweisen. Der Schwimmer hingegen muß immer vom
Schlimmeren ausgehen und darf sich keinen Illusionen
hingeben. Demzufolge sind alle Haie prinzipiell als stark
und überlegen zu betrachten.

Und ob sie nun Knochen knacken können oder nicht,
spielt für die Opfer keine Rolle mehr, wenn sie ihm erst die
Muskeln vom Schenkel gerissen haben.

Genausowenig wird es den Bedrängten interessieren,
daß es 250 verschiedene Haiarten gibt, von denen nur rund
10 zu den Menschenfressern zählen. Denn genau die sind
es, die sich einfinden. Die anderen 240 Sorten bleiben, wo
sie sind. Und außerdem kann nicht jeder Seefahrer diese 10
Sorten ständig auswendig wissen, und zweitens wird er sie
ohne Taucherbrille gar nicht bestimmen können.

Vielmehr muß der Schwimmer jeden Hai, der ihn »um-
wirbt«, als gefährlich betrachten. So schmeichelhaft es sein
mag, zum Fressen gern geliebt zu werden.

Mit Hilfe seines Hai-Stockes sollte er ihn nie näher als
auf Stocklänge (1,30 m) herankommen lassen – den Min-
dest-Sicherheitsabstand, um noch reagieren zu können.

Auch deshalb sollte man jeden direkten Kontakt mit
dem Hai vermeiden, weil seine rauhe Haut ausreicht,

starke Schürfwunden und Blutungen zu verursachen. Aus diesem und anderen Gründen gebietet es sich von selbst, nie die Garderobe abzulegen! Sie schützt bei solchen Berührungen, sie reduziert die Abgabe menschlichen Geruchs, und sie schützt auch vor Barrakudas und den Nesselquallen. Und in kalten Zonen – das sagte ich schon an anderer Stelle – schützt sie gegen zu schnelles Auskühlen. Nehbergs Faustregel:

Ist es dir auch noch so hot, nie ins Wasser ohn' Klamott.

(An mir ist ein Goethe verlorengegangen! Aber dann wäre ich auch nicht im Kabel Verlag! Was die nu' wohl sagen?!*

Statt dessen pickert man das Tier mit der stumpfen Metallspitze des Stockes energisch an. Möglichst auf die Nase. Dann wird es sich sofort zurückziehen und seine Kreise wieder größer machen. Wie es sich gehört! Wer ist hier schließlich der Herr der Schöpfung?

Nie sollte man Haie an den Flossen zu halten versuchen! Dann nämlich reagieren sie in reiner Notwehr unberechenbar heftig. Hilfreich ist immer, auf den Hai zuzuschwimmen, um ihm Furchtlosigkeit zu demonstrieren. Das darf aber nicht nach Angriff aussehen, und man muß ihm eine Sicherheitsdistanz zubilligen. Sonst könnte er in Notwehr-Reflex zupacken. Vor allem, wenn sein Fluchtweg auch nach hinten verschlossen ist. Das könnte sich beispielsweise vor Korallenriffen ergeben.

Ebenso wirksam wie der Mutbeweis ist das Anschreien. Seetiere haben ja bekanntlich nicht die Fähigkeit, sich durch Geschrei zu äußern, und so schockt den Hai das Ungewohnte. Auch Klatschen mit der Hand oder dem Paddel aufs flache Wasser vertreibt viele Tiere.

---

* Lieber Rudi, auch wenn allgemein behauptet wird: Wer früher stirbt, ist länger tot, kann man zu deiner Frage nur folgendes sagen: Hätt' er von deinem Training nur gewußt, der Goethe, dann wär' er jetzt bestimmt nicht töte. Dein Kabel-Verlag.

Taucher sollten überdies beachten, erlegte, zappelnde Fische nie an ihren Gürtel zu hängen. Sie sind sofort nach oben ins Boot zu legen. Bedrängt einen der Hai zu sehr, dann sollte man nicht zögern, ihm den Fang zu opfern. Das bringt Pluspunkte.

Wenn das Verhalten des Hais nervöser wird, ist ohnehin höchste Wachsamkeit geboten. Und ob das der Fall ist, kann wiederum nur der bebrillte Schwimmer feststellen. Zu diesem Verhalten, das einen unmittelbar bevorstehenden Angriff signalisiert, gehören neben den engeren Kreisen verstärkte Schwimmbewegungen, das Heben des Mauls, das Wölben des Rückens und das steif nach unten gerichtete Abspreizen der Brustflossen.

In diesem gefährlichen Moment ist es wichtig, die Ruhe zu bewahren, den Stock in Abwehrposition zu bringen und keinesfalls Angst zu zeigen. Flucht wäre jetzt das Ende. Man muß sich darüber im klaren sein, daß man keine andere Chance hat, als sich dem Hai zu stellen.

Verglichen mit den Haien, stellen die restlichen Tiere kaum noch eine Gefahr dar.

Gegen die besagte Feuerqualle »Portugiesische Galeere« schützt nur Garderobe. Kommt es dennoch zu einer Hautberührung, hat das allerdings schlimme Folgen. Von schier unerträglichem Schmerz über Fieber bis hin zu Lähmung und Tod können die Folgen sein.

Ich selbst habe an Bord der »Yanomami Brasil« einmal auf nur einen einzigen Nesselfaden getreten, den eine Woge mir aufs Deck gespült hatte: Ich zuckte zusammen, als hätte ich in ein Messer getreten. Die Stelle war sofort rot entzündet. Ich habe alle möglichen Antiseptica drübergeschüttet. Aber geholfen haben sie nicht. Erst am nächsten Tag, nach schlecht durchschlafener Nacht, klang der Schmerz ab.

Ein weiterer aggressiver Geselle ist der Barrakuda, ein hechtartiger Raubfisch. Gegen ihn gibt es kein Mittel. Außer vielleicht dicke Garderobe. Er kommt angeschossen ohne jegliche Vorwarnung und ist durch nichts und gar nichts zu beeindrucken und zu verjagen. Erst wenn er sich sein Stück Fleisch aus dem Opfer genommen hat, verschwindet er wieder. Seine Visitenkarte: runder Biß mit glatter Kante. Im Gegensatz zum Hai, wo der Rand gezackt ist.

Die Gefahr, durch Barrakuda-Biß zu verbluten, ist – verglichen mit dem Hai-Biß – gering. Aber die Wunde blutet und das birgt die Gefahr, daß sie Haie anlockt. Und damit wären wir wieder am Anfang dieses Kapitels.

Hölle und Idylle –
Tagebuchnotizen querbeet

Die Nacht war schlimm. Die See schlug Purzelbäume. Die Brecher knallten fast quer vor die Bordwand. Um den Aufprall zu mildern, wollte ich die Richtung ändern.

Genau in dem Moment, als ich aus der Kabine aussteigen und zum Ruder gehen will, stürzt eine gewaltige Fontäne durch den geöffneten Lukendeckel 20 cm Wasser ins Cockpit. Alles schwimmt. Gut, daß ich die Speise- und Foto-Kanister stets kenterbereit verschlossen habe! Aber an Schlafen ist nicht mehr zu denken. Es sei denn, ich legte mich ins Wasser auf den schwimmenden Schlafsack.

So bleibe ich an Deck und beobachte die Umgebung. Das Klarschiffmachen verschiebe ich auf den Tag. Wenn die Welt wieder anders aussieht.

Irgendwann muß ich eingenickt sein. Ich werde wach, nachdem mich ein achterlicher Überroller vom Sitz gerissen und längs über die Steuerbordkufe geschleudert hat. Beine und Unterleib hängen außenbords. Der Oberkörper wird wie von einer starken Faust gehalten. Dem Seil. Ich will die Reling greifen. Aber sie ist zu hoch. Aus meiner Parterre-Lage heraus erreiche ich sie nicht. Dafür kriege ich das Seil zu greifen, das von der Brust straff am Hals vorbei zur Laufleine mittschiffs führt. Es gibt mir in der Finsternis den nötigen Halt, um mich rauszuziehen.

Wie schnell kann man außenbords gehen, wenn man einmal einen einzigen Fehler begeht! Ich mag mir die Situation gar nicht ausmalen, wenn man im Meer aufwacht, und sieht das Schiff davontreiben. Ich glaube, daß es ein schneller Tod ist. Natürlich wird man aus vollster Kraft hinterherschwimmen, bis das Boot von der Schwärze der Nacht aufgesogen wird. Dann ist man sicher auch dermaßen »alle«, daß der Rest schnellgeht.

*

Heute habe ich fast meinen ganzen Kalender aufgegessen! Ursprünglich bestand er aus einem Beutel mit 100 dicken, entsteinten Backpflaumen.

Denn 100 Tage – das ist das Äußerste, das ich unterwegs sein wollte. Ich hatte vor, mir eine pro Tag zu Gemüte zu führen und so optisch und lukullisch eine Übersicht zu behalten.

Weil die Früchte mir aber so gut schmeckten, und ich seit Tagen mit der anderen Nahrung Probleme habe, existieren nur noch die letzten 30 Tage meiner Reise!

Und da ich hoffentlich sowieso nur zwei Monate brauche, kann ich ja morgen die restlichen 30 essen. Oder soll ich damit einen neuen Kalender anfangen?

*

Es ist 23 Uhr und so merkwürdig still. Blick auf den Kompaß: Ost! Wieso hat das Boot gedreht? Ich will Südwest. Ich lege den Gurt an, klinke mich ins Laufseil und schwinge mich aus der Kabine aufs Deck.

Totale Flaute! Ich dümple. Die Fock flattert lustlos mal hin, mal her, wie eine Herz-Lungenmaschine, kurz bevor der Patient ablebt. Es lohnt nicht, den Kurs zu korrigieren. Wind abwarten. Wie muß einem zumute sein, wenn man 14 Tage auf der Stelle tritt? Wie lange hatte Columbus Flauten? Ihm gegenüber habe ich vor allem den Vorteil, zu wissen, daß es Amerika gibt. Und ich habe Vitamin C mit.

*

Der Himmel ist eine Pracht. Alle Gestirne des Universums haben sich schön gemacht und strahlen, daß es eine Freude ist. Nur rund um den Horizont liegt ein Kranz von Wolken. Wie ein Adventskranz. Oder wie der Haarkranz eines Mannes, auf dessen Glatze Schweißperlen, die Sterne, funkeln.

Vom Mond her fällt ein Lichtkegel übers Wasser. In den winzigen Kräuselwellen wirkt es wie zerknautschtes Silberpapier, das jemand mühsam geglättet hat.

Es ist totenstill. Nur die weitauseinandergezogene Dünung atmet unaufhörlich. Sie hebt und senkt das Boot.

Hinter mir schnauft es. Das könnten Wale sein. Welche es sind, kann ich nicht ausmachen. Sie untertauchen das Boot. Ihre Körper reflektieren das Licht der Gestirne. Eine faszinierende und etwas unheimliche Welt. Ich hole die Mundharmonika und spiele leise Melodien. Bis die Wale das Spiel ums Schiff oder die Töne leid sind. Wind kommt auf. Es geht weiter.

*

Bei der ruhigen See heute sieht man wieder Unmengen der eigenartigen Quallen. Sie sehen genau wie Pommes frites aus. Quadratischer Querschnitt, 4–5 cm lang. Heute sind es besonders viele. Ich schätze, daß fünfzehn auf einen Quadratmeter kommen. In mancher Frittenbude wäre solche Üppigkeit das reinste Sonderangebot.

*

Heute umwerben mich 4 Haie. Aber keiner über zwei Meter. Gern sähe ich einmal einen Walhai von 20 Metern! Sie scharwenzeln mal hinterher, mal nebenher. Regelrechte Faulpelze. Sie wirken geradezu gelangweilt. Also biete ich ihnen etwas. Ich plansche mit den Händen im Wasser. Wie elektrisiert kommt Spannung in ihre Körper. Welch ein Unterschied, ob man sie vom Boot aus betrachtet oder aus der Perspektive des Schwimmers!

Ein Knirps von 120 cm Länge schwimmt einen halben Meter neben meiner »Parkbank«. Ein eleganter hübscher Blauhai. Er wird begleitet von einem Schwarm kleiner Fische, denen er scheinbar keine Beachtung schenkt. Die Gruppe erinnert mich lebhaft an einen Politiker, der auf Schritt und Tritt von Ratgebern und Speichelleckern umgeben wird.

Weil die Situation so günstig ist, speere ich mir einen Begleitfisch heraus. Er kann sich aber von der Harpune lösen, ehe ich ihn heraus habe. In derselben Sekunde kommt Leben ins Wasser. Eine schnelle Schwanzbewegung – und Charly Sharky hat meinen Fisch vernascht. Auch das wie beim einflußreichen Politiker: »Weg damit! Er nutzt nichts mehr.«

*

Neben dem Boot ziehe ich seit drei Tagen den Kopf eines Dorados mit. Die letzten Fleischfasern flattern wie eine ausgediente Fahne. Einer der Haie hätte ihn wohl gern. Dreimal legt er sich in Zeitlupe auf den Rücken. Sein heller Bauch leuchtet und schiebt sich unters Boot. Oder will er sich nur den Bauch kratzen an den Entenmuscheln?

Schließlich versammeln sie sich alle hinterm Heck. Einem Chinesen müßte das Wasser im Mund zusammenlaufen: Wie vor einem Topf mit Haifischflossensuppe!

*

Ich schrecke hoch. Pechschwarze Nacht. Kein Mond. Kein Stern. Himmel wie ein aufgespannter, schwarzer Schirm zur Beerdigung. Das Meer entsprechend. Was sagt der Kompaß? Wieder mal falsche Richtung, sagt er. Und draußen schüttet es aus vollen Eimern.

Aber ich muß raus. Denn ich fahre zu schnell. Und jede Stunde Nord bei Starkwind bedeutet drei Stunden Süd bei Pipiwind. Oder ob es gleich aufhört zu regnen? Die Kabine ist ohnehin naß genug. Das Wasser kriecht durch alle Schlitze, die ich von Zeit zu Zeit öffnen muß. Meine 3 cbm Luft sind schnell verbraucht! Atembeklemmungen lassen mich dann jedesmal von selbst aufwachen. »Lieber nasser, als tot und blasser.« Guter Slogan. Ich sollte in die Werbung. Im Moment bin ich unentschlossen. Es schüttet weiter. Ich eile weiter gen Nord.

Mehr nolens als volens zwänge ich mich in den Friesennerz. Gut, daß ich ihn mitgenommen habe! Dauerregen und -wind machen den Äquator zum Nördlichen Wendekreis. Zeit, daß ich jetzt selbst einen Wendekreis beschreibe. Lukendeckel auf und raus! Das Wasser ergießt sich in mein molliges Bett. Schnell! Wo ist das Einklinkseil? Es flattert im Wind. Ich hab's, raste mich ein, schwinge mich raus. Trotz der Nässe: Sicherheit geht vor. Nichts überstürzen.

Alles ist naß, salzig, rutschig. Bloß nichts brechen oder aufschlagen. Das wäre schlimmer als ein nasses Bett. Geschafft! Deckel zuklappen und verriegeln. Wo das Steuer ist, weiß ich im Schlaf. Sehen kann ich es nicht. Das einzige optische Orientierungsmal ist der kometengleiche Glitzerstreif des funkelnden Plankton. Heute leuchtet er besonders schön. Sagenhaft, wie belebt das Wasser ist, wenn man's im rechten Licht sieht! Nur so können sich auch Monstertiere á la Wal und Walhai so dick- und sattfressen.

Um das Ruder in den Griff zu kriegen, muß ich die

Taschenlampe anmachen und den Kompaß deutlich vor mir haben. Tagsüber komme ich mit der Anlage besser klar.

Der Regen peitscht. Die Pedale rasen. Sie sind mein Geschwindigkeitsindikator. Mein Log. 4 Knoten, schätze ich. Das bringt was! Dann nehme ich auch solches Wetter gern in Kauf. Einen Tag eher an Land. Die Gedanken rasen kreuz und quer.

Ich werde Ulli und Wolfgang überraschen. Ich werde für sie Kartoffelpuffer backen. Mit Apfelmus. Und Vollkornbrot. Nach ihrem parallel gelaufenen Urwaldtrip werden sie eine deutsche Zwischenmahlzeit nicht verschmähen.

Der Taschenlampenstrahl schneidet die Schwärze wie Laser. Unmittelbar neben mir reflektieren die Körper meiner 12 Dorados. Sofort suchen sie Schutz unterm Schiff. Wann schlafen die nur? Tagsüber sind sie ununterbrochen auf Jagd und nachts halten sie den Anschluß zu mir. Sicherlich ist das die Zeit ihrer Ruhe. So wie Pferde im Stehen schlafen.

Um wieder auf rechten Kurs zu kommen, muß ich treten und das zweite Steuer hinzunehmen. Sklavenjob! Aber endlich bläht sich das Segel von der richtigen Seite auf. Ich vertäue das Reservesteuer und stelle die Automatik ein.

In diesem Moment starren mich deutlich zwei Augen an. Ein Hai? Ich glaub', ich spinne! Ich leuchte. Faustgroß und rund. Wie eine Rieseneule. Da klappen sie zu und sind fort. Fehlte nur, daß mich eine Krake besucht und mir mit ihren Saugscheiben ein paar Knutschflecken verpaßt.

Zur bereits vorhandenen Gänsehaut durch Kälte gesellt sich eine zweite, durch Angst. Die größte Krake, die je gemessen wurde, betrug um die 22 Meter. Das bedeutet, ein Arm kann 11 m Länge erreichen. Dazu kommt, daß sie tatsächlich nachts an die Oberfläche steigen und die besten Augen der Tierwelt haben sollen.

Da kriegt mich ein Fangarm zu fassen. Ich umkralle den Lenker. Wenn die Krake jetzt zieht – ich hätte keine Hand frei, um mich zu wehren. Da löst sich der Griff. Es war nur das flatternde Seil, das ich um den Lenker geknüpft hatte.

Soll das Boot die paar Stunden treiben, wohin es will! Hier gehört die See ohnehin mir allein. Eine Kollision ist ausgeschlossen.

Wie ein alter Mensch ziehe ich mich in der Dunkelheit vorsichtig vom Lenker zum Kompaß, zur Treppenstufe, zum Lukenverschluß. Wegen des Seegangs und der weichen Knie. Noch mal kurz konzentrieren – und dann schnell rein in die gute Stube!

Prompt hakt das Sicherheitsseil. Ich taste mich daran entlang und löse es.

Ich will den Karabiner öffnen. Und natürlich, der Schnappverschluß liegt genau auf der entgegengesetzten Seite. Wertvolle Sekunden! Denn währenddessen schüttet es in die Kabine. Schließlich bin ich frei, ducke mich und schließe den Deckel. Wie einen Helm überm Kopf.

Wärme umgibt mich. Sie entschädigt für die quitschende Nässe. Der Friesennerz trägt ebenfalls zur Überschwemmung bei. Das Wasser, das auf ihm haftete, läuft ab.

Es riecht nach Muff, nach Spak und Schimmel. Wenn nicht morgen die Sonne scheint, kann ich einiges abschreiben. Denn Spak kriegt auch die Reinigung nicht raus.

Mit dem Lichtstrahl versuche ich, mir Übersicht zu verschaffen, mit nassen Handtüchern mich abzutrocknen. Wenn man sie auswringt, erfüllen sie tatsächlich ihren Zweck. Alles eine Frage der Relationen. Der Lichtschein enthüllt aber auch die angerosteten Konservendosen. Mein Essen für morgen. Bei ihrem Anblick und dem Gedanken an das ätzende Salzwasser und unter Einwirkung des Modergeruchs kommen mir Brechreize.

Nur schnell hinlegen! Sonst heißt es: »An die Reling

zum Reihern!« Ich bringe mich in die stabile Seitenlage und döse vor mich hin. Bis zum nächsten Mal. In einer Stunde.

*

Zum Mittagessen wurde eine Dose geknackt. Weil Maggy sie alle seewasserfest beschriftet hat, weiß ich stets, was ich öffne. Ohne Beschriftung wäre es ebenso reizvoll. Wie eine Einladung zu Bekannten, wo man vorher auch nicht immer weiß, was es gibt. Bei mir gab es vier Königsberger Klopse. Dazu Rotkohl und Kartoffelpüree. Es war reichlich, und ich hatte zwei übrig. Um sie nutzvoll zu verwenden, packte ich sie in den Angelstrumpf. Zusammen mit den beiden schweren Haken. Diese Köderbombe wird zugebunden oberhalb der Haken und hinterhergeschleppt. Aber so, im Strumpf, würden sie ihren Fleischgeruch länger bewahren. Vielleicht beißt ein Dorado an?! Die Alarmanlage ist eingeschaltet. Aber nichts rührt sich. Fünf Stunden lang. Als ich zu »Bett« gehen wollte, holte ich das Gerät ein. Routine. Alles schien so, wie ich es reingeworfen hatte.

Dennoch öffnete ich den Strumpf, um mich zu vergewissern, ob die Klopse überhaupt noch dufteten.

Zu meiner Überraschung entdeckte ich aber keine Fleischbälle mehr, sondern zwei runde Brötchen! Die geringe Fleischmenge war ausgespült worden und das Paniermehl nebst Mehl (für den Zusammenhalt) waren übriggeblieben.

Klar, daß da kein Dorado drauf abfuhr. Nur wir Menschen kaufen so was als Fleischklops.

Ganz schön beklops, wa'?

Die Ankunft

»Weihnachten wünsche ich mir den Äquator«, schrieb ich am 22.12.1987 in mein Tagebuch. Und mein Schutzengel erfüllte mir den Wunsch: In der Nacht zum 25. war ich auf der südlichen Halbkugel. Zwar hatte ich die Formel vergessen, die man für die Berechnung der Südposition wissen sollte, aber mir wurde das logisch klar, daß ich jetzt im Süden sein mußte. Denn meine Besteck-Ergebnisse ergaben plötzlich statt des Plus ein »Minus«. Das hieß, bei »Minus Eins«: ich war 1° *südlicher* Breite.

Um ganz sicher zu gehen und mir Enttäuschungen zu ersparen, schaute ich dann doch ›heimlich‹ in Rudolfs Zauberbüchlein nach, wo die richtige Formel verzeichnet stand. Und das damit erzielte Resultat war letztlich identisch: Ich stand Weihnachten tatsächlich auf 1 Grad südl. Breite und 42° 22,1 Minuten westl. Länge. Damit konnte ich endlich langsam ans Ende denken. Jetzt, wo es dem Ziel endgültig an den Kragen ging, maß ich wieder täglich, um rechtzeitig Kurskorrekturen vornehmen zu können. Die Resultate übertrug ich nicht nur in die Übersichtskarten, auf denen Afrika und Amerika zu sehen waren, sondern auch in die Blanco-Plotting Sheets, weil 24 sm dort satte 12 cm ausmachten.

Dabei fiel mir sofort auf, wie wichtig das war, denn eine starke Abdrift hatte eingesetzt.

26. Dezember: In zwei Tagen Südkurs nicht mal einen ganzen Breitengrad geschafft, aber 4 Längengrade nach West getrieben. Oder ich habe mich verrechnet. Muß entschieden stärker gegenhalten. Auch meine Seekarten be-

stätigten: Ich war in der stärksten Strömung der ganzen Reise.

Am 27. schließlich stellte ich fest, daß ich am 28. des Nachmittags Land erreichen müßte. Für alte Seebären bestimmt eine unerhebliche und selbstverständliche Angelegenheit. In manchmal jahrelangen theoretischen Studien und auf vielen Reisen unter der Obhut erfahrener Seeleute hatten sie es Hunderte von Malen erlebt, daß sie ihr Ziel erreichten. Ich hingegen konnte solch ein Erfolgserlebnis noch nicht vorweisen. Genau 22mal hatte ich meine Positionen und die sich daraus ergebenden Kurse errechnet. Aber nie hatte ich die Bestätigung erfahren, weil jeder Ort gleich aussah: Wasser und Wellen von Horizont zu Horizont. Immer wieder rechnete ich hin und her, um mir eine Enttäuschung zu ersparen.

Was mich beispielsweise sehr irritierte, war der Umstand, daß ich noch kein einziges Schiff getroffen hatte, geschweige denn ein Flugzeug. Und das seit 6 Wochen! Dabei verriet mir meine Karte, daß ich in den letzten Tagen fünf übliche Seewege gekreuzt hatte: Kabribik–Südafrika, Südamerika–Nordamerika, Südamerika–Karibik usw. Jegliches Zeichen menschlichen Lebens blieb so unsichtbar wie die Seestraßenschilder, die die Wege bezeichnen mußten, und die Leine, die zur besseren Orientierung um den Äquator gespannt ist. Daß ich diesen Tampen nicht gesehen hatte, war mir noch am ehesten verständlich. Denn ich war ja nachts darüber hinweggefahren.

Auch die oft gepriesenen Anzeichen von Land blieben aus. Wohin ich immer blickte: die Möwen und Sturmschwalben waren noch die gleichen wie meine treuen Begleitfische. Die hübschen Tropikvögel, die Hannes Lindemann in seinem Faltboot das Land verkündet hatten, ließen mich völlig hängen. Dabei hätte ich sie viel dringender gebraucht als er. Denn er hatte genügend seemännische Erfahrung, um sich auch ohne die Vögel sicher zu sein.

Das änderte sich schlagartig am 28. Dezember, als nachmittags an die hundert, überwiegend weiße, hochfliegende Seeschwalben auftauchten. Die waren tatsächlich neu. Aber das konnte ja auch daran liegen, daß ich einfach weiter südlich war. Es bedeutete nicht zwingend, daß ich in Landnähe schipperte.

Dennoch sind solche Neuankömmlinge Grund zur Hoffnung. Da nicht jeder Seemann auch Ornithologe ist, läßt sich als stark vereinfachte Faustregel nur sagen: Bei Auftauchen völlig neuer Vögel besteht Aussicht auf Landnähe. Bei Auftauchen typischer Landvögel, wie meine Bachstelzenart vor Senegal, rückt dieses Land deutlich näher. Wenn man hingegen bereits Hühner sieht, womöglich gebratene, dann hat man das Land erreicht. Oder man befindet sich im Delirium.

Diese Gedanken und Befürchtungen waren wie fortgeblasen, als ich am 28. aufstand. Die ganze Nacht hatte der Wind einen sauberen Strahl aus Osten geblasen. Ich hatte gehört, wie schnell sich die Pedalen auch ohne meine Hilfe drehten, und war sicher, gute Fahrt zu machen. Ich war auch überzeugt gewesen, nicht schon nachts an einen Strand oder auf einen Fels gesetzt zu werden. Dazu war die Distanz noch zu groß. So konnte ich mir die Wache ersparen. Die letzte Nacht wollte ich schlafen, um fit zu sein, falls die Landung Fitness erforderte.

Aber bis lange nach Mitternacht konnte ich nicht einschlafen. Ich dachte an Maggy und Kirsten und vor allem daran, wie sie wohl auf meinen ersten Anruf reagieren würden. Hatten sie mich für betrunken gehalten oder an mich geglaubt, als ich sie bat, mich erst ab dem 1. Februar 1988 als nicht mehr existent zu betrachten. Nach drei Monaten Fahrt also. Das war eine Zeitspanne, die meines Wissens noch kein Überquerer überboten hatte. Wäre ich dann noch nicht drüben, so hatte ich gesagt, habe ich mich verfahren. Nun lag ich endlos wach, spielte Weihnachtslieder auf der Mundharmonika, bis mir keines mehr einfiel. Als mich selbst die 50. Strophe von »Stille Nacht, heilige Nacht«, die ich geduldig und sauber durchgezogen hatte, noch nicht ermüdet hatte, las ich weiter im Thriller »Tiefsee«. Draußen auf meiner Bank im Scheine des Mondes und der Taschenlampe.

Ich genoß spürbar die Erleichterung, daß der Törn zu Ende ging und nun ›nur‹ noch die Landung ein kleines Risiko darstellen würde. Aber mein ›Handbuch für die Küste Südamerikas‹ verriet auch bei mehrmaligem Durchlesen nichts anderes als Sandstrände. Mehr oder weniger flach.

Sollte ich wirklich wind- oder gezeitenbedingt in eine ungünstige Landungsphase geraten, müßte ich eben vor der Küste in gebührender Distanz bummeln.

Auf jeden Fall legte ich mir eine Check-Liste für den Augenblick der Landsichtung an.

- Alles Hinderliche von Deck räumen und verstauen
- Die 3 Kanister mit der Video- und Fotoausrüstung und dem Manuskript als Einheit zusammenbinden und fest mit dem Boot vertäuen
- Die 2 Schwerter abschrauben
- Messer umhängen für den Fall des Kenterns und Verhedderns in irgendwelchen Seilen
- Eine neue Trommel roter Signalpatronen in das Nico-Signal-Gerät geben
- 500 Meter vor dem Land Sicherheitsleine ausklinken, um an Land springen zu können
- Rettungsweste anlegen
- Turnschuhe anziehen, um auf Fels sicher auftreten zu können
- Hand-Kompaß einstecken
- Fahnen Brasiliens und der Gesellschaft für bedrohte Völker und der Bundesrepublik Deutschland hissen
- Fernglas bereitlegen

Genau das würde ich alles dann durchziehen, sobald Land in Sicht war. Nicht früher und nicht später.

Dann las ich weiter im Thriller, bis ich gegen 3 Uhr einschlafen konnte.

Nun war es also 6 Uhr. In 15 Minuten würde ich den Morgen wahrnehmen können. Ich hockte am Heck, tauchte die Zahnbürste ins Wasser, und in dieser Sekunde wußte ich: Heute konnten sich meine Berechnungen und Hoffnungen tatsächlich bestätigen. Denn trotz der Dunkelheit sah ich: das Wasser hatte eine andere Farbe. Statt des bisherigen Asphaltgrau um diese Morgenzeit blickte ich in ein grünes Wasser. Um sicherzugehen, wusch ich mir die Augen zweimal, schaute zum Himmel, zur Kabine und erneut ins Wasser: es blieb lindgrün. Und je mehr die Sonne durchkam, desto hellgrüner wurde es. Mein Herz hüpfte vor Aufregung und Freude. Am liebsten wäre ich ins Meer gesprungen, um zu kontrollieren, ob man hier schon stehen konnte. Aber sogleich warnte mich mein innerer Signalgeber: »Bloß jetzt nichts Unnötiges riskieren!«

Und so beherrschte ich mich. Kaum war genügend Tageslicht vorhanden, saß ich bereits auf meiner Bank und las weiter im Krimi. Und um die Spannung zu erhöhen, vereinbarte ich mit mir: »Nur alle volle Stunde im Sitzen zum südlichen Horizont schauen.« Das hielt ich strikt ein. Jedes Aufblicken zur festgesetzten Zeit war wie das Nachschauen in den Schuh zur Nikolauszeit.

Um 11 Uhr war es soweit! Es war eine Explosion der Freude. Unverkennbar und schon gut faustbreit lag Land vor mir: fahl, gelb und diesig. Unverwechselbar: Land. Nicht etwa eine Wolke. »Mein Gott«, schoß es mir durch den Kopf, »ob ich überhaupt noch laufen kann?«

Aber noch war es weit entfernt. Ich konnte weiterlesen und auf cool machen. Doch immerhin holte ich bereits die Check-Liste aus dem Cockpit und klebte sie an die Außenwand der Kabine.

Von Stunde zu Stunde verfärbte das Wasser sich auch weiterhin: vom algemarin über gelbgrün zu sandgelb. Man konnte danebenstehen und der Verwandlung zuschauen. Kleine Ästchen schwammen an der Oberfläche und losgerissener brauner Tang.

Das Wasser wurde nicht nur heller, sondern auch unklarer. Jetzt, wo sich der Meeresboden immer höher schob, wühlte die Strömung den Sand auf und verursachte die zunehmende Trübung. Das war dann auch der Moment, wo meine treuen Dorados sich zur Umkehr entschlossen. 64 Tage hatten sie mich begleitet. Von Dakar bis hierher nach São Luís. 2500 Seemeilen waren sie Tag und Nacht geschwommen, um mich, ihren schützenden Schatten, nicht zu verlieren. Von der Schnelligkeit her für sie kein Problem. Aber oft habe ich mich gefragt, wann und wie sie schlafen oder zur Ruhe kommen. Noch bewundernswerter war das für die kleinen Fische, die sich erheblich mehr anstrengen mußten. Am besten konnte ich ihre Bemühungen erkennen, wenn ich bei flotter Fahrt durch mein Kielfenster schaute. Sie blickten nicht links, nicht rechts, nur stur geradeaus, und ihre Schwanzflossen vibrierten und signalisierten Full speed.

Unsere Symbiose war damit beendet. Schatten und Sicherheit meinerseits gegen einige Eiweißkalorien ihrerseits. Wie oft habe ich sie alle um ihre Kraft, Ausdauer, Schönheit, Vorsicht und Perfektion beneidet und bewundert! Wie schlapp und degeneriert war ich mir dagegen vorgekommen. Nun denn, alles geht einmal zu Ende. »Ciao, amigos!«

Während der vergangenen letzten Tage hatte ich oft an irgendwelche Überlebenden denken müssen, die ohne meinen Komfort und ohne das Wissen um Standort und Strömungen dahintrieben. An solche Schiffbrüchigen, die eher eine Chance hatten, durch ein auftauchendes Schiff als durch Erreichen von Land gerettet zu werden.

Über sechs Wochen lang hatte ich jetzt weder ein Flugzeug noch ein Schiff gesehen. Das letzte war die »Monte Rosa« gewesen. Und das auf einem relativ gut befahrenen Meer! Daß die Welt so leer und einsam sein konnte! Das Gegenstück zu Indien. Seit dem abgebrochenen Funkkontakt empfand ich das um so intensiver. Jeder Fehler konnte nun ein tödlicher sein, wenn ich nicht in der Lage war, ihn zu beheben.

Seit der freundliche russische Kapitän damals von sich aus seinen Kurs änderte, auf mich zuhielt, um sich zu vergewissern, »that this curios vehicle is okay«, kann ich auch nachempfinden, wie überwältigend das Gefühl sein muß, wenn sich Schiffbrüchige endlich entdeckt sehen! Denn inzwischen hatte ich am eigenen Leibe erfahren, wie schwer es ist, ein Rettungsboot oder gar einen Schwimmer im Seegang auszumachen. Wehe dem in Not geratenen Meeresbefahrer, der keinerlei Möglichkeiten hat, außer seiner Stimme, um auf sich aufmerksam zu machen. Es nutzt ihm der schönste Trinkwasservorrat nur, wenn er nicht auch über Signalmittel verfügt, um auf sich aufmerksam zu machen. Er selbst sieht zwar die Schiffe, nur umgekehrt ist es viel problematischer.

Sehr deutlich konnte ich das erahnen, wenn ich bei meinen mittäglichen Messungen an Deck stand: Ich sah den Horizont, aber bevor ich die Sonne per Sextant exakt auf eben diesen Horizont abgesetzt hatte, war ich bereits wieder für – wie es schien – endlose Sekunden in einem Wellental verschwunden. Mitunter nebst Mast. Und diesen spindeldürren Blickfang würde man ohnehin nur erkennen können, wenn er im Topp bunte Flaggen trüge: Rote, gelbe, weiße und / oder schwarze. Oder ein Hemd. Da sie ständig flattern, könnten sie auch dann wahrgenommen werden, wenn man selbst einmal nicht auf Wachtposten stehen konnte.

Als ich auf der Brücke der »Woermann Ubangi« stand,

304

hatte mir Fernando Delgado das mehrfach praktisch vor Augen geführt. »Siehst du den Einbaum mit den Fischern?« hatte er gefragt und dabei auf einen kleinen Nachen im großen Gewoge gedeutet. Irgendwann entdeckte ich ihn, aber meist nur für Sekunden. Dann tauchte er wieder in ein Wellental und entzog sich unseren Augen. »So ist das. Die sehen unser Schiff, aber wir entdecken sie nur per Zufall. Das Allerwichtigste ist, daß du dich zu erkennen geben kannst. Orangefarbener Rauch, große Tücher, Nebelhorn – das wären so einige Beispiele. Aber auch auf die darfst du nicht zuviel Hoffnung setzen. Denn tagsüber ist das Licht auf den Meeren gleißend. Man schaut nach vorn und seltener seitwärts und fast gar nicht mehr rückwärts.

Dazu kommt, daß fast alle großen Schiffe auf hoher See automatisch gesteuert werden. Der wachhabende Offizier steht deshalb nicht ständig auf Ausguck. Er kann ebensogut gerade am Kartentisch sein oder sich einen Kaffee kochen. Besonders ausgeprägt ist das bei den fahrenden Nationen, wo die Pflicht zu guter Seemannschaft völlig unbekannt ist: den Billigflaggen und einigen Asiaten.«

Ich lernte daraus, daß die Chancen, gefunden zu werden, bestimmt 10mal (geschätzt) höher sind, wenn man versteht, auf sich aufmerksam zu machen, als zu hoffen, vom vorüberziehenden Schiff entdeckt zu werden.

»Es ist um ein Vielfaches aussichtsreicher, wenn solche Begegnungen nachts stattfinden, sofern man Lichtsignale an Bord hat. Ordentliche Seeschiffe sind hell erleuchtet oder haben zumindest die vorgeschriebenen Lichter gesetzt. Man sieht sie bereits, sobald sie mit der Mastspitze am Horizont auftauchen. Wenn man weiß, daß sie steuerbord ein grünes und backbord ein rotes Licht führen, weiß man auch ihre Fahrtrichtung. Besonders dann, wenn sie nicht auf einen zuhalten, muß man die Signale rechtzeitig senden. Das könnten ein SOS mit der Taschenlampe sein oder rote Signalraketen.«

Tagsüber, so hatte ich schon vom Signalhersteller Nico-Pyrotechnik erfahren, eignet sich allenfalls Rauch. Ist er orangefarben, gilt er international als Notsignal. Aber auch schwarzer (durch Verbrennung von Öl) oder weißer sind besser als gar nichts.

Ideal ist ein UKW-Handsprechgerät, wie ich es von der Firma Debeg mithatte. Es reicht zwar auch nur bis zum Horizont, aber dort erreicht es jedes Schiff ab 1800 t. Für sie ist es nämlich vorgeschrieben, auf Kanal 16 ständig hörbereit zu sein. Mir selbst ist es nur einmal passiert, daß ich keine Antwort erhalten habe.

Dazu kommt, daß die Handgeräte leicht und mit 12-Volt-Akkus leistungsfähig sind.

Wenn man um diese Chancen weiß, sollte man bei jeder Sichtung eines Schiffes dennoch immer mit der Möglichkeit rechnen, nicht gesehen zu werden. Damit sich die Enttäuschung in Grenzen hält.

Um eines braucht sich ein in Not geratener Seefahrer kaum Gedanken zu machen, daß er keine Kraft mehr hätte, das Seine zur Rettung beizutragen. Man kann noch so kaputt sein, ist erst Rettung in Sicht, erwachen ungeahnte Reservekräfte, die man nie für möglich gehalten hätte.

Sie können erforderlich werden, um sich beim Erblicken eines Schiffes rechtzeitig in dessen Hauptsichtkreis zu manövrieren. Sofern man technisch dazu in der Lage ist.

Nur Schwimmer sollten große Kraftvergeudungen meiden. Man neigt dazu, Distanzen und Tempo auf See gewaltig zu unterschätzen. Ohne Rettungsgerät wäre man nach der Anstrengung womöglich am Ende, und mit Schwimmweste kommt man nicht von der Stelle.

Zurück zu mir. 28.12.1987, 15 Uhr. Mittlerweile war die Küste zum Greifen nahe gerückt. »Um 15.30 Uhr könnte ich am Strand liegen«, verlockte es mich. Aber da war die Brandung. Durchs Fernglas sah ich deutlich die weißen Brecher und die Gischt. »Jetzt bloß nicht auf die Viertelstunde schauen!« befahl ich mir.

Ich hielt mich 500 m vom Ufer entfernt und steuerte nach Nordwest, parallel zum Ufer. Wichtiger, als São Luís zu erreichen, war, dort auch lebend anzukommen. Sehr bald merkte ich, daß ich das Boot in der Gewalt behielt und so weiterfahren konnte.

Andererseits ging es auf den Abend zu. Ob Hafen oder nicht – heute wollte ich an Land gehen. Des Nachts würde ich den Parallelkurs nicht beibehalten können. Aus optischen Gründen. Jetzt konnte ich auf Sicht und nach Gehör, nach Gefühl und Wellenschlag fahren. Das ging nicht bei Dunkelheit. Kurvenreiches Küstenland, vorgelagerte Inseln und zwischen ihnen, bei Ebbe, mitunter gar kein Wasser. Aber jedenfalls gab es keine felsige Steilküste und keine vorgelagerten Korallenriffe.

Vorsichtshalber rief ich eventuelle Küstenposten über UKW an. Für den Fall, daß ich irgendwo außerhalb von Ortschaften an Land mußte. Denn ich hatte kein Visum. Aber, sooft ich auch rief: keine Antwort. Dann eben nicht! Wenigstens hatte ich, wie sich's gehört, höflich angeklopft, bevor ich eintrat.

Da sah ich das erste Boot! Es war schwarz, tanzte südlich von mir vor der Küste auf den Wellen. Da es auf der Stelle stand, vermutete ich Fischer.

Ich schoß zwei Raketen ab und schwenkte mein weißes Hemd. Nach 15 Minuten und zwei weiteren Schüssen und Trillern auf der Pfeife hatte das Erfolg.

Sie kamen angetuckert. »Vamos com Deus« stand am Bug. Vier bärtige Gestalten bildeten die Besatzung. »Wo ist der nächste Hafen?« fragte ich sie. »Dort nach Norden«, schrien sie zurück. »Wie heißt er?« »Ribamar.« Kaum waren sie wieder zurück zu ihren Netzen, schaute ich in den Karten nach. Ihnen zufolge war Ribamar ein Fischerdorf an der Peripherie von São Luís. Direkt im

Sichtbereich dieser kleinen Ortschaft: die Insel Curupú, Privatbesitz des brasilianischen Staatspräsidenten. Wenn ich wollte, könnte ich ihm vor die Haustür fahren. Ich hatte mein Ziel demnach nur um gut 3 sm verfehlt! Fast hatte ich einen inneren Orgasmus vor Stolz und Freude. Pfeif auf die drei Meilen plus oder minus! Selbst eine Insel inmitten des Ozeans hätte ich mit dieser Ungenauigkeit noch gefunden. Ich glitt langsam weiter. An der Küste krachte und gischtete es. Müßte ich, weil es Nacht war, durch die Brandung hindurch, würde ich mit voller Kraft senkrecht aufs Land zusteuern und quasi über die Brandung hinweghüpfen, nahm ich mir vor.

Gegen 17 Uhr sah ich unerwartet eine Stelle ohne jegliche Brandung. »Jetzt oder nie!« rief es in mir. »Wer weiß, wann sich so was heute noch einmal bietet.«

Ich ging die Checkliste durch und machte mich klar zur Landung. Als ich den gewellten Sandboden unter mir deutlich erkennen konnte, schnappte ich mir das Ankerseil und sprang seitlich ab.

Welch ein überwältigendes Gefühl! Ich war in Brasilien gelandet!!!!

Teils von mir gezogen, teils von den Wogen geschoben, kamen die »Yanomami Brasil« und ich an den Strand. Ich rammte den Anker in den Sand, warf mich der Länge nach in den Sand, griff ihn händeweise und quetschte ihn zwischen den Fingern wieder hervor, schlug Purzelbäume, Rad und Flickflack, umarmte das Boot. Dann blieb ich ruhig auf dem Bauch liegen, roch und genoß den Sand und Brasilien. Ich kam mir vor wie Columbus. Hinter mir plätscherte das Wasser. Da es erst um 19 Uhr dunkel wurde, blieb ich einfach liegen. Nichts bewegte sich mehr unter mir. Das Geschaukel hatte ein Ende. Ich gestand mir heimlich, daß ich einen besonders wohlmeinenden Schutzengel haben mußte. Anders konnte ich mir die Landung nicht erklären. Erst nach einer Stunde erholte ich mich.

Auf den ersten Blick sah ich, daß sich das Wasser durch die Ebbe weiter zurückgezogen hatte. Die »Yanomami Brasil« lag trocken. Das Windsteuer hatte sich in den Sand gegraben und war verbogen. Never mind! Was sind solch kleine kosmetischen Schürferchen gegenüber meiner Ankunft! Um wieviel weniger erhebend wäre sie verlaufen, wenn es eine Antillen-Insel gewesen wäre, fernab von Brasilien.

Ein großer Pulk Möwen, 500 m weiter, erweckte schließlich meine Aufmerksamkeit. »Wo so viele Möwen sind, gibt es Fisch, und Menschen.«

Ich sprang auf die Füße und lief auf die Möwen zu. Der nasse sandige Overall hing wie Blei am Körper.

Als ich die Stelle erreichte, blickte ich in eine stille Bucht. Zwei Fischerboote hatten hier Anker geworfen für die Nacht. Sie klarten gerade ihre endlosen schwarzen Angelleinen auf, ordneten die Haken, die alle Meter an langen Perlonleinen hingen. Am Heck kochte einer Fische. Ein anderer bestückte die geordneten Leinen mit Krabben. Ein vierter stand an Land und schnitt vier Rochen von 50 cm Durchmesser die Schwänze ab.

Das zweite Boot mit drei Personen schaukelte etwas weiter außerhalb. »Boa tarde, Senhores!« rief ich von weitem, um sie nicht zu erschrecken. Sie schauten zu mir her, murmelten leise eine Erwiderung und ließen sich nicht bei ihrer Arbeit stören. Ich war etwas irritiert. Keine Überraschung, keine Freude, keine Neugier. Ich hätte geschworen, daß sie mir meine Herkunft und die »Reise« ansehen müßten. Aber gar nichts. Der eine rührte weiter im Topf, der andere ordnete die Leine, der nächste spießte die Krabben auf und der vierte stierte auf die Rochen.

Die Besatzung des zweiten Bootes reagierte gar nicht.

Die Gesichter der Männer waren unrasiert, ihre Garderobe bestand aus Fetzen. Ihr Boot war 6 Meter lang. Ein Ruderboot mit Dieselmotor. Zwei Meter des Bootes, nahe am Heck, waren überdacht, dort konnten sie zusammengepfercht schlafen.

»Diese Insel heißt Cinibutiua«, klärten sie mich auf. Ob sie mir wohl helfen könnten, fragte ich sie. Mein Steuer. hätte sich verbogen. »Ja, machen wir«, antworteten sie. Aber niemand erhob sich.

Ich ging schon mal vor. Als nach 15 Minuten immer noch niemand nachgekommen war, wurde ich mißtrauisch. Ob sie gemerkt hatten, daß ich nur allein und sie mir überlegen waren? Ob sie Pläne ausheckten? Für alle Fälle steckte ich den Revolver und eine Handvoll Patronen ein. Damit sich die Waffe am Hosenbein nicht abzeichnete, polsterte ich sie nach außen hin mit einem Strumpf. Die Tasche selbst ließ ich offen. Griffbereit. Nach 30 Minuten des ungewissen Wartens kam der erste der Männer heran. »Ich heiße João. Wo können wir helfen?«

Auch die anderen tauchten nun hinter einer Bodenwelle auf. Gleichzeitig sah ich das zweite Schiff. Es hatte ein schwarzes dreieckiges Segel gesetzt und fuhr aus der Bucht hinaus aufs offene Wasser. »Wohin fahren deine Freunde?« erkundigte ich mich bei João. »Das sind nicht unsere Freunde, die sind von woanders und holen nun ihre Angeln ein.«

Ich war erleichtert, denn das verriet mir, daß die Leute keine bösen Absichten haben konnten. Sonst hätten sie ihre Stärke nicht halbiert. »Sind sie hier von der Insel?« »Nein, die hier ist unbewohnt.« Unbewohnt? Da mußte ich doch weiterhin vorsichtig bleiben. Ohne Zeugen konnten sie schnell auf abwegige Gedanken kommen. Andererseits war mir das auslaufende Boot ein Trost. Da fuhren drei mögliche Zeugen dahin, die diesen vier Männern etwaige krumme Touren vermasseln konnten.

Dennoch nutzte ich die alterprobten Tricks. »João«, wandte ich mich vertraulich an den Anführer und nahm ihn an die Seite. »Bei diesem Boot handelt es sich um ein brasilianisch-deutsches Militärprojekt. Ich bitte dich, in Ribamar niemandem davon zu erzählen.«

Während die Männer das Ruder begutachteten, entschuldigte ich mich kurz, stellte das Handsprechfunkgerät ein und ließ es ein paar Sekunden auf voller Lautstärke rauschen. Selbst der Fischer, der bereits unter dem Boot gelegen hatte, kroch wieder hervor, um die Ursache zu erkunden. Dann drückte ich die Taste und rief in Englisch: »An alle Küstenstellen. Hier ist ›Yanomami Brasil‹ Delta Foxtrott 7999. Ich bin soeben in Brasilien gelandet und von vier Fischern der ›Miss Campina‹ gastlich aufgenommen worden. Ich liege auf der Insel...« Da unterbrach ich mich. »João, wie hieß diese Insel doch gleich noch mal?«

»Cinibutiua.«

»Und wie sind eure Namen?«

Bereitwillig gab er mir Auskunft.

»Ich heiße João Batistas Oliveira Nacimento; das ist José Domingos dos Santos Conheção, und die beiden sind Erisman und Zetinho.«

Ich wiederholte die Namen laut und deutlich ins Sprechgerät, wünschte der imaginären Küstenstelle einen Guten Abend, lachte noch einmal anständig, als hätte man dort einen guten Witz gemacht, und schaltete ab.

»Wir werden dich hier heute nacht wegholen, sobald das Wasser zurückgekehrt ist. Wenn du jetzt Lust hast, kannst du mit uns essen.«

Nur zu gern schloß ich mich ihnen an. Und so bestand meine erste Mahlzeit an Land aus Kochfisch, Fischsuppe und Maniokmehl. Aber sie schmeckte. Ich genoß die Gegenwart von Menschen, den Anblick eines funktionierenden Dieselmotors und eines brennenden Feuers. Den Revolver hatte ich längst wieder im Boot verstaut. Dies hier waren gastfreundliche Brasilianer, von denen mir nichts Gefährliches drohte. Im stillen tat ich ihnen Abbitte, weil ich sie verkannt hatte, spendierte einen Kaffee mit Zucker und bot João 50 US-Dollar für seine Schlepperdienste an.

Um sie nicht geldgierig zu machen, stellte ich gleich klar: »Ich habe aber nur Schecks dabei. Gibt es in Ribamar eine Bank?« »Ja, wir haben eine Bank«, sagte João. Und nach einer Weile: »Ich habe noch nie im Leben einen Scheck gesehen. Kannst du ihn mir mal zeigen?« War das nun ein Trick, um zu testen, ob ich nicht doch Geld hatte, oder hatte er wirklich noch nie solch Stück Papier gesehen? Ich vermutete, daß er es ohne Arglist gefragt hatte. Er wollte mich nicht auf die Probe stellen. Es war wirklich das Interesse, solch rätselhaftes Zahlungsmittel einmal zu sehen. Ich hatte aber keinen. Was ich wirklich bei mir trug, war Cash. Ich wühlte in meinen Bordpapieren herum und fand die Garantiekarte für das Funkgerät. Sie sah einem Scheck am ähnlichsten. Respektvoll drehte João sie in den Händen und ließ auch die anderen einen Blick darauf werfen.

Der Abend war noch lang, und da ich nicht schlafen konnte, angelte ich, weil ich wirkungsvolle Krabben als Köder hatte. Und diesmal, wo ich die Fische gar nicht brauchte, bissen sie wie die Teufel. In nur einer Stunde hatte ich ein gutes Dutzend kleiner Welse. Ich bündelte sie und legte sie zu den anderen. Fisch, Fischsuppe und Farinha de mandioca! Das war also meine erste Mahlzeit an Land gewesen. Das Abendbrot der Fischer. Dabei hatte ich doch von Grill-Hähnchen geträumt und von einem Stück frischen Brotes. Nun, das konnte ich ja gleich nach der Landung in Ribamar nachholen.

»Dort um die Felsenecke liegt São José de Ribamar«, erklärte mir João, der Fischer. Er steuerte meinen Katamaran, während ich es genoß, aller Verantwortung entbunden zu sein. Seine drei Kollegen befanden sich vorn im Fischerboot und zogen mich. Ich fixierte den von ihm genannten Felsen und endlich, nach 2 Stunden, tauchte der

Ort auf. Zuerst die Kirche, dann Straßenmauern mit Wahlpropaganda und schließlich das bunte Dorf selbst. Es schmiegte sich eng an einen Höhenzug, umrahmt von Cocospalmen und Blütenstauden in den einzelnen Gärten.

Am Fuße dieses Idylls: der Hafen. Es war gerade Ebbe, und die Schiffe und Schiffchen lagen trocken auf festem Untergrund. Einige standen gerade, andere lagen schräg, die einen waren Motorboote, die anderen Segler bis hin zu solchen mit drei schweren Masten.

Es herrschte marktähnliche Geschäftigkeit. Passagiere hasteten mit Gepäck über den Sand, erkletterten die Leitern der Boote und spannten ihre Hängematten für die Reise von Ribamar zu irgendeiner der vorgelagerten Inseln.

Fahrer der LKWs stopften die Schiffsbäuche voll mit Getränken, Eselkarren wurden ent- und beladen, Fischer schleppten Fänge und Netze an Land. Zwischen allen Menschen, ebenso geschäftig, einige schwarze Schweine, die grunzend Ordnung in den Müll bringen wollten.

João hatte schon längst den Anker geworfen. Da stand ich noch immer an meiner leicht lädierten Reling und sog die Betriebsamkeit um mich auf. Welch eine Wohltat und vor allem: welch krasser Gegensatz zur Isolation auf dem Meer.

»Es ist besser, wenn du hier draußen im Wasser ankerst. Da können alle dein Schiff sehen und dich nicht bestehlen«, erläuterte João meinen Liegeplatz. »Du mußt es aber auf jeden Fall des Nachts bewachen!«

Ein kleines Kanu brachte mich trockenen Fußes aufs Ebbeland.

»Ich bringe dich erst mal zum Capitão do Porto, Senhor Gomes.«

Der Hafenkapitän wohnte nur etwa 100 Meter entfernt. Man ging die Rua Amadeus Greita Gilho hoch. Sie ist die Hauptstraße, die den Berg herunterkommt und im Wasser endet.

»Darf ich Ihnen einen Cafezinho anbieten?« Der quirlige kleine Hafenkapitän war ganz aufgeregt und ganz Gastgeber. »Ich bin 65 Jahre und habe 12 Kinder aus zwei Ehen«, verkündete er stolz, als ich die Riesenschar musterte und zunächst annahm, ich sei in den Kindergarten geraten. Und es blieb ihm ein ebensolches Rätsel, daß ich »nur« eine Tochter vorweisen konnte. Sicher war ich impotent. Als ich ihn dann noch beim zweiten Cafezinho um einen ohne Zucker bat, war er völlig irritiert. Der erste, den ich genüßlich an die Lippen gesetzt und runtergekippt hatte, war nämlich derart süß gewesen, saß er mir den Mund bis zur vorübergehenden Sprachlosigkeit verklebt hatte. »Ohne Zucker? Kein Problem, Senhor!« Er eilte in die Küche, derweil die Kinder erster und zweiter Ehe nach Rang und Größe vor mir standen. Die 14jährige Claudiana fand meine blauen Augen so faszinierend, die anderen den langen Bart und sonst was Exotisches. Gegenüber dieser munteren, wilden Gruppe fühlte ich mich regelrecht schlapp und ausgelutscht. Ein Blick in den ersten großen Spiegel offenbarte mir einen alten Mann – mich. Selbst, wenn ich mich reckte, wurde die Situation nicht besser. Allenfalls sah ich statt wie 65 dann wie 64 aus.

Der zweite Kaffee, jener ohne Zucker, war wiederum wie Klebstoff. Aber Senhor Gomes beschwor, daß man ihn noch bitterer nicht machen könnte. »Noch bitterer? Sollen die Leute denken, ich hätte keinen Zucker?« Um schließlich doch noch zu meinem bitteren, schwarzen, heißen Käffchen zu kommen, blieb mir nichts anderes als die bewährte Ausrede übrig: »Ich bin magenkrank. Ich darf keinen einzigen Krümel Zucker essen.«

Pflichtgemäß erstattete Gomes später Meldung bei seiner vorgesetzten Marine-Behörde in São Luís. Die schickten sofort einen Landrover mit Offizier, der sich sorgfältig mit einem Kugelschreiber die Schiffsdaten in die Hand notierte. »›Yanomami Brasil‹, 5½ × 3½ m groß, eine brasilianische Flagge und eine in fremder Sprache mit einem schießenden Indianer darauf.«

»Könnten Sie morgen nach São Luís kommen und mit dem Comandante sprechen?« Na klar, konnte ich.

Jetzt würden die Schwierigkeiten anfangen. »Warum sind Sie am Strand gelandet? Wieso haben Sie kein Visum? Wo sind Ihre Schiffspapiere?« Denn schon Senhor Gomes hatte danach gefragt. Als ich ihm die Quittung der Yachtwerft Wedel vorlegte, sagte er nur: »Solche Papiere kenne ich nicht.«

Endlich durfte ich mich frei bewegen! Jetzt ohne Umschweife zu den Hähnchen.

Da war lediglich das Problem: Woher die ersten Cruzados nehmen? Es war Dienstagnachmittag, als wir ankamen. Die Banken hatten geschlossen. Mit dem Tausch der Dollars mußte ich bis morgen warten. Aber mein Magen hatte heute Hunger und nicht erst morgen. Oder morgen aufs neue. Aber da hatte ich den rettenden Einfall! Ich würde mit João meine Fische verkaufen. Er hatte sie mir nach der Landung in die Hand gedrückt, und im ersten Moment wußte ich nicht einmal, was ich mit ihnen anfangen sollte.

Immerhin zählte mir der Aufkäufer 300 Cruzados (ca. 6 DM) dafür. Ich freute mich wie ein Schneekönig und lief den Berg hinauf zur Hauptstraße, zum Bäcker. Mit dem warmen Brot in der Hand ging's sogleich nach nebenan, zu den »Frangos assados«, den gebratenen Hähnchen. Etwa ein Dutzend knusperte auf einem Kohlenfeuer vor sich dahin. »Um frango assado, por favor!« Ich nahm schon mal Platz und sog den Geruch des Brotes in mich hinein. Wie Heimatduft.

»Seu frango, Senhor!« Der Griller weckte mich aus meinen Betrachtungen. Er hatte den Teller vor mich hingestellt, und die schon vorgeschnittenen Hähnchenteile lachten mich goldgelb an.

Nun griff ich zu: ein Brocken Brot, eiskaltes klares Wasser und ein Stück Hühnerbrust. Genüßlich ließ ich alles auf der Zunge hin und her wandern. Das war also der Moment, auf den ich mich sooo oft gefreut hatte! Er blieb es nicht lange. Denn kaum hatte ich den ersten Happen in seine Bestandteile zerlegt und durchgekostet, da fiel es mir wie Schuppen von den Augen. Wie Fischschuppen. Das Huhn schmeckte penetrant nach Fisch. Eines jener bedauernswerten Wesen aus der Massenzucht mit Fischmehl als Nahrung.

Ich war traurig. Aber schließlich aß ich es als Fisch mit Hähnchengeschmack. Das war dann schon eine ehrlichere Sache. Um den Abend dennoch zu einem Erfolg zu machen, holte ich mir für den Rest des Geldes ein großes Obst-Arrangement. Ananas, Melone, Cajú, Goiaba, Mango, Limonen, Birnen – die reinste Vitaminorgie. Nur eines gab es nicht: ein Telefon, das bis Deutschland reichte. »Da müssen Sie nach São Luís«, erklärte man mir.

Gleich am frühen nächsten Morgen saß ich im Bus nach São Luís. Senhor Gomes schleppte mich als erstes zur Capitania. »Der Comandante wartet schon auf dich.« Als ich vor dem palastähnlichen Gebäude stand, in dem es hektisch und militärisch zuging, stellte ich mich auf die international unvermeidlichen Klänge der Formalitäten ein.

Statt dessen überraschte mich der Kommandant mit einer Pressekonferenz. Sechs Zeitungen und das regionale Fernsehen waren angetreten, und in meinem unmöglichen Portugiesisch versuchte ich, die vielen Fragen zu beantworten:

Daß ich mir mit dieser Reise ein Gespräch mit dem Staatspräsidenten erarbeiten wollte, imponierte ihnen. So erschienen in São Luís regelrechte Fortsetzungsgeschichten. Der Chefredakteur des Diário do Norte brachte es auf drei Berichte, O Impercial und O Estado de Maranhâo auf je zwei. Der größte überregionale Sender O Globo machte eine Nachrichtenmeldung aus der Geschichte, und damit weckte er auch die großen Zeitungen aus Rio de Janeiro und São Paulo. Leider war nie jemand unter den Reportern, der etwas anderes als Brasilianisch sprach, und ich hatte Befürchtungen, daß man mir die Worte im Munde verdrehen würde und ich zu guter Letzt an Fehlinterpretationen über den eigentlichen Sinn der Reise scheitern würde.

Aber überraschend wurde sehr korrekt berichtet. Ich spürte überall Wohlwollen und Hilfsbereitschaft.

Endlich kam auch der Comandante Esmeraldo zu Wort. »Ich schicke Ihnen morgen einen Lastwagen, und damit bringen wir Ihr Schiff hierher nach São Luís. Sie können unmöglich weiterhin auf dem kleinen Nachen schlafen. Was soll das Ausland von Brasiliens Gastfreundschaft denken, wenn wir Ihnen nicht einmal ein Hotel anbieten?« Er machte sich internationale Sorgen. Es kostete mich viel Überredungskunst, daß ich mit meinem Boot in Rabamar bleiben durfte. »Ich erwarte stündlich meine Freunde vom ZDF. Die wollen die Ankunft nachdrehen. Aber dann komme ich gern nach São Luís.«

»Dann tun Sie mir wenigstens einen Gefallen.« Esmeraldo ließ nicht locker. »Schlafen Sie nicht allein an Bord! Sie haben dort enorme Werte lagern. Schon ein Kompaß reicht für viele aus, Sie zu überfallen.« Und nach kurzem Nachdenken: »Haben Sie eine Waffe dabei?« Was sollte ich auf diese Frage antworten? Meine Lizenz galt für Deutschland, aber nicht für Brasilien. Dennoch sagte ich: »Ja. Einen 38er Revolver.« »Das ist gut. Sonst hätte ich Ihnen meinen geliehen.«

So ist Brasilien.

Natürlich hatte mich der große Bahnhof überrascht. Bis mich ein Offizier aufklärte. »Es ist nicht, weil hier ein Katamaran gelandet ist. Deutschland hat uns gebeten, bei unseren Fahrten auf dem Atlantik nach Ihnen Ausschau zu halten. Sie gelten seit 34 Tagen als verschollen!«

Das war ein eigenartiger Moment. Soviel Aufwand, über Grenzen hinweg, für einen verschollenen Menschen? Was mußte inzwischen in Deutschland losgewesen sein? Irgendwo war ich tief beeindruckt, glücklich und dankbar, daß meine Freunde mich nicht hängenließen, und irgendwo war ich beschämt, etwas ausgelöst zu haben, das ich selbst nie gewollt und veranlaßt hätte. Auch Maggy hatte Order, nie eine Suchaktion anzuleiern. Egal, was geschähe. Einfach aus dem Grunde, daß ich mir den Vorwurf der Berufs-Seefahrt ersparte, mir etwas »Leichtsinniges, Unvernünftiges« eingebrockt zu haben, um mich dann von den Profis rausfischen zu lassen.

In genau diese Stimmung hinein platzte die Nachricht »Die Verbindung zu Ihrer Frau ist da«.

Maggy hatte im Büro der Konditorei am Friedrich-Ebert-Damm gesessen. Sie nahm den Hörer ab und erwartete vielleicht eine Bestellung oder sonst was. Jedenfalls nicht mich.

Ich kriegte nicht einmal meinen Vornamen richtig heraus. Ich stellte mich in die Ecke des Raumes der Kommandantur, und die Tränen liefen mir vor Glück und Freude die Wangen runter. »Hier ist Rüdiger«, versuchte ich einen zweiten Anlauf. Am anderen Ende des langen Drahtes ein lautes Aufschluchzen. »Wo bist du?« »In Brasilien. In São Luís.« »Bist du gesund? Ist alles in Ordnung?« »Ja, es ist alles okay. Verzeiht mir, wenn ich euch Kummer bereitet hatte. Ich hatte die Antenne verloren und konnte deshalb nicht mehr senden.«

Viel mehr brachten wir nicht zustande. Wir waren emotional durch und durch aufgewühlt. Immerhin wußten wir voneinander, daß es uns gut ging. Eine Riesenlast fiel uns vom Herzen.

Die Nachricht von meiner Ankunft in São Luís verbreitete sich schnell. Weil ich ständig meinen roten Overall trug und die weiße Mütze der Marine, ein Geschenk des Kommandanten, war ich leicht zu erkennen. Zumal man hier jeden Fremden leicht herausfindet, denn es gibt kaum Tourismus. Mehrfach wurde ich spontan eingeladen. Man bot mir Schlafplätze an, wusch mir die Wäsche und lud mich zum Essen ein. Der deutschstämmige Ernst Otto Pflüger war mir behilflich, das Buchmanuskript zu kopieren und nach Deutschland zu schicken, und die Geschwister Graçia und Carlos Gomes zeigten mir die weitere Umgebung der Stadt.

Als nach 10 Tagen alles erledigt war, flogen das Team und ich nach Brasília.

In einem weiteren Gespräch sagte mir Maggy: »Der Konsul hier in Hamburg kann nichts mehr tun für dich. Er hat deinen Brief mit der Bitte um eine Kurzaudienz offiziell an den Präsidenten weitergeleitet. Nun müßt ihr vor Ort sehen, ob es klappt.« Maggy war mal wieder die Zentrale. Bei ihr lief alles zusammen. Aber dafür, so tröstete ich mich, hatte sie ja fast drei Monate Ruhe gehabt. Das kann sie gar nicht vertragen.

Derweil daheim

29.12.87. Mit Bekanntwerden meiner Ankunft in Brasilien überschlugen sich die Nachrichtenmeldungen zu Hause. Der NDR unterbrach um 16.10 Uhr sein Programm und brachte die Neuigkeit als erster. Es folgten die übrigen Sender mit Berichten in den Nachrichten. Sogar Franz-Josef Strauß (CSU) mußte zurückstehen. Rüdiger wurde Vorrang eingeräumt. Dann erst wurde verkündet, was es über den bayrischen Landeschef Neues mitzuteilen gab. Hoffentlich löste das nicht einen bayrisch-preußischen Krieg aus! Die Meldung war gerade über den Äther gegangen, da wurde Maggy regelrecht überfallen. Erstmals seit Geschäftsgründung gab es in unseren drei Läden mehr Kunden als Kuchen. Freunde, Nachbarn, Neugierige, Bekannte und Unbekannte, Sensationslustige und Journalisten wechselten sich ab. Das Telefon stand bis weit nach Mitternacht nicht mehr still. Ilse Drews, eine unserer treuen Freundinnen, mußte zeitweise beide Telefonleitungen übernehmen, weil Maggy die vielen Glückwünsche nicht mehr verkraften konnte. Die Flut der Sympathiekundgebungen ließ ihr keine Sekunde Zeit, die freudige Nachricht in Ruhe für sich selbst aufzunehmen. Nur nähere Bekannte oder Freunde wurden von Ilse durchgestellt. Und sie war überrascht, daß unter den Anrufern auch solche waren, die sicherlich selbst genug Arbeit um die Ohren hatten, die sich aber dennoch die Zeit nahmen, ihrer Freude persönlich und spontan Ausdruck zu verleihen. Den Radiomeldungen folgten die Zeitungsschlagzeilen.

Mit besonderem Interesse studierte ich nach meiner Rückkehr die Expertenmeinungen, die man nach meinem Verschwinden eingeholt hatte. Wilfried Erdmann (47), Nonstop-Weltumselger, schätzte die Lage richtig ein: »Technischer Defekt infolge rauher See. Kein Grund zu Sorge, denn das Boot ist unsinkbar.«

Klaus Bartels (40), ›Yacht‹-Redakteur, hielt meine Aktion »für völlig unvernünftig, für eine Herausforderung von höheren Gewalten« und meinte, »ich könnte es nicht schaffen«.

Fast wortgleich äußerte sich Hans Meyns (69), Seefahrer a. D.: »Eine Herausforderung, die nicht zu schaffen ist.« Er vermutete ferner Geltungsbedürfnis und bescheinigte die Sinnlosigkeit der Aktion.

Genau richtig lagen drei andere Befragte, die den Vorteil hatten, mich zu kennen. (Abgesehen von Maggy und Kirsten, die nie an der Wiederkehr zweifelten.) Da war Dietrich Kaun (49), mein Funklehrer: »Es kann nur am Funkgerät liegen, weil es da bereits vorher Probleme gegeben hat. An Nehbergs Fähigkeit zu funken kann es nicht liegen. Ich habe an ihm am meisten bewundert, daß er in seiner Ausbildung das Wichtigste vom Unwichtigen scharf zu trennen wußte. Er war einer der Schüler, die am schnellsten begriffen.«

Klaus Buhlmann (49) vom Seewetteramt blieb ebenfalls gelassen: »Da Nehberg bereits Windstärke 8 gut überstanden hat, dürfte ihn nichts mehr vor unlösbare Probleme stellen. Schlimmer als 8 kann es um diese Jahreszeit kaum werden.«

Und was meinte Rudolf Hoppe (67), mein Ausbilder? »Null Grund zur Panik. Er ist ein harter Hund und optimal ausgerüstet. Alles, was er für die Seefahrt braucht, hat und weiß er.«

Am interessantesten war für mich das Psychogramm, das Horst Schüler vom Hamburger Abendblatt für mich erarbeitet hatte. Horst Schüler ist derjenige Redakteur, mit dem ich am längsten, nämlich 20 Jahre, eng befreundet bin, der mich deshalb auch genau kennt.

»So also würde mein Nachruf aussehen«, sagte ich mir und zog mir den Artikel rein:

»Wer ihm nahesteht, darf vieles sein: religiös oder ungläubig, hart, sentimental, ein Phantast, sachlich, einsichtsvoll und starrköpfig – nur eines nicht: unter keinen Umständen Pessimist. Irgendwann und irgendwo wird er schon an Land krabbeln. Den haben sie am Blauen Nil nicht kleingekriegt und nicht in der mörderischen Danakil-Wüste, nicht bei den Rebellen in Eritrea und nicht im Urwald Amazoniens. Der schafft auch den Atlantik, wirst schon sehen. Gut, begegnet er auch all jenen, die solcherart Reise zwar nie selbst gemacht haben, aber gern von Leichtsinn und Verantwortungslosigkeit reden und die da meinen, die Indianerthematik hätte man auch postalisch ins Gespräch und erledigen können – kein Mensch nähme davon Notiz.«

Horst Schüler zählte auf, wie ich das Gespräch mit dem Papst erreicht hatte und wie ich mit dem Sperrmüllfloß und 6 Jugendlichen auf die Verschmutzung der Elbe hingewiesen habe. »Verrücktheit mit Methode« nannte er es treffsicher. Den »Leichtsinn«-Vorwürfen hält er mein Training entgegen, das kaum einer der seefahrenden Kritiker vorweisen könnte. Er zählte die Lehrgänge auf, die ich absolviert habe: ob Chirurgie-Kursus, Sea-Survival bei den Kampfschwimmern und Marine-Fliegern oder das Funken. Schüler erkannte richtig, daß mein Lebenssinn noch nie der immer gleiche Alltag war und sein wird, sondern der Prickel des Ungewöhnlichen. Zwar hatte ich mir eine florierende bürgerliche Existenz aufgebaut, aber mehr meiner Familie zuliebe, und die akzeptierte mich so, weil ich bereits vor der Heirat nicht anders war. Maggys Toleranz ist bereits sprichwörtlich. Irgendwie hatte Horst

Schüler sogar in meinem Kleiderschrank recherchiert und festgestellt, daß ich nur einen einzigen Anzug besitze, für alle Fälle.

Als meine Tochter diesen Bericht las, rief sie Horst spontan an: »Das ist mit Abstand die beste Beschreibung meines Vaters.« Somit habe ich den meisten Lesern gegenüber den Vorteil, meinen Nachruf bereits zu kennen. Er ist genehmigt, Horst!

Im Präsidenten-Palast

Es wurde die größte Pressekonferenz meines Lebens. Leute aus Politik oder Show-Business mögen dergleichen gewohnt sein, für mich war es neu. Vierzig Journalisten, 15 Radiosender und 5 Fernsehsender interessierten sich für die Tretboot-Aktion und den Hintergrund. Die Nachrichtensendungen rückten die Meldung ganz nach vorn. Damit hatte ich ein weiteres meiner vier Ziele erreicht: Das war, nach der gelungenen Überquerung die Weltöffentlichkeit über die Yanomami zu informieren. Ich freute mich darüber um so mehr, als ich mit soviel Resonanz nie gerechnet hatte und vor allem, weil die Pressekonferenz nur durch unerhörtes Glück zustande gekommen war. Wir waren in Brasilia eingetroffen und klapperten zunächst unsere Kontakte ab. Wir wollten versuchen, die Begegnung mit dem Oberhaupt Brasiliens über Beziehungen zu arrangieren. Das erschien mir der sicherste Weg. Aber wie gut diese Beziehungen auch immer sein mochten, nichts klappte. Drei Tage lang wurden wir vertröstet, bis wir merkten, daß die vorgegebenen Kontakte entweder nicht so gut waren oder daß die Regierung meinen Besuch nicht zur Kenntnis nehmen wollte. So entschlossen wir uns für den offiziellen Weg. Das bedeutete: Wir mußten uns feinmachen. Ich zog meinen frisch gewaschenen roten Overall an und setzte die schneeweiße Mütze auf. Wolfgang, der Regisseur, und Ulli, der Kameramann, hatten es da schwerer. Ihr T-Shirt über den Jeans ließ sich schwerlich als »Uniform« oder als elegant deklarieren. Aber aus Prinzip und wegen Geldmangels wollten sie sich auch nicht extra einen Anzug kaufen. »Das steht in keinem Verhältnis zu der bevorstehenden kurzen Begegnung«, argumentierten sie. Womit sie auch recht hatten. Die praktischste Lösung ergab sich morgens beim Frühstück: »Ob uns die Kellner ihre Jacken leihen?« Statt lange herumzuraten, fragten wir sie. Und gegen ein kleines Trinkgeld wechselte die Garderobe vorübergehend ihre Besitzer. Da das Planalto-Hotel eine Herberge der mittleren bis unteren Kategorie war, fiel es nicht sonderlich ins Gewicht, daß die Bedienung bis mittags hemdsärmelig herumlief. Es war für alle ein Verkleidungsspaß. Dann wurden aus Wolfgang und Ulli unerwartet feine Senhores. Mercedes, die Frau, die im Film für den ganzen Ton sorgen sollte, hatte diese Probleme nicht. Frauen, zumal wenn sie hübsch aussehen, können sich kleiden, wie sie wollen, und wirken selbst dann überzeugend, wenn sie sich nur auf wenige Textilien beschränken.

Wie alles in der Hauptstadt Brasilia, lag auch das Regierungsviertel schön konzentriert beisammen. Da waren die Zweckbauten der Ministerien und das schönere Regierungsgebäude, der großzügige Vorplatz mit den Skulpturen, der ewigen Flamme und, alles überragend, die riesige brasilianische Fahne, die im lauen Wind ›Ordem e Progresso‹, ›Ordnung und Fortschritt‹ verkündete. Zwei Maximen also, die eigentlich schon vorweg verraten, daß man sich mit Indianerproblemen schwertut. Die Yanomami-Indianer sprechen kein Portugiesisch, leisten keinen Militärdienst, und sie passen nicht in die ›Ordnung‹. Und als Waldmenschen mit völlig anderer Kultur sind sie auch nicht gerade ›progressiv‹. Aber da ist auch die bekannte Toleranz zwischen den vielschichtigen Rassen innerhalb der Bevölkerung. Da ist das gestiegene Bewußtsein in der Öffentlichkeit, daß die letzte, halbwegs intakte Indianerkultur der Welt einen hohen Wert besitzt, und da war eine persönliche Hoffnung, daß gerade Präsident Sarney um diesen Wert und seine Bedeutung für Brasilien und die ganze Welt weiß. Die ›Gesellschaft für bedrohte Völker‹ nimmt ihm sogar ab, daß er, ginge es ausschließlich nach ihm, mit großer Wahrscheinlichkeit für den Yanomami-Park ist.

Solche Hoffnungen – Skeptiker mögen sie Illusion nennen – kamen nicht von ungefähr. Denn bei diesen Abschätzungen muß man wissen, daß José Sarney nicht nur Politiker ist. Das derzeitige brasilianische Staatsoberhaupt ist auch ein anerkannter Poet. Nicht etwa aufgrund seines Einflusses, sondern infolge echter Leistung, und schon seit der Zeit, wo er politisch noch nicht so sehr im Rampenlicht stand. Er hat zehn Bücher geschrieben und ist Mitglied der Akademie der Schriftsteller in Rio de Janeiro. Eines seiner Bücher ist in Deutschland bei Piper erschienen. Es heißt »Die Söhne des alten Antao« und enthält brasilianische Kurzgeschichten. Besonders zwei dieser eindrucksstarken Erzählungen hatten mir einen ganz anderen Menschen gezeigt. Nicht den nüchternen Politiker, der letztlich nur dem Kapital gehorcht, sondern den Menschen Sarney.

Seine Darstellungen typischer brasilianischer Begebenheiten zeugen von ausgeprägter Sensibilität und Gespür für Unterdrückung, Ausbeutung, politischer Intrige, Folter und sonstige Ungerechtigkeiten, so daß man geneigt ist zu hoffen, daß er wirklich den Yanomami-Park gründen möchte. Dazu kommt, daß er das auch könnte, sogar von heute auf morgen. Per Präsidenten-Dekret.

Schließlich standen wir in der eleganten Vorhalle des Regierungspalastes. Es war Freitag, der 15. Januar 1988, 12 Uhr mittags. Schlanke, mißtrauische, aber höfliche Empfangsbeamte erkundigten sich nach Paß und Anliegen.

Dann wurde telefoniert. Bis es hieß: »Doktor Araújo erwartet Sie bereits.«

Von zwei Mitarbeitern eskortiert, gelangten wir per Fahrstuhl in die 2. oder 3. Etage. Über teppichgedämpfte

Flure, vorbei an dekokrativen tropischen Pflanzen ging es zu Sarneys Audienz-Chef.

Ich überreichte ihm eine Kopie der Bittschrift. Der elegante Endfünfziger nahm sie entgegen und las sie genau durch.

»Darf ich Ihnen einen Kaffee anbieten?« fragte er, um unsere Wartezeit zu verkürzen. Wir bejahten. Aber statt mit Kaffee kam er zurück mit einem anderen Herrn, der sofort zur Sache kam:

»Ich darf Ihnen mitteilen«, begann er, »daß uns Ihr Besuch von unsererer Botschaft in Bonn angekündigt worden ist. Wir haben Ihren Antrag und Ihr Anliegen sorgfältig studiert und festgelegt, daß Sie den Präsidenten nicht persönlich sprechen sollen.«

Er ließ Wolfgang eine kleine Pause zur Übersetzung und mir Zeit, etwas enttäuscht zu sein.

Doch dann hörte ich, wie er seine Fortsetzung mit »Mas...« begann: »Aber...« Also erläuterte er jetzt gerade das Trostpflaster. Es hieß FUNAI. Meine Lieblingsbehörde, der offizielle Indianer-Schutzdienst.

»Das behagt mir gar nicht«, flüsterte ich Wolfgang zu. »Ausgerechnet diese ohnmächtige Institution.« Aber Wolfgang sah das anders. »Für den Film ist sie besser als niemand. Denn sonst könnten Nörgler später sagen, du hättest den Brief besser gleich per Post abgesandt.«

Wir bedankten uns bei Araujo und begaben uns wieder nach unten. »Diese Runde des Spiels habe ich verloren«, raunte ich Wolfgang im Lift zu. Aber er wußte mich zu trösten. »Das kannst du erst sagen, wenn die Partie zu Ende ist. Noch sind wir mittendrin: Diese Woche erscheint die BUNTE mit dem Bericht, dann folgt mein Film und anschließend dein Buch. Das alles kann die Chancen noch günstig verändern.«

Er hatte seine Gedanken kaum ausgesprochen, als sich bereits der nächste Schachzug ergab, von ganz allein.

»Hallo, hat der Präsident mit Ihnen gesprochen?« Ein vielleicht 55 Jahre alter, hagerer, quirliger Mann sprach uns beim Verlassen des Palastes an. Statt einer Krawatte zierte ihn ein Kugelschreiber am Halsband.

»Mein Name ist José Henrique, aber für euch ist es sicherlich leichter, mich beim Spitznamen zu nennen: man nennt mich ›Very Well‹.«

Während wir noch überlegten, was er wohl wollte, überraschte er uns bereits mit der Frage: »Hat Sarney euch empfangen?«

»Woher wissen Sie denn, daß wir zum Präsidenten wollten?« »Weil ich es in den Fernsehnachrichten gesehen und in den großen Zeitungen gelesen habe. Ich betreue nämlich das internationale Pressebüro hier im Hause.« Wir wurden hellhörig.

»Haben Sie nicht eine Idee, wie man an den Staatschef gelangen könnte?« Er überlegte kurz. Dann meinte er: »Das wird schwer sein, aber wenn Sie Ihre Botschaft in die ganze Welt hinaus verkünden wollen, dann kommen Sie heute nachmittag um 3 Uhr zur Pressekonferenz hier in den Palast. Da werden Sie die Vertreter von über 50 internationalen Medien treffen.«

»Und wenn man uns nicht reinläßt?«

»Dann fragt nach mir! Sagt, ich hätte euch eingeladen.«

Ich reagierte sofort. Nachdem mein Herz einen Luftsprung gemacht hatte, sagte ich zum Team: »Leute, das ist wieder mal mein Glücksstern. 50 Journalisten aus aller Herren Länder. Das ist mehr als wir je mit einer eigenen Einladung zusammenbekommen können. So viele kämen selbst dann nicht, wenn Sarney mich persönlich empfangen hätte.«

Wir rasten ins Hotel. Ulli machte seine Geräte drehklar, Mercedes legte ein neues Tonband ein, und Wolfgang machte sich Regie-Notizen und verlängerte bei den Kellnern die Leihfrist für die Jacken.

Ich war sofort zu Carlos gelaufen. Carlos war mein Vertrauter in der brasilianischen Kommission zur Gründung des Yanomami-Parks. Claudia Andujar, die 1. Vorsitzende dieser Organistaion, hatte ihn mir empfohlen. Er sollte mich über den aktuellen Stand der Dinge informieren. Gemeinsam hatten wir überlegt, ob die Bittschrift in der mitgebrachten Form gut wäre oder ob sie verbessert werden könnte.

Carlos hielt es für sehr wichtig, auch bei Interviews immer klarzustellen, daß ich nicht als »fordernder Ausländer« käme, sondern als Freund Brasiliens, der als solcher eine Bitte vortragen möchte. Und daß ich aus eigenem Antrieb gekommen und unabhängig bin. Weder sei ich in politischem Auftrag gekommen noch kirchlich orientiert. »Ich komme als Bürger dieser Erde, der sich der Bedeutung des Naturschutzes bewußt ist«, formulierte er es. Daß ich kein Recht zu Forderungen hatte, war mir ohnehin klar. Wie hätte ich auch etwas fordern können, wo ich aus einem Lande kam, wo man längst seine Natur einbetoniert und asphaltiert hatte? Und auch meine Sympathie zu Brasilien war ehrlich. Denn trotz erheblicher Mißstände gibt es viele Aspekte, die mir das Volk sympathisch machen: das friedliche Miteinander der vielschichtigen Rassen. Von tiefschwarz bis kreideweiß, da könnte mancher etwas abschauen und dazulernen.

Und da ich kein Recht zu Forderungen hatte, formulierte Carlos das Problem so, daß der Präsident sich weiterhin einsetzen möge für den Yanomami-Park; und zwar für den Yanomami-Park, wie er in den Studien des Jahres 1984 vorgesehen sei. Wichtig war dabei die Jahreszahl 1984. Denn diese Pläne sahen einen großen geschlossenen Park vor – den ›Yanomami-Park‹. Ein solcher Park ist nach brasilianischem Recht die optimale Form eines Schutzgebietes, es verspricht die größtmögliche Sicherheit für seine Bewohner und die Natur.

Leider hatten zur Zeit unseres Besuches andere Interessengruppen die Oberhand gewonnen: Sowohl das Militär als auch die Goldsucher und Bergbau-Gesellschaften machten sich dafür stark, aus dem großen Park viele kleine zu machen. So ist zu befürchten, daß die einzelnen kleinen Dörfer zwar erhalten bleiben, aber nur sie und ein kleiner Waldgürtel drumherum werden den wirksamen Status des Yanomami-Parks erhalten. Der Wald zwischen den Dörfern hingegen würde nur zum Naturreservat erklärt werden.

»Wenn es dazu kommt, haben wir Brasilianer die letzte Chance verpaßt, amerikanische Ureinwohner in ihrer Original-Lebensform zu erhalten«, klagte Carlos. »Diese Lösung wäre so, als würde man einem Bauern in Deutschland seinen Acker fortnehmen und ihm nur noch einen kleinen Schrebergarten zubilligen. Naturreservate genießen zu wenig Schutz. Die Goldsucher würden weiterhin darin umherziehen, das Wild ausrotten und Krankheiten einschleppen. Und den Indianern würde die Möglichkeit genommen werden, ungehindert zu wandern und einander zu besuchen, die ganze ökologische und gesellschaftliche Struktur wäre damit schlagartig vernichtet.«

Das Glück war weiterhin mit uns. Carlos hatte den Brief fertig und exzellent getippt. Schon rein optisch war er ansprechend. Wir fertigten noch schnell 60 Kopien an für die Presse und dann rasten wir zum Palast.

Es war 14 Uhr 55. Während Ulli noch Kamera und Stativ aus dem Kofferraum wuchtete, traf schon das »O Globo«-TV-Team ein.

»Die haben alle einen Presse-Ausweis an der Brust«, raunte uns Mercedes zu. »Hoffentlich kommen wir durch!« Wolfgang reagierte als erster: »Laßt jucken. Wir müssen unbedingt mit ihnen gemeinsam durch die Kontrolle.« Und während wir uns unter das Globo-Team mischten, verdeckten wir gleichzeitig unsere Brust mit Stativ und Kamera, damit niemand die fehlenden Ausweise bemerkte.

»Guckt stur geradeaus und geht zügig durch!« rief Wolfgang. »Die Portiers dürfen gar nicht erst auf die Idee kommen, daß hier etwas nicht stimmt.« Gleichzeitig schubste er Mercedes vor uns her. »Geh' vorweg, dann gucken sie dich an und sind abgelenkt.«

Und genauso war es. Die sonst so gestrengen Wächter waren von Mercedes so fasziniert, daß wir in den Palast gelangten wie in unsere Wohnung.

Klopfenden Herzens nahmen wir auf den Ledersofas im Foyer Platz. Aber die Sorge war unnötig. Zwar wurden wir von den Journalisten-Kollegen neugierig gemustert, aber die Wachen waren damit beschäftigt, weitere Neuankömmlinge zu checken.

Endlich tauchte Mr. Very Well auf. Schon von weitem rief er durch die große Halle: »Da sind ja meine Freunde aus Deutschland. Willkommen!« Kameradschaftlich hakte er uns unter und entführte uns in einen separaten Raum. Er war engbestückt mit Schreibtischen, und es saßen rund 50 Frauen und Männer in diesem Raum und tippten eifrig auf Schreibmaschinen.

»Das sind Korrespondenten aus aller Welt«, grinste Very Well. »Paßt mal auf, was jetzt los ist!« Er klatschte in die Hände. »Meine Damen, meine Herren! Bitte einmal herhören!« Die Maschinen und das Gemurmel verstummten. Neugierige Blicke schätzten uns ein. Nur die Tabakwolken schwebten ungerührt weiter in der Luft. »Das ist der Deutsche, der im Tretboot über den Atlantik gekommen ist, um dem Präsidenten eine Bittschrift zugunsten der Yanomami-Indianer zu übergeben. Und das ist sein TV-Team!« Mehr brauchte er nicht zu sagen. Alle sprangen von ihren Sitzen, und dann drängelten sie sich um uns.

Mr. Very Well, obwohl schon spindeldürr, wurde noch dünner gequetscht, daß man sich wundern konnte, wie klein und fein man einen Menschen zusammenfalten kann. Er fürchtete offenbar um sein Leben und flehte, bevor er völlig unterdrückt wurde: »Laßt uns bitte in die Halle gehen!« So preßten wir uns durch die enge Tür und bevölkerten das Foyer. Die Wachen völlig irritiert. Sie erkundeten eifrig die Situation und sprachen hastig auf ihre Sprechfunkgeräte ein.

Es war die größte Pressekonferenz meines Lebens! Während Ulli den Empfang aus allen Perspektiven filmte und Wolfgang für mich dolmetschte, zählte Mercedes die Menge. Sie kam auf 60 Personen. 15 Mikrofone der Rundfunkanstalten und TV-Sender pendelten synchron von Wolfgangs Mund zu meinem. Wie Zuschauerköpfe beim Tennis.

»Halt mal die Zeitungsartikel hoch!« »Zeig mal Sarneys Buch!« »Kann ich die Kopie der Bittschrift haben?« »Würdest du noch einmal mit der Bittschrift unterm Arm in den Palast gehen?« Die Konferenz dauerte bis 18 Uhr. Um 20 Uhr war die Meldung bereits in den Nachrichten, um 23 Uhr im ›Jornal‹ der beiden größten Sender ›O Globo‹ und ›Manachete‹. Am anderen Tag folgten die Zeitungen. Und zu unserer Überraschung berichteten alle – ohne Ausnahme – fair und korrekt. Sie würdigten die Art und Weise der Demonstration und hoben die »Bitte des Freundes« hervor. Um ihrem Wunsch nach einer Kopie der Petition entsprechen zu können, hatte ich mich während des Interviews für 10 Minuten entschuldigt. Auf Anraten Claudias und Carlos' hatte ich den Original-Brief im Protokollamt des Präsidenten abgegeben. Eine Quittung mit Datums- und Uhrzeitstempel sollten mir garantieren, daß der Präsident und / oder sein Beraterstab innerhalb der nächsten vier Wochen Stellung dazu beziehen würden. Sie trägt die Daten »Senapro, 00001.000208 / 88-51, 15. Jan. 88, 17 Uhr 08«.

Vom Protokollamt eilte ich zurück ins Foyer und verteilte die Kopien.

Eine dieser Kopien überreichten wir anderntags der FU-NAI. Obwohl Teil des Innenministeriums, lag ihr Büro außerhalb des Regierungsviertels, im Block 702, Süd. Unser Gesprächspartner, der Superintendente Geral Marcelo Coutelo Chagas.

»Ich freue mich, Sie begrüßen zu dürfen, weil wir für dieselbe Sache kämpfen...«, begann er und nahm mir damit schon fast den Wind aus den Segeln. Dabei hatte er seinen Satz noch gar nicht zu Ende gesprochen. »Ich freue mich umso mehr, als Sie Ihr Anliegen ehrlich und legitim vorgetragen haben. Eigentlich hätte es sich erübrigt, weil der Präsident genau dasselbe Ziel verfolgt. Auch wir hier in diesem Hause denken da wie Sie und arbeiten aktuell vor allem an dieser Aufgabe.« Aber dann schoß ich meine Fragen ab.

»*Wann wird der Park definitiv gegründet werden?*«

»Am Yanomami-Park wird seit 20 Jahren gearbeitet. Seit dem letzten Jahr sind wir mit der Frage der Grenzziehung befaßt, und die FUNAI hat nun eine Form zur Lösung gefunden. Präsident Sarney unterstützt diese Arbeit mit seiner ganzen Autorität. Er hat in der kurzen Zeit seiner Amtszeit mehr für das Yanomami-Projekt getan als die 30 Präsidenten seit 1910. Noch in diesem Jahr werden die Grenzen garantiert werden.«

»*Worin besteht der Unterschied zwischen dem Park, den Sie dieses Jahr gründen werden und der Studie aus dem Jahre 1984?*«

»Die Unterschiede sind noch nicht entschieden. Aber es steht fest, daß sowohl die Grenzen des 84er Plans als auch die Größe des Territoriums unverändert bleiben.«

»Kann die FUNAI sich überhaupt der 6000 Goldsucher erwehren?«

»Die FUNAI hat 1987 eine Anordnung herausgegeben, derzufolge das Goldsuchen im Yanomami-Gebiet verboten ist, und alle Goldsucher sind entfernt worden. Sie versuchen zwar, erneut einzudringen, aber wir werden sie ebenso wieder daraus entfernen. Wir erlauben das Eindringen nicht. Die Schwierigkeit liegt darin, daß das Gebiet sehr groß und sehr unzugänglich ist.«

»Sind die Probleme in Roraima oder in Amazonien größer?«

»Sie sind überall gleichgroß. Denn sie bergen ja noch viele andere Gefahren: Einführung des Alkohols, der Krankheiten, der Prostitution und die der üblichen Aggressionen und Einflüsse, wie zum Beispiel die Verschmutzung der Wälder. Natürlich kann die FUNAI das Problem nicht alleine lösen. Andere staatliche Institutionen müssen ihr dabei helfen. Auf Seiten der FUNAI stehen das Recht, die Polizei und das Militär, sie alle werden wieder aktiv. Jetzt gerade sind die vielen Privatflüge in das Gebiet reduziert werden.«

»Neben den einzelnen Goldsuchern gibt es noch andere Interessenten für die Bodenschätze: Den Staat und die Bergbaugesellschaften. Werden nicht diese Machtblöcke letztlich den Sieg davontragen?«

Dieser Frage wich Marcelo aus. Er antwortete: »Schon seit 60 Jahren unterhalten einige Missionen Kontakt zu den Indianern. Sie haben zwar noch ihre traditionelle Kultur, aber sie haben auch bereits die Einflüsse der salesianischen, jesuitischen und protestantischen, also der weißen Welt kennengelernt. Das hat bei ihnen ein starkes Bedürfnis nach Konsum ausgelöst, und so wissen sie auch um den

Wert des Goldes. Und deshalb möchten sie die Bodenschätze selbst ausbeuten. Die FUNAI wird dafür Sorge
tragen, daß diese Ausbeutung ganz im Sinne der Yanomami geschehen wird. Sie sollen selbst darüber entscheiden, aber die FUNAI wird auch abwägen, ob die Indianer
den nötigen Standard erreicht haben, um mit den Bodenschätzen umgehen zu können.«

Ich hatte Marcelos ausreden lassen und wiederholte
meine Frage von eben noch einmal:

*»Marcelo, es gibt ja auch Titan im Gebiet der Yanomami.
Nicht nur Gold. Und Titan kann nur von großen Bergbau-
gesellschaften abgebaut werden. Glauben Sie, daß der Indio dagegen eine Chance hat?«*

»Auch in diesen Fällen werden die Interessen der Indianer
respektiert. Denn der Indio ist kein Mensch zweiter
Klasse. Er hat ein Recht auf diesen Respekt. Und solange
der Indianer auf eine Begegnung mit dem Weißen nicht
vorbereitet ist, wird die FUNAI die Ausbeutung der Bodenschätze verbieten. Aber die Yanomami ihrerseits wollen durchaus wissen, wie der weiße Mann lebt. Sie suchen
die Bildung, um sich irgendwann ins weiße Leben integrie-
ren zu können.«

*»Die FUNAI als Organ des Innenministeriums verfolgt lo-
gischerweise andere Interessen als die der Indianer. Hat sie
überhaupt die Möglichkeit, in Konfliktfällen wirkungsvoll
und autonom zu helfen?«*

»Das Innenministerium ist in gewisser Weise von Vorteil
für die FUNAI, weil es sie unterstützt und so den Indianer
gegen die rasende Ausbreitung der Zivilisation schützt.
Und die FUNAI ist es, die den Indianer vor dieser Men-
schenwelle erreichen möchte, um ihn auf die neuen Einflüsse vorzubereiten.

Es mag für Außenstehende der Eindruck entstehen, daß

die Zusammenarbeit zwischen dem Innenministerium und der FUNAI nicht gut sei. Aber das ist nicht wahr. Wir arbeiten Hand in Hand.«

»Ist die Gründung des Parks nur noch eine Frage der Grenzfestlegung oder wo liegen die Probleme?«

»Nein, was die Grenzen betrifft, gibt es keine Probleme. Die Indianer leben in einem natürlich geschützten Bereich, der schwierig zu erreichen ist, und wo nur sie die idealen Lebensbedingungen haben. Bis es zur Gründung des Parks kommt, gibt es nur noch einige rechtliche Fragen zu klären. Aber es ist im Interesse des ganzen Landes, ihn Wirklichkeit werden zu lassen.«

»Marcelo, wäre es denkbar, daß der FUNAI und ganz Brasilien durch eine unabhängige Gruppe geholfen werden könnte, eine Gruppe von Fachleuten aus unterschiedlichen Wissensgebieten. Die Gruppe, so denke ich mir, würde unparteiisch sein und international und unter dem Befehl Brasiliens kostenlos arbeiten, um dieses einmalige Denkmal zur Ehre Brasiliens fertigzustellen.«

»Um die Arbeiten zum guten Ende zu führen, haben wir keinerlei Personalmangel. Es mangelt auch nicht an Geld, weil das Projekt Priorität genießt. Aber ich bedanke mich bei Ihnen im Namen der Regierung sehr herzlich für dieses großzügige Angebot.«

So weit das Gespräch mit dem Repräsentanten der Indianerschutzbehörde FUNAI. Ich bedankte mich ebenfalls für die Antworten.

Weil wir ihren Wahrheitsgehalt nicht beurteilen konnten, beschlossen wir, vorsichtshalber auch die »Kommission zur Gründung des Yanomami-Parks« zu befragen. Mit der 1. Vorsitzenden, Claudia Andujar, trafen wir uns in Rio de Janeiro. Hier ist ihr Statement:

»Ich will nicht Stellung nehmen zu Marcelos Aussagen. Ich will vielmehr die Situation aus unserer Sicht beschreiben.

Marcelos Worten entnehme ich, daß der Park in diesem Jahr 1988 Wirklichkeit werden wird.

Wir, die CCPY, die wir seit 1978 an dieser Aufgabe arbeiten, wissen durchaus um die damit verbundenen Schwierigkeiten, zu einem Resultat zu kommen.

Das Wichtigste erscheint uns, die Indianer vor allzu abruptem Kontakt zu bewahren, weil sie noch zu wenig Verbindung mit uns hatten. Durch die Goldsucher besteht die Gefahr, daß alles zu schnell vor sich geht. 1980/81 hat es geradezu eine Invasion dieser Leute gegeben. Damals haben die FUNAI, die Bundespolizei und das Militär den Einfall gestoppt. Aber weil das Gebiet reich ist an Bodenschätzen, kommen immer neue Garimpeiros, und heute ist bereits wieder alles von ihnen überschwemmt. Ich schätze sie auf 6000 Männer, die jetzt so weit sind, ins Herz des Yanomami-Landes vorstoßen zu wollen. Sie stehen bereits 60 km vorm Zentrum des Yanomami-Landes, der Serra Surucuçú. Ich weiß nicht, wie die FUNAI ihrer Aufgabe gerecht werden und diese Leute herausholen will.

Inzwischen steigt die Gefahr täglich. Im Herbst 87 wurden von den Goldsuchern drei Yanomami auf grausamste Weise umgebracht. Auch ein Goldsucher kam zu Tode, und die Gefahr der Eskalation ist sehr groß. Nach diesem Vorfall versicherte die FUNAI, alle Garimpeiros herauszuholen. Was tatsächlich geschehen ist, daß man uns, die CCPY, aufgefordert hat, aus Gründen unserer Sicherheit die medizinische Betreuung einzustellen. Man könne für unser Leben nicht mehr garantieren. Die Goldsucher hingegen wirken dort nach wie vor, obwohl wir die FUNAI mehrfach ersucht haben, ihren Entschluß durchzusetzen. Aber es scheint ganz offensichtlich, daß sie nicht Herr der Lage ist. Deswegen zweifeln wir auch daran, daß der Park wirklich gegründet wird und wirkungsvoll geschützt werden kann.

Vor allem im Gebiet des Territoriums Roraima, wo das meiste Gold liegt und die meisten Yanomami wohnen.

Die gerechteste Sache wäre eine zusammenhängende Fläche wie in der 1984er Studie, die international als optimal anerkannt worden ist. Sie bezeugt Respekt vor der indianischen Lebensform und stellt auch die einzige Möglichkeit dar, wenn die Yanomami wirklich überleben sollen. Gelingt der Regierung das nicht, so wäre das gleichbedeutend mit der Vernichtung.

Und angesichts der geschilderten Fakten halte ich es für schwierig, jetzt schon von einem Yanomami-Park zu sprechen. Der ideale Zeitpunkt war 1984. Damals war die Situation eine andere. Damals gab es nicht diese Invasion von Garimpeiros. Nun hat sich alles verschlimmert.

Neben diesen Fragen gibt es aber noch viele andere: wirtschaftliche, kulturelle und soziale. Vor allem ist da das gesundheitliche Problem. Infolge der Unberührtheit der Yanomami sind sie besonders verletzbar im Hinblick auf die Gesundheit. Sie haben keine Abwehrstoffe gegen Husten, Grippe oder Erkältungen, um nur weniges zu nennen.

Gerade deshalb hat die CCPY als Schwerpunkt den medizinischen Bereich ausgebaut. Zuletzt, bis uns die Arbeit untersagt wurde, hatten wir zwei Ärzte und einen Zahnarzt.

Sie arbeiteten präventiv und heilend. Und auf Grund dieser Tätigkeit wissen wir sehr genau, welch verheerende Auswirkungen unkontrollierter Kontakt hat. Als man beispielsweise 1978 mit dem Bau der Durchgangsstraße Perimetral Norte begann (sie wurde später gestoppt), gab es in drei Yanomami-Dörfern 55% Tote durch Masern, die durch die Straßenarbeiter eingeschleppt worden waren. Das Problem ist allen Insidern bekannt, denn darüber wurde oft genug berichtet. Das größte gesundheitliche Problem aber ist die Malaria. Allein im letzten Jahr starben 770 Goldsucher daran. Und man kann sich leicht ausrechnen, wie schnell so viele Infektionsherde auf die Yanomamis übergreifen können. Und weil dieses Unglück vorhersehbar ist, ist es auch vermeidbar. Wenn man wirklich will. Mit dieser subtilen Ausrottung der Yanomami kann es sehr schnell gehen. Das zeigt ein Beispiel aus dem Juni 1987. Da starben innerhalb weniger Tage im unmittelbaren Umkreis eines Militärpostens mehr Indianer als sonst im großen Umkreis während des ganzen Jahres.

Deshalb meint die CCPY, daß Krankheiten neben der Landbeschneidung die größten Gefahren für die Yanomami darstellen.

Ich möchte diese Gelegenheit nutzen, an die ganze Welt zu appellieren, sich dafür zu engagieren, daß der 1984er Plan Wirklichkeit wird und daß jede Person, die das Gebiet betritt, sich einer Untersuchung zu unterziehen hat, egal, ob Militär, Goldsucher, Wissenschaftler, Missionar oder Straßenbauer.«

Schlußwort

Ich möchte die beiden Darstellungen ohne Kommentar stehen lassen. Mag sich der Leser seine eigene Meinung bilden.

Ob die Reise für die Yanomami etwas bewirkt hat, wird die Zukunft zeigen. Habe ich auch den Präsidenten nicht sprechen können, so ist das Problem selbst jedenfalls ins Gespräch gekommen. Nicht nur in Deutschland, sondern international. Und sicher werden sich irgendwo Leute angesprochen fühlen und im Rahmen ihrer Möglichkeiten die Lawine anschwellen lassen. Vielleicht zählen auch Sie dazu. Wem direkte Möglichkeiten des Einwirkens fehlen, der kann schon sehr viel leisten mit seiner Mitgliedschaft in den nachfolgend genannten Organisationen oder mit Spenden...

Man kann nicht von heute auf morgen Wunder erwarten. Aber man sollte auch nicht nachlassen und resignieren. Wie sagte Heiner Geissler, Generalsekretär der CDU, sinngemäß in einer Talkrunde des NDR zu mir: »Ohne solche Bemühungen von Freunden wären Leute wie Sacharow längst nicht mehr am Leben. Sie sind wichtig. Um heute die Weltöffentlichkeit wachzurütteln, muß man spektakulär sein.« Schlimmer, als Niederlagen einzustecken, ist das Nichtstun. Denn Niederlagen haben immerhin einen Vorteil. Jedenfalls bei mir. Sie beleben meinen Erfindungsgeist. Und so steht die nächste Aktion bereits ins Haus. Bis der Yanomami-Park in bestmöglicher Form definitiv ist.

Doch vorher schulde ich Maggy eine Radtour durch Deutschland. Ehrensache.

Ausrüstungsliste

Nautisches

- alles verstaut in Zarges-Aluminiumkiste
- Uhr (quarzgesteuert, Suunto, Finnland)
- Kompaß (Suunto, Finnland)
- Sextant, Marburger
- Log
- Nautisches Jahrbuch, Bobby Schenks Astronavigationsbuch, HO 249-Tafeln
- div. Seekarten
- Küstenhandbuch Afrika und Südamerika
- Plotting Sheets, Seefunkzeugnis, Zulassungsurkunde für Seefunkstation
- 2 Zeichen-Dreiecke
- Stechzirkel
- Bleistift
- Stoppuhr
- Fernglas
- Icom IC-M 700 D Funktelefon (nebst Zubehör)
- Thermometer
- Bleistiftanspitzer, Radiergummi, Tagebuch, Stauplan

Foto / Film

- 2 Spiegelreflexgehäuse mit div. Optiken, Filtern, Blitz
- Filme à 100 und 400 Asa
- Drahtauslöser
- Baumstativ
- Blaupunkt-Video Super 8 (CR 8000)

Hilfsmittel an Deck

- Radarreflektor
- Windsteuer
- Tretanlage (»Tretprop«, Fa. Birenheide, Roggenhorster Str. 25, 2400 Lübeck, Tel. 0451/894090. Hat sich 100%ig bewährt.)
- Stützsegel aus unzerreißbarem Material (Globetrotter-Ausrüstung, Wiesendamm 1, 2000 Hamburg 60, Tel. 040/291223)
- Netz (Mewes und von Eitzen, Ausrüstungskai 2, 2000 Hamburg 50, Tel. 040/3895183)
- Fahnen (Fahnen-Fleck, Tel. 040/365336)
- Beschriftung (Konrad Kretschmer, Tel. 040/6429521)
- Treibanker
- Harpune
- Reservepaddel
- Axt

Lebensmittel

Müsli, Reibekuchen-Fertigmischung, Öl, Süßspeisen, Mehl, Konfitüre, Zucker, Salz, Eipulver, Milchpulver, Kakao, Kaffee, Tee, Vollkornreis, Zimt, Suppen, Trockenobst, Honig, Trockenzwiebeln, Brot in Dosen, Wein, Fertiggerichte in Dosen, Sonnenblumenkerne.

Töpfe, Pfanne, Bestecke, Tasse, Teller, Gasflasche mit Kochaufsatz, Feuerzeuge, Dosenöffner.

Medizin

Nelkenöl, Captagon, Lokal-Anästhetika, Morphium, Desinfektionsmittel, Vaseline, Hirschtalg, Pflaster, Mull, Elastikbinden, Schere, Skalpell, Arterien-Staubinde, Seekrankheitsbandage, Blutplasma, Kreislaufmittel, Schmerzmittel, Kolikenmittel, Sonnenöl, Valium, Resochin, Antibiotika, Vitamintabletten, Elektrolyte, Pervitin, Seekrankheitsmittel, Isolierband, Operationsbesteck, Zahnbesteck, Rasierzeug, Zahnpflegemittel, Seewasser-Seife, Fußnagelschere.

Werkzeug

Hammer, Schraubenzieher, Zollstock, verschiedene Zangen, Imbus-Schlüssel, Schrauben-Schlüssel, Isolierband, Eisensäge, Draht, Schrauben, Nägel, Splinte, Ballistol-Öl, Arbeitshandschuhe, Karabiner, Blöcke (= einfache Rollen), Lenzpumpe, Nähezeug, 2-Komponenten-Kleber, Filzstift.

Garderobe

Badehose, Overall, Faserpelz-Overall, Faserpelz-Jacke, Strümpfe, Turnschuhe, T-Shirt, Hemd, Daunenanzug, Ölzeug, Kopfbedeckung, Südwester.

Sicherheit

Nico-Signalgeber, orangefarbener Rauch, rote Fallschirmraketen, Funktelefon, UKW-Handsprechfunkgerät (DEBEG), Taschenlampen, Toplicht, Salzwasser-Destilliergerät.

Unterhaltung

Walkman, Musik-Kassetten, Bücher, Lexika, Schreibpapier, wasserfeste Schreibstifte, Mundharmonika.

Angeln

500 m Perlonseil, 2 ½ mm ∅, div. Haken, Blinker, künstlicher Köder, Stahlvorfächer

Überleben

1.) ständig bekleidet mit Overall plus Brustgurt mit Reflexions-Streifen
2.) 50 l-Kanister, beschriftet mit Heimatadresse, Weithals, wasserdicht (Globetrotter-Ausrüstungen, Wiesendamm 1, 2000 Hamburg 60)
   a) außen angehängt: Nico-Signalgerät, Rettungsweste mit Trillerpfeife und Arterien-Staubinde, Rauchsignal und Metallspiegel, 2 kurze Einklinkseile, Karabiner, Haiabwehrstock, Flossen, Brille, Schnorchel, Messer
   b) innen: Raketen, Angeln, Messer, Armkompaß, 2 ½ mm ∅ Perlonseil, Taschenlampe (wasserdicht), Arterien-Staubinde, Trinkwasser in kleinen PVC-Flaschen, Geld, Papier, Bleistift, Feuerzeug, wasserbeständige Streichhölzer, Isolierband, Treibanker, Mütze mit Signallampe, UKW-Handsprechfunkgerät, Revolver, 3 Wasserauffangtücher à 1 qm, Rauchsignale, Sonnenbrille, Ausweise, Mundharmonika, Schmerztabletten, Captagon, Pervitin, Antibiotika, Vaseline, Rasierklinge, Mull, Pflaster, Elastikbinde und last not least: Präservative im Perlonbeutel, als Wasserbehälter und Schwimmblase.

Sonstiges

Reserveseile, Anker, Schwämme, Schöpfgerät, Metallspachtel zum Abkratzen der Muscheln, Flaggen, Benzin, Litermaß, Eimer, Teelichter, Isoliermatte, Schlafsack, Stützsegel.

Was ich nächstes Mal besser machen würde

1. Gewissenhaftere Montage für die Funkanlage
2. Nie wieder solche Lukendeckel
3. Müsli *un*gemischt mitnehmen, um im Falle des Verderbs einiger Zutaten nicht alles zu verlieren
4. Lebende Regenwürmer in Humus und Mehlwürmer in Sägemehl, sowie gekochte Krabben in Konservierlösung als Fischköder mitnehmen
5. Regenrinne um die Kabine zum mühelosen Wasserauffang
6. Schokolade o. ä., Säfte, Obstkonserven, frische Zitronen und Orangen, Fleischkonserven mitnehmen
7. feines Schlepp-Netz zum Fischefangen
8. Kleinere Harpune (f. Kleinfische)
9. Geheimversteck für Papiere, Waffe, etc.
10. Statt Speiseöl auch Biskin
11. Das Sicherungs-Netz im Bugbereich feinmaschiger, damit draufspringende Fische nicht durchfallen

So kann man helfen:

1. Gesellschaft für bedrohte Völker
   Postf. 2024
   3400 Göttingen
   Spendenkonto: Postgiro Hamburg Konto-Nr. 935-200
   (BLZ 200 100 20)

2. World Wildlife Fund
   6000 Frankfurt
   Spendenkonto: Commerzbank Frankfurt/Main
   Konto-Nr. 2000 (BLZ 500 400 00)

3. Greenpeace
   Hohe Brücke 1
   2000 Hamburg 11
   Spendenkonto: Postgiro Hamburg
   Konto-Nr. 2061-206 (BLZ 200 100 20)

NEHBERG-BÜCHER

Die Kunst zu Überleben – Survival

Wer sich in Gefahr begibt, der muß *nicht* darin umkommen!
Denn Überlebenstraining schärft die Sinne und die Kreativität.
Wer es beherrscht und laufend übt, der steht Gefahrensituationen nicht hilflos gegenüber.
Das unverzichtbare Handbuch für alle, die abseits des organisierten Massentourismus reisen – Globetrotter, Camper, Tramper, Segler, Bergsteiger…

336 Seiten, viele Abbildungen, Paperback, DM 22,–

Let's fetz –
Survival-Abenteuer vor der Haustür

Das Survival-Buch für junge Leser, die noch nicht in fernen Erdteilen unterwegs sein können.
Eine Fundgrube an Tips, Tricks und Vorschlägen für Abenteuer hier bei uns – vor der Haustür.
Prallvoll mit Anregungen, wie man sein eigenes Leben spannend und ausgefüllt gestalten kann.
»Null Bock« ist out – »Let's fetz« ist in.

304 Seiten, viele Abbildungen, Paperback, DM 22,–

Medizin-Survival – Überleben ohne Arzt

Rüdiger Nehberg ist dafür bekannt, daß er sich zu helfen weiß – auch in scheinbar ausweglosen Situationen. In diesem Buch zeigt er, wie man sich und anderen bei Krankheiten und Verletzungen helfen kann, wenn kein Arzt erreichbar ist.
Ein unentbehrlicher Ratgeber für Globetrotter, Wassersportler, Bergsteiger – aber auch für jeden Autofahrer, denn auch in der Zivilisation gibt es immer wieder Notsituationen, in denen ein medizinischer Laie das Richtige tun muß.

288 Seiten, viele Abbildungen, Paperback, DM 22,–

BEI KABEL

NEHBERG-BÜCHER

Gefährliche Flußabenteuer in Afrika

Die Erstbefahrung des Blauen Nils und des Omoflusses in Äthiopien mit einem selbstgebauten Floß, diese beiden Nehberg-Bücher sind in einem preiswerten Doppelband vereint. Vor allem die Expedition auf dem Blauen Nil hat Rüdiger Nehberg vor Jahren bekanntgemacht, es war sein erstes Buch, und viele große Zeitschriften haben darüber berichtet. Krokodile und Flußpferde, unberechenbare Stromschnellen und kriegerische Eingeborene – das sind nur einige der Gefahren, die Nehberg und seine Crew zu meistern hatten.

Abenteuer, Abenteuer

Blauer Nil und Rudolfsee

384 Seiten, Farbteil, gebunden, DM 28,–

Durch Wüste und Dschungel

Ein weiterer Doppelband, der zwei erfolgreiche Nehberg-Bücher zusammenfaßt:
DANAKIL, die Durchquerung der heißesten Wüste der Erde zu Fuß, und
YANONAMI, der Alleingang zu den letzten freilebenden Indianern im brasilianischen Urwald.
Zwei gefährliche und strapazenreiche Reisen, die Nehbergs ganzes Können und Durchhaltevermögen forderten. Dabei befriedigt Nehberg nicht nur seine eigene Abenteuerlust, sondern er lernt die letzten Naturvölker kennen und engagiert sich für deren Überleben.

Überleben

in der Wüste Danakil und im brasilianischen Urwald

448 Seiten, Farbbildteil, gebunden, DM 28,–

BEI KABEL